DOSSIERS
~~DOCUMENTS~~

LES ENFANTS
HYPERACTIFS

LES DEUX VISAGES
DE L'HYPERACTIVITÉ

Jacques Thiffault

LES ENFANTS HYPERACTIFS

LES DEUX VISAGES DE L'HYPERACTIVITÉ

QUÉBEC /AMÉRIQUE

450 est, rue Sherbrooke, Suite 801,
Montréal, Québec, H2L 1J8
Tél.: (514) 288-2371

DÉPÔT LÉGAL:
BIBLIOTHÈQUE NATIONALE DU QUÉBEC
4e TRIMESTRE 1982
ISBN 2-89037-132-8

Table des matières

CHAPITRE I
CONTEXTE HISTORIQUE ET RELEVÉ DE LA DOCUMENTATION

CHAPITRE IV
TRAITEMENT

Préface

Le mouvement fait partie de la vie. Déjà, à la période intra-utérine, l'enfant, par ses mouvements, annonce son existence. À la naissance, il se manifeste par des mouvements dits spontanés, non intentionnels. Ces mouvements, sans but défini, diminuent avec le progrès de la maturation. Si au début de son développement l'enfant est agi, progressivement, par ses mouvements, à un âge encore précoce, l'enfant non seulement réagit, mais agit. Par le réglage des agonistes et des antagonistes, par le mécanisme d'assistance en feed-back et par le processus d'autorégulation, l'enfant va acquérir la capacité d'ajuster son activité quant au but, et donner un sens à l'action aboutissant ainsi à la création d'un modèle « d'expérience concrète ».

En clinique, l'étude ontogénétique de la motilité ne peut être comprise que si l'on suit la ligne évolutive depuis les mouvements incoordonnés jusqu'aux mouvements coordonnés, ayant un but, et à l'activité gestuelle de valeur symbolique impliquant un aspect figuratif ou opératif. L'évolution de l'enfant ne peut pas être séparée de celle de la sensori-motricité. Diffuse ou indifférenciée, avec une réactivité globale au début, la motricité acquiert par la suite les valeurs de modes de contact et d'expression, d'exploration et d'utilisation.

Cet ouvrage se présente d'abord comme une mise au point nécessaire de multiples tentatives de compréhension et de traitement, faites jusqu'à maintenant en ce qui concerne l'enfant hyperactif. La symptomatologie de ce type d'enfant s'exprime par des terminologies diverses : enfants « turbulents », enfants et adolescents « instables », enfants « hyperkinétiques ». C'est en 1975 qu'un groupement français d'études de neuropsychologie infantile essaie de donner un titre permettant d'assembler ces différentes terminologies, et choisit le terme d'enfant « hyperactif ». Les auteurs anglo-saxons, pour leur part, utilisent le terme d'enfants « hyperkinétiques » de façon courante, par référence au « syndrome hyperkinétique ».

Pour notre part, nous avons distingué dans ce cadre deux sous-groupes différents quant à la causalité et à l'expression de certains symptômes caractéristiques. Une forme avec des troubles moteurs prévalents, forme subchoréique, les troubles de l'affectivité paraissant peu importants ; et une forme caractérielle avec arriération affective et modification de la motricité expressionnelle. Nous considérons que *l'instabilité subchoréique* est un mode d'être moteur d'apparition précoce, correspondant à l'absence d'inhibition d'une hyperactivité qui normalement disparaît avec l'âge. La forme d'*instabilité affectivo-caractérielle* est davantage en relation avec la situation du milieu dans lequel les enfants vivent. Dans cette dernière forme, on trouve parfois des désordres de l'organisation de la personnalité qui surviennent à un âge précoce. Le sujet qui en souffre n'arrive pas à établir des relations d'objet valables ; il cherche sans cesse des satisfactions qu'il n'arrive pas à obtenir, soit du fait d'une insuffisance pulsionnelle, soit du fait d'un excès pulsionnel qui ne s'accroche pas car il deviendrait dangereux. La labilité chez ces sujets est en même temps sensorielle et motrice et leur capacité d'aimance s'éparpille. Si ces deux formes se manifestent par la voie finale commune motrice, elles n'ont pas nécessairement la même signification étiologique et pathogénique.

L'auteur de cet ouvrage nous apporte une description personnelle détaillée des diverses manifestations symptomatiques de ces deux types d'hyperactivité. Il nous propose en outre un abord thérapeutique basé sur une technique originale de recherche des modifications de comportement, accompagnée, si cela est nécessaire, de relaxation psychosomatique, de rééducation psychomotrice et d'interventions psychothérapiques.

Nous pouvons donc être reconnaissants à Jacques THIFFAULT de nous avoir offert une nouvelle manière d'appréhender ces problèmes complexes.

Cet ouvrage s'adresse aussi bien aux professionnels de la santé, aux éducateurs, qu'aux parents d'enfants hyperactifs.

J. de AJURIAGUERRA

Introduction

Il y a certainement toujours eu des enfants qui, selon les normes des adultes et même des autres enfants, bougent beaucoup trop et ainsi courent le risque de passer bien vite à côté de la vie et de ce qu'elle nous réserve de plus agréable. Nous entendons par là l'amitié des gens qui nous entourent, l'apprentissage sous toutes ses formes de tout ce que la nature met à notre disposition, aussi bien que l'expression structurée et efficace d'une fonction sociale.

Ces enfants agités et turbulents deviennent très vite un fardeau pour leur famille et leurs professeurs et trop souvent provoquent tellement d'agressivité autour d'eux qu'ils ne bénéficient pas de toute l'intensité de l'amitié et des connaissances qu'on leur donnerait avec plaisir s'ils étaient plus calmes. Bien entendu la majorité des parents acceptent même avec tendresse l'abondance souvent étourdissante des mouvements d'exploration de leur enfant en bas de cinq ans, doué d'un appétit insatiable à accumuler les découvertes que lui permettent son intelligence et sa motricité en pleine éclosion. Beaucoup y voient même avec fierté un signe de santé et de promesses futures. Et quand cette frénésie s'éteint légèrement, vers l'âge de l'entrée à l'école, pour faire place à suffisamment de calme pour permettre l'acquisition des apprentissages de base de l'écriture et de la lecture, ainsi que certaines règles nécessaires à une bonne insertion sociale, les parents et les éducateurs en sont très heureux. D'ailleurs nous savons tous que, malgré toutes les tentatives des dernières années pour rendre l'école active et le plus individualisée possible, nos enfants se retrouvent toujours dans des classes assez nombreuses où ils reçoivent encore un programme collectif déterminé et structuré davantage par d'autres que par leurs professeurs. Ces derniers, la plupart du temps déçus d'avoir à enseigner de la même façon et en même temps à tous leurs élèves une matière structurée d'avance et présentée sous forme de «portions digestibles par un enfant normal», réagissent très mal et sont habituellement désemparés par aussi peu qu'un ou deux enfants hyperactifs dans leur classe. Il est presque impossible, dans ces conditions, de «faire passer» le programme à l'ensemble des élèves et ainsi tous les éléments en souffrent. Les quelque cinq à dix pour cent d'enfants hyperactifs qui, selon les chercheurs, occupent les classes du secteur primaire régulier, sont loin de recevoir dans un système prévu pour des enfants normaux l'attention et les soins nécessaires à l'amélioration de leur état. Au contraire, plus l'enseignement est orienté vers la créativité et plus on s'éloigne de l'ancienne discipline pour faire place à une certaine fantaisie, plus ces enfants sont excités et voient leur problème se compliquer et s'installer solidement.

Inutile de mentionner que les nombreuses interventions vocales et motrices de ces quelques compagnons pour le moins trop pleins de vitalité dérangent les autres élèves et suscitent en même temps chez eux un besoin de rejet souvent très marqué.

Le monde médical et pédagogique est heureusement intéressé par ce problème depuis déjà le milieu du siècle dernier. Mais ce n'est véritablement que depuis les deux dernières décades qu'on a accepté, sur le plan international, de ranger cet ensemble de symptômes psychiques et moteurs bien connus parmi les syndromes psychomoteurs d'importance. En effet, comme le lecteur pourra le constater plus loin dans cet ouvrage au long d'un historique et relevé de la documentation scientifique passée et actuelle, la neuro-psychiatrie américaine et anglaise a mis beaucoup de temps à accepter de regrouper sous la forme de syndrome constitutionnel ou pur, l'hyperkinétisme, la distractibilité, l'absence de capacité d'attention et l'impulsivité, symptômes habituellement accompagnés d'un retard scolaire généralisé. Par contre, en Europe et surtout en France, la majorité des chercheurs admettent déjà depuis le début du siècle l'existence d'un syndrome groupant sensiblement les mêmes symptômes, qu'ils ont appelé « instabilité psychomotrice ». À ce jour, malgré le volume considérable de recherches sérieuses sur le sujet dans le monde entier, il se trouve encore des écoles de pensée qui refusent de considérer l'hyperactivité ou l'instabilité psychomotrice comme autre chose qu'un symptôme complémentaire de certaines pathologies mieux définies. En effet l'agitation exagérée ne se retrouve-t-elle pas régulièrement dans certaines psychoses infantiles et même adultes, ainsi que chez les déficients mentaux, les délinquants et les névrotiques ? N'est-elle pas non plus présente dans presque toutes les atteintes cérébrales même les plus légères ? Il nous faut évidemment répondre affirmativement à ces interrogations, mais bon nombre de recherches américaines et canadiennes réalisées lors des dernières années et destinées à faire la lumière aussi bien sur l'étiologie que sur les caractéristiques nosologiques du problème démontrent de façon fort convaincante qu'il se trouve des enfants d'intelligence normale ou supérieure, ne souffrant ni d'atteinte cérébrale diagnostiquable, ni de troubles de personnalité importants (névrose ou psychose), et qui présentent l'ensemble de symptômes groupés plus haut sous l'appellation de syndrome hyperactif. On n'attendait d'ailleurs que cette constatation pour passer vraiment à l'action dans l'application de certaines techniques thérapeutiques. C'est un fait qu'aussi longtemps qu'on considère l'agitation exagérée comme un symptôme parmi bien d'autres, on n'est pas tenté de s'en occuper efficacement.

Je donnerai dans la première partie de cet ouvrage un aperçu des principales tentatives de traitements aussi bien pharmacologiques que pédagogiques et orientés vers des modifications de comportement. Le lecteur pourra alors constater que toute organisation de traitement nécessite une bonne compréhension de l'étiologie d'un problème et dépend, pour son efficacité, d'un diagnostic précis et détaillé. Il comprendra aussi qu'il existe encore aujourd'hui une controverse sérieuse au sujet de la causalité organique ou socio-affective de l'hyperactivité, et qu'ainsi la bonne application d'une thérapeutique appropriée s'en trouve encore fort incertaine. À l'heure actuelle les tenants de l'option étiologique organique appliquent avec une certaine efficacité un traitement médicamenteux à base de stimulants ou de tranquillisants. Ils doivent avouer cependant que seulement un certain pourcentage d'enfants ainsi traités réagissent positivement et voient leurs symptômes diminuer. Les autres restent indifférents à la médication ou voient leur état empirer.

Poussée par la conviction que l'hyperactivité est causée surtout par un climat socio-affectif particulier et n'a rien à voir avec une étiologie organique, une autre école, composée surtout de pédagogues et de psychologues, expérimente depuis déjà quelques années diverses formes de traitements basés sur des modifications de comportement par le conditionnement opérant. Or même si les recherches destinées à vérifier l'efficacité à court et à long terme de cette approche ne sont pas très nombreuses, les membres de ce dernier mouvement doivent avouer eux aussi que seulement une partie des enfants traités profitent vraiment de leur type d'intervention.

Ces résultats partiels peuvent apparaître décourageants pour les spécialistes de ces deux idéologies thérapeutiques. Trop d'enfants sont ainsi laissés pour compte sans amélioration et subissent pendant le reste de leur vie les effets de ces tentatives infructueuses de traitement. En tant que chercheur et clinicien, je ne puis faire autrement, devant cette situation, que de déplorer les effets d'une surspécialisation des agents en cause. La logique ne voudrait elle pas au contraire qu'on se place au milieu de l'arène dans cette lutte étiologique et qu'on accepte l'idée d'une causalité multiple de l'hyperactivité. Il y aurait alors plusieurs sortes d'enfants agités et cela à partir évidemment de causes différentes.

Cette idée me plaît non seulement parce qu'elle s'impose indéniablement après une prise de contact extensive avec les données de recherches les plus sérieuses dans le domaine, mais aussi parce que mes recherches et mes interventions cliniques des dernières années en ont été imprégnées.

En effet, en 1966, à l'occasion d'un stage de spécialisation en psychomotricité qui dura plusieurs années au Service médico-pédagogique du Canton de Genève, en Suisse, sous la supervision du Professeur d'Ajuriaguerra, j'ai poursuivi une recherche expérimentale sur un groupe d'enfants hyperactifs de la région. Le but de la recherche consistait alors à réfuter une affirmation très fréquente dans la littérature de cette époque, qui tendait à identifier les instables psychomoteurs ou enfants hyperactifs aux débiles moteurs décrits au début du siècle par Dupré. Comme le lecteur pourra le constater plus loin dans cet ouvrage, les résultats démontrèrent que seulement un tiers des enfants examinés pouvaient être considérés comme des débiles moteurs et possédaient la plupart de ce que les neurologues appellent maintenant des «signes légers d'organicité». Quant aux sujets formant le reste de l'échantillonnage, ils réagirent aux divers examens psychomoteurs non seulement dans la moyenne, mais souvent au-dessus.

Il me vint alors l'idée d'explorer plus avant la thèse d'une conception dualiste du syndrome d'hyperactivité. Le présent ouvrage se propose de faire part de cette démarche qui aboutit vers le début des années '70 à l'élaboration et à l'expérimentation en clinique et dans plusieurs écoles de la région de Montréal d'une batterie diagnostique basée sur un bilan psychomoteur destiné surtout à rechercher l'existence de la débilité motrice chez les enfants hyperactifs. Cet examen sera présenté en détail dans le présent travail de façon qu'il soit possible, pour les divers agents de traitement de ces enfants, d'en faire usage et ainsi d'en poursuivre la vérification. Cependant, le but véritable de cette publication est d'apporter surtout aux éducateurs et aux parents un instrument d'intervention thérapeutique adapté à chacune des deux catégories d'hyperactivité proposées.

CHAPITRE I

Contexte historique et relevé de la documentation

L'instabilité psychomotrice ou syndrome d'hyperactivité sont deux expressions qui seront utilisées tout au long de cet ouvrage pour identifier ce qu'on accepte aujourd'hui comme une entité clinique complète. Elle fut décrite probablement pour la première fois il y a plus de cent ans par un physicien allemand du nom de Henreich Hoffmann (1845). Depuis ce temps un nombre considérable d'auteurs ont essayé d'apporter de la clarté à ce syndrome qui commence souvent très tôt dans la vie, est plus fréquent chez les garçons que chez les filles, et se manifeste par un ensemble de symptômes dont les plus réguliers sont l'hyperkinésie ou trop grande abondance de mouvements, l'impulsivité, la distractibilité, l'incapacité d'attention soutenue et de pauvres résultats scolaires. Beaucoup d'autres symptômes s'ajoutent à cet ensemble dans la plupart des cas et compliquent ainsi l'image clinique. Avec le résultat que l'enfant hyperactif est considéré par la plupart des intervenants médicaux ou pédagogiques comme fort difficile à aider efficacement. Puisque le but principal de la présente démarche est d'apporter un instrument diagnostique et thérapeutique utilisable par les cliniciens et les éducateurs de notre milieu, il me semble indispensable dans un premier temps de présenter un historique du développement de la notion. Il doit être d'ailleurs suffisamment complet pour que le lecteur puisse replacer clairement dans son contexte chronologique et scientifique les motifs de notre action.

Pour celui qui se donne la peine d'inventorier la documentation internationale, il pourra constater que les Européens et surtout les Français ont produit quelques ouvrages au sujet de leurs enfants agités même avant le début du XXe siècle. Les Anglo-Saxons et surtout les Américains se sont manifestés par des enquêtes scientifiques devenant de plus en plus sérieuses au début des années '30. Or, étant donné l'état des communications intercontinentales de l'époque, il y a eu au début du siècle très peu de coordination dans toutes ces données. On peut dire qu'encore aujourd'hui, même si les préoccupations de recherche se rejoignent, on ne peut pas véritablement parler d'échanges actifs de documentation d'expression française et anglaise au sujet des enfants hyperactifs. Je crois donc qu'il serait plus intéressant pour le lecteur de prendre d'abord connaissance des deux courants d'idées séparément. Il aura ainsi le loisir de faire lui-même la coordination entre ceux-ci. Suivra un exposé de ma propre recherche et de ses résultats ainsi qu'une synthèse des travaux qui l'ont suivie chronologiquement jusqu'à nos jours.

A) Documentation d'expression française

En France, les conceptions étiologiques concernant l'instabilité chez l'enfant ont fluctué, à partir de la fin du siècle dernier, entre deux pôles interprétatifs organiques et psychogéniques, sans jamais vraiment s'arrêter définitivement sur l'un d'eux. D'autre part, certains auteurs se sont simplement contentés de préoccupations d'ordre séméiologique, décrivant l'instable tantôt comme un caractériel, un psychopathe, ou un pervers, tantôt simplement comme un déficient moteur. C'est ainsi qu'en 1896, Bourneville décrit l'instable surtout comme un destructif et comme un suggestible. Il s'agit d'une destructivité par manque d'harmonie entre l'impulsivité et les forces de contrôle inhibitrices. Il les confond souvent dans son œuvre avec les « pervers ». Vers la même époque, en Allemagne, Kraepelin (1898 : voir Beley, 1951) étend le problème à l'âge adulte et en fait, lui aussi, une sorte de psychopathie qui se rapproche de la « perversité » de Bourneville.

Mais quelques années plus tard, Philippe et Paul Boncour créent à Paris la première clinique médico-pédagogique où l'on examine des écoliers présentant des anomalies mentales. En exposant en 1905 les résultats de leurs examens, ils consacrent un chapitre à l'instable et mettent en relief la difficulté qu'il éprouve à fixer son attention. Chez eux se pose déjà la question d'une instabilité pure et essentielle, formant un syndrome spécifique. L'écolier instable leur apparaît comme un enfant « mentalement anormal » qui ne peut fixer son attention, soit pour écouter, soit pour répondre, soit pour comprendre. C'est en vain qu'on le ramène au sujet. Et il est à noter que l'instabilité physique n'est pas moins prononcée que l'instabilité mentale.

Ainsi ces deux auteurs avaient déjà, au début du siècle, un penchant marqué vers une interprétation étiologique organique du problème. En effet ils voyaient une différence nette entre l'indiscipline normale des enfants actifs et bien portants, et cette sorte d'indiscipline incontrôlable des instables reliée à un substratum morbide, à un état pathologique du système nerveux. Enfin ils montrent l'intérêt d'un traitement médico-pédagogique précoce pour remettre de l'ordre dans ce déséquilibre ; sinon on retrouve les instables dans la vie comme à l'école avec les mêmes habitudes, changeant constamment de place et de métier, devenant d'éternels vagabonds. Cette description clinique, bien qu'incomplète, met en évidence les traits caractéristiques et essentiels de l'instable psychomoteur et sert de stimulant à un courant de recherches européennes sur le sujet.

En 1914, G. Heuyer se tourne vers l'aspect social de l'instabilité, alors que jusqu'à ce jour l'on avait surtout envisagé son aspect scolaire. Dans sa thèse, *Enfants anormaux et délinquants juvéniles* (1914), il décrit la psychomotricité propre à l'instable et ses modes particuliers de comportement à travers son existence sociale ; il en dégage une véritable « conception clinique » totale et est le premier à parler d'un besoin pathologique de mouvement physique qui devient habituellement, s'il ne survient pas entre-temps de traitement efficace, ce besoin tout aussi pathologique de mouvement social qu'on rencontre chez la majorité des délinquants (73 cas sur 102 observations). Il étudie les différentes étapes de leur inadaptation familiale, scolaire, professionnelle et proprement sociale aboutissant aux fugues, au vagabondage et à divers délits. Néron, son élève, reprendra ses conceptions, et dans une thèse publiée à Paris en 1928 insistera surtout sur la notion de vagabondage.

Cette tendance à confondre l'instabilité avec certains types de troubles caractériels, ou avec ce qu'on appelait à l'époque la « perversité instinctive », fut remplacée vers 1920 par un courant de pensée qui tendait plutôt à associer le problème au syndrome de débilité motrice décrit auparavant par Dupré. C'est en effet entre 1909 et 1913 que ce dernier avait exposé le syndrome de « débilité motrice » composé des symptômes suivants : maladresse des mouvements volontaires, augmentation des réflexes tendineux, signe de Babinski fréquent, syncinésie, paratonie, conservation des attitudes et énurésie occasionnelle. Ce syndrome, souvent associé à la débilité mentale, illustre, comme le problème que nous discutons présentement, le parallélisme et les ressemblances entre les troubles moteurs et psychiques. Selon Dupré, dans les formes atténuées de la débilité mentale, les territoires moteurs n'échappent pas aux influences nocives qui troublent le développement des territoires psychiques, et le même parallélisme s'observe entre les deux séries psychique et motrice des effets de «l'hypogénésie corticale». Ainsi ce parallélisme psychomoteur révèle «la nature diffuse de l'atteinte corticale par le même processus pathogénique». La débilité motrice est donc le plus souvent une forme de déséquilibre moteur constitutionnel liée à l'hypogénésie du système pyramidal et due à un trouble génétique.

En 1925, Dupré décrit d'autres formes de déséquilibre moteur dont la nature constitutionnelle se révèle par l'absence de toute lésion saisissable à l'examen clinique, leur apparition précoce, leur caractère héréditaire et souvent familial, enfin par leur association fréquente soit entre elles, soit avec d'autres déséquilibres du système nerveux. Dans ce groupe polymorphe, il place un syndrome qu'il nomme alors «instabilité psychomotrice constitutionnelle» et qui se manifeste par les traits suivants : dans le domaine moteur, par une instabilité de type maniaque dont beaucoup de mouvements illogiques et incoordonnés ressemblent à ceux de la chorée ; dans le domaine psychique, par l'incapacité d'attention, l'étourderie, une grande labilité de l'humeur et des troubles de comportement (colères, caprices, etc.). Ces dispositions pathologiques révèlent l'étroite association étiologique et clinique des deux déséquilibres mental et moteur. Dupré place donc l'instabilité psychomotrice parmi les troubles psychomoteurs, c'est-à-dire comme il les décrit si bien, parmi les déséquilibres où troubles moteurs et psychiques, étroitement liés, mettent en lumière les interactions des fonctions motrices et psychiques. Celles-ci, chez l'instable, doivent absolument être étudiées conjointement. Enfin cette précision importante apportée par Dupré et ses élèves ouvre la porte à de nombreux travaux sur l'aspect psychomoteur du syndrome d'instabilité qu'on ne mentionnera plus désormais sans tenir compte de la place primordiale qu'y prend la motricité.

Parallèlement aux travaux de Dupré, André Collin (1920) retrouve le syndrome dans plusieurs groupes d'enfants non débiles. Chez l'arriéré, il décrit également le «débile éparpillé» mais n'emploie pas le terme d'instabilité. G. Vermeylen (1923), dans le même ordre d'idées, classe les débiles en fonction de leur profil psychologique et en distingue deux groupes : les harmoniques et les dysharmoniques ; parmi ces derniers, il place, d'une part, les déficients profonds, d'autre part, en groupe assez homogène, les émotifs et les instables. En plus, il distingue dans ce qu'il appelle la mentalité instable, une maturité émotive insuffisante qui présente de nombreux points communs avec celle du tout jeune enfant. Selon lui, l'instable, comme le jeune enfant, reste tributaire de ses tendances propres et des mille sollicitations du milieu. Il compare et rapproche ainsi les émotifs et les instables en leur découvrant des « courbes mentales » assez comparables.

Cependant, le problème crucial de cette époque, celui-là même que Dupré vient de soulever, reste la recherche des conséquences psychiques des troubles moteurs de l'instable. Et plusieurs auteurs, à la suite de H. Wallon, s'y consacrent, dont Homburger (1926) et Kramer (1926) en Allemagne, et Gourevitch et Ozeretski (1930) en Russie. H. Wallon, dans son livre publié en 1925 *L'enfant turbulent* étudie les rapports existant entre les troubles moteurs et les troubles mentaux de ceux qu'il appelle les « enfants turbulents ». Mettant en doute l'existence réelle d'une constitution spécifique d'instable, il fait jouer un rôle très important à l'émotivité et aux facteurs organiques, surtout nerveux, dans le déclenchement de la « turbulence ». Il distingue ainsi, suivant la région corticale ou sous-corticale atteinte, différents types, chacun d'eux ayant ses caractéristiques motrices et psychiques. Il décrit successivement un type asynergique d'origine cérébelleuse ; un type à forme hypertonique ou extrapyramidal moyen ; un type subchoréique ou extra-pyramidal supérieur et un type frontal, responsable de la forme hypomaniaque. L'importance de la sphère motrice dans ces quatre syndromes est évidente ; cependant, il est difficile en pratique clinique de retrouver des types d'instables aussi schématiques. En outre, les observations rapportées par Wallon concernent des enfants avec en général de grosses tares organiques, souvent épileptiques et présentant un retard intellectuel important. Nous sommes loin de l'instable psychomoteur constitutionnel pur, chez qui nous ne trouvons pas de signes pathogéniques d'une lésion en foyer.

Pour leur part, Homburger (1926) et Kramer (1926) présentent un type d'enfant chez qui l'instabilité pathologique aurait une cause surtout maturationnelle. Ils parlent de discontinuité, de dysharmonie de la personnalité chez un être dont la volonté encore insuffisante est gênée par une certaine hyperémotivité. Plus tard, en 1930, Gourevitch et Ozeretski, s'inspirant des données de Kratschmer, cherchent à établir un type constitutionnel d'instable avec ses caractéristiques morphologiques, motrices et mentales. Pour intéressants qu'ils soient, ces essais typologiques ne doivent pas faire oublier l'importance de l'étude dynamique de l'instabilité. L'évolution organique et psycho-affective de l'instable, les rapports réciproques de celui-ci et de son milieu, jouent un rôle capital.

Devant toutes ces notions aussi catégoriques les unes que les autres et caractérisées souvent par de fortes oppositions, le monde scientifique se trouve vers 1930 en face d'un sérieux problème, en ce qui concerne la description et l'explication étiologique de l'instabilité psychomotrice. Existe-t-il un syndrome constitutionnel pur ou bien s'agit-il tout simplement de quelques symptômes souvent réunis et appartenant plutôt à d'autres problèmes classiques et déjà bien définis ? Cette interrogation témoigne bien de la confusion qui régnait à cette époque et qui a provoqué un mouvement sérieux de recherche visant à préciser et à compléter la description clinique et les facteurs étiologiques de l'instabilité. En effet, on assista dorénavant en Europe, et ceci jusqu'à nos jours, aussi bien à une dissection véritable de tous les aspects du syndrome qu'à des tentatives fort appréciables de recherches étiologiques.

Pour P. Male (1932), il existe trois étapes dans la genèse des troubles du caractère :

1. Étape de troubles indifférenciés, élémentaires, des premières années de la vie. Ce sont : l'instabilité et

l'hyperémotivité, signes d'un déséquilibre du système nerveux ;

2. Étape de troubles différenciés : sur ce fond de dérèglement de la motricité lisse ou striée vont apparaître, sous l'influence de causes multiples, exogènes ou endogènes, organiques ou psychologiques, des états plus complexes : comportement mythomaniaque, pervers, schizoïde, paranoïaque, etc. ;

3. Étape de troubles fixés : la séparation de l'individu et du milieu nocif n'amène plus la régression des troubles ; la structure définitive du caractère remplace la malléabilité de l'enfant. Cette fixation des troubles du caractère se ferait à un âge variable suivant les individus : elle serait précoce dans les cas où il existe au maximum une hérédité morbide. Par contre, certains adultes resteraient à un stade indifférencié : hyperémotifs ou instables à la merci d'une cause toxi-infectieuse ou psychologique.

Si l'on accepte cette théorie, satisfaisante peut-être pour l'esprit mais artificielle, les mots hyperémotivité et instabilité ne signifient plus rien parce qu'ils recouvrent trop de choses différentes. L'hyperémotivité et l'instabilité sont souvent des facteurs favorisant l'apparition de troubles caractériels secondaires, réactionnels ou non, mais la réciproque n'est pas vraie : certains paranoïaques, pervers, mythomanes, n'ont jamais été hyperémotifs ou instables.

En 1940, apparaît l'important ouvrage *L'Enfant et l'adolescent instables* de Mlle J. Abramson, élève de G. Heuyer. Tout en les comparant, elle sépare nettement les instabilités primaires essentielles (instables psychomoteurs purs, débiles ou non), les instabilités symptomatiques de troubles organiques et les instabilités séquelles de troubles caractériels. Son plus grand mérite est d'avoir tenté de préciser le type clinique de l'instable psychomoteur, jusque-là mal délimité ; d'en établir un profil mental dans lequel seraient représentées les composantes intellectuelles, motrices et affectives de sa personnalité.

C'est ainsi que des observations cliniques lui firent découvrir qu'aux épreuves appréciant l'intelligence globale les instables obtenaient habituellement des résultats les situant dans les limites de la normalité. Elle remarque cependant une dispersion importante des échecs et des erreurs s'étendant parfois sur une période de quatre ans et plus. Elle a vu dans cette dispersion l'expression d'une irrégularité caractéristique entre les différentes aptitudes intellectuelles des instables, accompagnée d'une insuffisance et d'une fatigabilité excessive de l'attention.

On trouve fréquemment chez ces enfants instables un premier développement psychomoteur plus ou moins irrégulier et des signes de débilité motrice. Aux tests d'Ozeretski, le niveau moteur est inférieur au niveau mental et, là encore, existe une dispersion. Les expressions motrices les plus touchées sont celles qui exigent de la rapidité, de la coordination, de la précision et une certaine finesse de localisation.

Mais si les aptitudes motrices et manuelles lui semblent jouer un certain rôle dans les échecs professionnels des instables, les troubles du comportement influencent grandement leur adaptation professionnelle. Ainsi Mlle Abramson attire l'attention sur l'importance des troubles affectifs de l'instable ; son développement affectif n'est pas seulement retardé mais encore dysharmonique. En effet ses tendances affectives sont plutôt restées à une période de narcissisme puéril et d'activité ludique. Labilité de l'humeur, impulsivité avec passage rapide à l'acte, opposition à tout ce qui est stable et organisé, suggestibilité vis-à-vis de l'imprévu et de l'irrégulier, forment les bases de son caractère. Celles-ci expliquent, pour Mlle Abramson, les difficultés croissantes que rencontre l'instable au cours de son évolution.

L. Bourrat (1946) juge ce pronostic trop sombre. Celui-ci ne s'appliquerait qu'à des enfants présentant des troubles caractériels sérieux, plus ou moins abandonnés à eux-mêmes, dans des conditions familiales déplorables. Dans la pratique, bon nombre d'instables arrivent à s'adapter au milieu familial, scolaire puis social. Elle souligne la fréquence des troubles d'ordre cénesthésique (malaise, fatigue) influençant fâcheusement l'humeur, qui devient irascible, et partant le comportement. Or le bien-être et une atmosphère familiale calme et sûre modifient heureusement leur cénesthésie. Et parce qu'ils deviennent ainsi plus euphoriques, les acquisitions scolaires leur sont possibles et, plus tard, ils réussissent dans certaines professions compatibles avec leur besoin de mouvement et leurs intérêts changeants.

Plus récemment, A.P.L. Beley reprend le problème de l'«enfant instable» (1951). Il examine tour à tour :

1. Les instabilités corrélatives : soit somatopsychiques, symptomatiques de maladies organiques, soit secondaires à des troubles psycho-caractériels de base (instabilité de l'hyper-émotif, du paranoïaque, du pervers, etc.).
2. Les instabilités dégagées en apparence de tout facteur pathogénique décelable, mais où se retrouvent fréquemment soit des tares éducatives grossières, soit des troubles organiques frustes.
3. Enfin, l'instabilité psychomotrice pure qui paraît exceptionnelle et même artificielle.

Selon Beley, c'est tout le problème des causes de l'instabilité qui reste entier et actuel alors que celui de l'instabilité en elle-même perd de son intérêt en face de ce mythe qu'est l'instabilité psychomotrice essentielle. En réalité, Beley ne décrit pas l'instabilité psychomotrice. Il emploie le même terme mais dans un sens plus général et surtout plus vague pour désigner des troubles polymorphes du caractère et du comportement qui n'ont le plus souvent rien de commun avec l'instabilité psychomotrice.

Toujours dans le but de clarifier la notion d'instabilité psychomotrice, L. Michaux (1953) reprend l'idée d'«instabilité conditionnée» lancée par Heuyer et Lebovici en 1951. Il précise aussi le fait qu'à côté des instabilités constitutionnelles existent des syndromes nettement acquis d'instabilité. Ceux-ci peuvent dépendre de causes physiques (lésions crâniennes, toxicoses graves ou légères, hyperthyroïdie, etc.) ou de causes psychiques.

Ces dernières formes d'instabilité réactionnelle, appa-
raissant plus ou moins tardivement, peuvent avoir une
origine endogène comme l'association à un problème
émotif important, ou dépendre directement d'une cause
exogène en rapport avec des chocs effectifs provoqués
par le milieu. Tous les facteurs psychogènes habituels de
l'inadaptation enfantine peuvent être à l'origine de telles
instabilités. On y rencontre aussi souvent des facteurs
psychologiques (endogènes ou exogènes) que des facteurs
socio-économiques et familiaux. Il est évident, devant ces
précisions de Heuyer, Lebovici et Michaux, que les cas
répondant le mieux à la notion d'instabilité psychomotrice pure ou constitutionnelle sont ceux où le trouble a
une origine génétique. D'apparition précoce, cette forme
d'instabilité peut être régressive et susceptible d'une
sérieuse amélioration entre 14 et 16 ans. Michaux pense
même que le plus souvent, lorsque l'instabilité n'est pas
entretenue ou renforcée par des conditions psycho-éduca-
tives défavorables, son intensité s'est déjà affaiblie dès
la huitième ou la dixième année. Pour de nombreux
auteurs cependant, le syndrome psychomoteur à l'état
pur est exceptionnel. Son association fréquente à des
troubles du caractère comme l'hyperémotivité, la mytho-
manie, la paranoïa, assombrit souvent le pronostic.

Enfin, ce relevé de la documentation européenne nous
permet d'assister à la naissance de la notion d'instabilité
psychomotrice au point de vue nosologique. D'abord
confondue avec la débilité mentale et avec d'autres
troubles caractériels, l'instabilité s'en est peu à peu
dégagée. Les travaux successifs, notamment ceux de
Mlle J. Abramson, L. Bourrat, L. Michaux et bien
d'autres, en ont précisé et complété la description clinique
et les facteurs étiologiques. Cependant une certaine
confusion persiste même actuellement, parce que le même
mot « d'instabilité » est employé souvent pour désigner
d'autres symptômes ou des symptômes rencontrés parfois
dans l'instabilité psychomotrice et également dans
d'autres cas cliniques. Avant de passer à la partie anglo-
saxonne de ce relevé historique, je tiens à préciser que
dans ce travail, chaque fois que j'emploierai le mot

instabilité, je sous-entendrai «instabilité psychomotrice», syndrome décrit par Michaux comme l'inaptitude à la contention motrice et psychique, qu'elle soit provoquée et entretenue par des causes organiques, psychiques ou sociales, ou qu'elle soit constitutionnelle ou conditionnée.

Documentation d'expression anglaise

J'ai tenté de retrouver dans la littérature scientifique anglo-saxonne, tant américaine qu'anglaise, l'existence d'une notion parallèle au syndrome dont je viens de tracer l'évolution dans la documentation européenne d'expression française. Or, les premiers contacts établis auprès de spécialistes américains et anglais de la neuro-psychiatrie infantile démontrent d'abord que l'expression «instabilité psychomotrice» n'existe pas telle quelle dans leur langage clinique habituel. Cependant, après avoir pris connaissance des symptômes de l'instabilité, les chercheurs orientent immédiatement notre attention vers un syndrome encore très mal délimité de nos jours, mais qui a fait couler beaucoup d'encre partout dans le monde : le «dommage cérébral»[1].

Ainsi, à première vue il semble bien que les Anglo-Saxons ont une conception organiciste de l'étiologie de l'instabilité psychomotrice. Toutefois, en parcourant les diverses revues de neuropsychiatrie infantile et de psychologie clinique d'expression anglaise jusqu'en 1966, on se rend vite compte que les cliniciens de langue anglaise s'intéressent depuis fort longtemps à ces enfants instables, et qu'ils ne sont pas de nos jours très convaincus que cette maladie soit constamment et certainement d'origine organique. Eux aussi éprouvent une difficulté à classer l'instabilité psychomotrice comme un syndrome à part. Pendant des années, à partir du début du siècle, on classait immédiatement les enfants qui démontraient de la difficulté de contention motrice et psychique dans la catégorie imposante des enfants supposément atteints

---

1. L'expression «dommage cérébral» est la traduction libre de «*brain damage*».

d'une lésion cérébrale diffuse ou locale, et cela sans même douter de l'existence réelle d'une blessure au cerveau. La ressemblance entre les symptômes des atteintes neurologiques, déjà connues à cette époque, et la symptomatologie de ce que les Européens appellent l'instabilité psychomotrice, demeure certainement l'explication la plus logique de cette tendance. L'impulsivité, le manque d'attention, l'incapacité de concentration prolongée, le besoin exagéré de mouvement, constituent en effet les caractéristiques comportementales principales des atteintes cérébrales. Pour cette raison, les instables étaient au début du siècle considérés comme des malades physiques et bénéficiaient ainsi d'une attention thérapeutique très limitée. Les tenants de cette pensée cherchaient alors à découvrir un médicament qui pourrait calmer ces enfants en agissant de façon positive sur leur cerveau blessé. Dans ce sens, Kahn et Cohen publient un article en 1934 dans lequel ils décrivent une maladie d'enfant qu'ils appellent alors «désordre de comportement post-encéphalitique»[2]. Ils insistent sur le fait que l'hyperkinésie en est le symptôme prédominant et que cet état d'agitation est causé par un surplus d'impulsions internes provoqué par une désorganisation dans l'axe central du cerveau à la suite de certaines encéphalopathies, notamment *encephalopathis epidemica*. Les recherches en ce domaine continuent d'ailleurs encore aujourd'hui et une fraction importante de l'école anglo-saxonne refuse d'attribuer à l'instabilité une autre explication étiologique que l'atteinte cérébrale. Les progrès énormes de la pharmacologie ont d'ailleurs permis à certains chercheurs américains, dont Sol Levy (1966), de prouver l'efficacité des amphétamines dans le soulagement de certains cas d'instabilité. Selon lui, l'effet positif de ce produit (sulfate de Benzedrine) sur l'agitation des instables constitue une preuve de l'origine organique du problème. Il ne peut cependant passer sous silence le fait

---

2. L'expression «désordre de comportement post-encéphalitique» est la traduction de «*post-encephalitic behavior disorder*».

que certains cas résistent absolument à l'effet du médicament et ne manifestent aucun signe d'amélioration. Il s'agirait alors d'instabilités d'origine émotionnelle ou sociale sur lesquelles les amphétamines n'ont aucun effet.

Levy n'est d'ailleurs pas le premier à faire cette constatation puisqu'on retrouve dans la documentation scientifique des deux dernières décades des doutes sérieux sur la constance de l'origine organique de ce problème. Cet abandon à la thèse organiciste comme unique explication causale de l'instabilité est due à deux facteurs importants. D'abord, l'influence grandissante de l'école psychanalytique procure aux spécialistes des problèmes de l'enfance une latitude beaucoup plus vaste dans l'interprétation des comportements anormaux des enfants. La blessure au cerveau n'est dorénavant plus l'unique explication possible. D'autre part, l'amélioration des procédés d'expérimentation permet beaucoup plus de précision dans la recherche des atteintes cérébrales. Ainsi, alors qu'on lui avait toujours attribué une étiologie totalement organique, on découvre que l'instabilité peut se retrouver chez des enfants qui ne présentent pas les signes classiques des atteintes neurologiques lors d'examens approfondis du cerveau et des réflexes nerveux.

Cette constatation a jeté la confusion parmi les personnes intéressées à ces enfants agités et a provoqué un mouvement sérieux de clarification de la notion de dommage cérébral. Le premier résultat de cette démarche fut de réserver l'expression «dommage cérébral» aux seuls cas présentant une causalité lésionnelle organique évidente à l'examen neurologique. Quant aux autres cas, où il était difficile de démontrer clairement l'étiologie organique, on les qualifie avec plus de prudence de «dommage cérébral léger»[3]. Mais, incapables malgré tout d'abandonner complètement la thèse de l'origine organique de l'instabilité psychomotrice, les Américains et les Anglais se préoccupent alors de délimiter le degré

---

3. L'expression «dommage cérébral léger» est la traduction libre de «minimal brain damage».

réel d'influence de l'organicité dans le déclenchement et le maintien des symptômes de cette maladie infantile. Les résultats de cette tentative n'amènent cependant que plus de confusion, car on assiste alors à la consécration de deux courants de pensée qui persistent encore de nos jours. Et leurs convictions mutuelles sont si fortement ancrées qu'un enfant américain ou anglais souffrant d'instabilité peut recevoir deux formes de traitement différentes selon qu'il est examiné par un organiciste, ou qu'il s'adresse à un clinicien qui accepte comme possible une origine socio-émotive à sa maladie. Les organicistes de l'époque, convaincus d'être dans la vérité, vont jusqu'à suggérer que les cas où il est impossible par l'examen neurologique de déceler une atteinte cérébrale précise, peuvent fort bien avoir subi une «insulte cérébrale» péri-natale, néo-natale ou post-natale, impossible à diagnostiquer par les moyens actuels d'examen. D'un autre coté, devant ces difficultés à prouver scientifiquement l'existence d'un facteur étiologique organique dans tous les cas d'instabilité, des cliniciens de plusieurs disciplines réagissent exagérément en attribuant à des causes sociales et psychologiques la majorité des désordres qu'on avait toujours considérés nettement d'origine organique. Il suffit du moindre doute sur l'existence d'un dommage cérébral quelconque pour qu'on abandonne toute approche thérapeutique adaptée aux cas organiques. Or, si on tient compte de la faiblesse des moyens d'investigation neurologique, bon nombre d'enfants instables pour des raisons organiques minimes ou difficiles à déceler scientifiquement ne reçoivent pas de traitement approprié. Blau (1954) représente bien les préoccupations de son époque en admettant qu'il est plus logique de considérer ce qu'il appelle le «syndrome post-encéphalitique» d'un point de vue multi-dimensionnel, psychiatrique et même psycho-somatique, que de continuer à le voir uniquement sur un plan organique pur. D'après lui, il arrive malheureusement trop souvent qu'on soit obligé de changer un diagnostic préalable d'organicité en celui d'un problème de comportement d'origine psychologique ou sociale. Il a été aussi un des premiers à suggérer qu'on abandonne une attitude rigoureusement organiciste afin de donner aux enfants une attention thérapeutique plus adaptée et plus individuelle.

La neuropsychiatrie américaine, surtout depuis 1960, déplore cette lacune thérapeutique et s'acharne à faire revenir vers l'organicité le courant d'interprétation de l'étiologie de l'instabilité. La raison donnée est le tort certain causé aux enfants qui en sont atteints, par l'absence d'une médication tranquillisante ou autre (Ritalin et Dextroamphétamine, etc.), laquelle a d'ailleurs prouvé son efficacité au cours de plusieurs contrôles sérieux. Les fervents de ce mouvement croient qu'en reliant régulièrement ces désordres à des causes psycho-géniques ou sociales, on prend une voie trop facile et qu'on empêche ainsi la guérison, ou du moins l'amélio-ration, de plusieurs sujets. Selon eux, ces symptômes ressemblent trop à ceux qu'on rencontre habituellement dans les atteintes neurologiques évidentes pour qu'on se détourne complètement de la possibilité d'une causalité organique. Ils admettent tout de même, devant l'ampleur de la confusion régnante, qu'on remplace l'expression «dommage cérébral léger» par «dysfonction cérébrale légère»[4]. Cette deuxième appellation paraît plus appro-priée à un syndrome d'origine aussi bien psychogénique, sociale, qu'organique.

Cette concession d'ordre purement sémantique de la part des organicistes ne fit cependant qu'augmenter l'inquiétude déjà existante dans le monde médical amé-ricain et anglais. Devant le peu, sinon l'absence, de progrès accomplis pendant les dernières décades dans la description et le traitement de cette maladie d'enfant, on décida de remettre en cause son existence même afin d'améliorer au plus vite les possibilités thérapeutiques jusque-là fort décevantes qu'on accordait aux instables. C'est ainsi qu'à partir de 1960, on assiste aux États-Unis et en Angleterre, à la formation de quelques équipes de recherche dont les efforts sont surtout consacrés à préci-ser la séméiologie et l'étiologie de ces désordres.

---

4. « Dysfonction cérébrale légère » est la traduction libre de « *minimal brain dysfunction* ».

Pour démontrer clairement le degré de confusion et par conséquent la nécessité de recherches sérieuses dans ce domaine, considérons les conclusions auxquelles les spécialistes en sont venus lors d'un symposium international sur le «dommage cérébral léger», tenu à Oxford en 1962 sous la direction de Ronald MacKeith. Ce dernier, dans un compte rendu final, essaie de faire la synthèse de 52 définitions recueillies chez les membres des diverses disciplines médicales présentes. Il découvre alors que les opinions sont fort partagées au sujet de la définition et de l'existence même d'un syndrome appelé «dommage cérébral léger». En effet, un quart des membres désapprouvent nettement et l'emploi de l'expression et même l'existence du syndrome. Deux tiers de ceux qui reconnaissent son existence en donnent des définitions générales passablement cohérentes. Cependant, on ne pourrait dire qu'ils sont d'accord entre eux : d'une part, les anatomistes refusent catégoriquement d'appeler le syndrome décrit «dommage cérébral» même en y ajoutant le qualificatif «léger», s'il n'y a pas de preuves évidentes d'altération anatomique du cerveau ; d'autres insistent sur la ressemblance des symptômes décrits avec des cas d'anormalité manifeste du cerveau et approuvent l'emploi de l'expression étudiée. La description que Wedell, l'un des participants au symposium, donne du syndrome étudié, illustre cette dernière tendance. D'après lui, il s'agit d'une condition dans laquelle il y a peu, sinon aucun signe d'anormalité neurologique, mais un désordre évident de la connaissance de la pensée et des affects, comme on a d'ailleurs l'habitude d'en rencontrer dans les cas d'anormalité neurologique manifeste.

D'autre part, la ressemblance séméiologique avec ce que les Européens appellent l'instabilité psychomotrice nous est encore révélée lors de ce symposium par la description que Mitchell donne du syndrome de «dommage cérébral léger». Selon lui, les principales caractéristiques de ce problème sont : l'hyperkinésie, l'impossibilité d'une attention prolongée, la labilité de l'humeur, des lacunes intellectuelles variées incluant la persévération, des poussées d'anxiété, et certains rituels d'évitement de l'anxiété. Enfin, les participants d'un autre groupe, dont Hughlings, Jackson, Cameron et Stone, s'entendent pour caractériser la maladie par une tendance explosive, catastrophique et extrême à réagir au stress. De plus ils rejettent l'expression trop anatomiste de «dommage cérébral léger» pour adopter une expression plus adaptée à l'origine fonctionnelle du problème comme : «dysfonction cérébrale légère». Cependant, la contribution la plus significative de ces derniers est de souligner qu'un sous-groupe de symptômes se retrouve sous forme de dénominateur commun dans presque toutes les descriptions présentées au cours du symposium et qu'il constituerait ainsi facilement un syndrome entier par lui-même. Il s'agit de l'hyperkinésie, de la difficulté à maintenir l'attention, de l'impulsivité et du retard scolaire généralisé. Cet ensemble de symptômes souvent réunis chez le même sujet et isolé lors du symposium, on tenta même de le caractériser par l'appellation suivante : syndrome hyperkinétique. Le fait de faire une distinction aussi nette entre le grand syndrome de «dommage cérébral léger» et le syndrome hyperkinétique orienta les milieux de recherche anglo-saxons vers une étude beaucoup plus systématique et réaliste des enfants instables. Il devint, à partir de cette période, beaucoup plus admissible pour eux d'attribuer l'agitation ou la difficulté de contention motrice à d'autres causes qu'à des atteintes évidentes du cerveau. En ce qui concerne la présente analyse, nous devons admettre que c'est le syndrome hyperkinétique, tel que défini lors de ce symposium, qui se rapproche le plus de la notion européenne d'instabilité psychomotrice.

Quelques années plus tard, aux États-Unis, le Département de la Santé confia à une équipe de recherche dirigée par Sam D. Clements (1966) le mandat de faire un inventaire des nombreux travaux existant sur le syndrome de «dysfonction cérébrale légère» et d'en tirer des conclusions utilisables en clinique. Les résultats de cette enquête corroborent les idées principales émises à l'occasion du symposium international d'Oxford en 1962. En effet, l'équipe américaine en arrive elle aussi à considérer qu'il est nécessaire d'isoler un sous-groupe de symptômes du syndrome principal afin d'en faire une étude plus approfondie. Un noyau de symptômes précis se retrouve régulièrement sous forme de dénominateur commun dans 18 descriptions différentes du syndrome de «dysfonction cérébrale légère». Il s'agit, comme on l'avait remarqué lors du symposium anglais, d'un segment du syndrome principal ou du groupement de certains symptômes à l'exclusion des autres. Certaines caractéristiques séméiologiques auraient donc tendance à revenir régulièrement pour former une entité clinique plus facile à reconnaître et à isoler. Les traits relevés par Clements ressemblent d'ailleurs à ceux qu'on avait identifiés à Oxford en 1962 ; il s'agit de l'instabilité ou hyperactivité, de l'impulsivité, de la pauvreté d'attention et du retard scolaire généralisé. Cette nouvelle entité clinique reçoit ainsi une reconnaissance officielle supplémentaire sous l'appellation maintenue de syndrome hyperkinétique. L'équipe considère que cette réduction du syndrome trop général de «dysfonction cérébrale légère» comme entité clinique plus simple et plus circonscrite constitue une amélioration certaine dans les possibilités de reconnaissance clinique du problème et, par conséquent, dans sa prophylaxie. On pourrait ajouter que cet effort de synthèse a eu pour résultat immédiat d'identifier un syndrome jusque-là mal délimité, par sa caractéristique séméiologique principale qu'est l'hyperactivité ou l'hyperkinésie. Et maintenant, dans la documentation scientifique anglo-saxonne, on parle beaucoup plus d'enfants hyperkinétiques ou hyperactifs que d'enfants souffrant d'une dysfonction indéfinissable ou imperceptible du cerveau. Cependant, le véritable résultat de l'étude réalisée par l'équipe de Clements, c'est la prise de conscience définitive que les symptômes énoncés plus haut peuvent aussi bien dépendre de causes organiques que de causes socio-émotives, et qu'il est inutile de vouloir proposer des moyens thérapeutiques efficaces pour ces enfants sans être bien renseigné au préalable sur l'origine organique ou psychogénique du problème.

Vers la même époque, Stewart, Pitts, Craig et Dieruf (1966), poussés par le besoin d'une description précise du

syndrome hyperkinétique, publient les résultats d'une
enquête réalisée auprès des parents d'un groupe d'enfants
hyperactifs. Leur but principal est de comparer le
comportement de ces enfants au cours de leur développement à celui d'un groupe d'enfants normaux de même
niveau d'âge. Ils utilisent la formule de questionnaires
adressés aux mères des enfants. Les résultats obtenus
couvrent des secteurs aussi variés que la scolarité, la
santé physique, le développement moteur, la discipline,
etc. Or, malgré l'étendue des renseignements obtenus,
cette recherche contribue à structurer et à délimiter le
syndrome étudié, puisque la grande majorité des descriptions recueillies chez les mères des enfants hyperactifs
sont caractérisées par le retour régulier des mêmes
symptômes, à savoir : l'hyperkinésie, l'impulsivité, la
pauvreté d'attention et de concentration, et le retard
scolaire. Les commentaires des mères n'offrent malheureusement que fort peu d'informations utiles sur l'origine
du problème, si ce n'est quelques références de peu
d'importance sur le début de ses manifestations. Enfin,
le but de la démarche semble atteint, puisque les auteurs
peuvent se permettre de proposer en conclusion une
description plus détaillée de l'enfant hyperkinétique et
d'affirmer avec plus de certitude l'existence du syndrome
en tant qu'entité clinique complète.

La grande préoccupation de cette décade, dans les
milieux de recherche américains, n'a certainement pas
été l'unique justification de la raison d'être du syndrome
hyperkinétique. Les cliniciens des diverses disciplines
impliquées se sont d'ailleurs fort bien entendus sur le fait
qu'il était beaucoup plus urgent de compléter la description séméiologique de cette maladie d'enfant et d'en
découvrir l'origine exacte que de continuer à discuter du
bien-fondé de son appellation. La recherche de précisions
autour de la fameuse alternative étiologique organicité-
psychogénicité mobilisa la grande majorité des efforts,
car la documentation scientifique du temps contient
malheureusement fort peu de données utilisables et
précises en ce qui concerne la description même du
syndrome. Les chercheurs anglo-saxons ne s'étaient pas

encore vraiment arrêtés à décrire les caractéristiques intellectuelles, émotives, motrices ou sociales des enfants hyperactifs. Cependant, même s'ils ont passablement négligé ce secteur que les Européens ont de leur côté mieux favorisé, il convient de mentionner que leurs recherches sur l'étiologie du problème sont particulièrement éclairantes. Considérons par exemple le travail d'envergure que Knobel, Walmann et Mason ont réalisé en 1959 sur l'influence des facteurs organiques dans le déclenchement et le maintien de l'hyperkinésie chez l'enfant. Ils commencèrent par faire examiner par une équipe multidisciplinaire 40 enfants référés dans une clinique de Kansas City pour « troubles du comportement ». Les enfants furent étudiés à l'aide d'entrevues psychiatriques, d'examens psychométriques variés, et d'examens neurologiques appropriés, dont l'électroencéphalogramme. Ce travail d'équipe permit d'identifier chez un certain nombre de ces enfants un syndrome d'hyperactivité et même de préciser chez eux quelques éléments caractéristiques différentiels. Ainsi, les enfants dont l'hyperactivité semblait d'origine organique furent séparés des autres et étudiés à part. On fit de même pour ceux qui avaient vraisemblablement un problème psychogénique. On procéda alors à des comparaisons statistiques entre les résultats obtenus par les enfants des deux groupes aux divers examens et les conclusions qu'on en tira ne manquent pas d'intérêt.

En effet, Knobel et ses collaborateurs commencèrent par admettre l'existence d'un syndrome qu'on pourrait appeler «désordre de comportement hyperkinétique», mais à la condition de mieux préciser dans l'avenir la description des divers symptômes impliqués. Quant à la détermination de l'organicité, comme origine de ce problème, elle nécessiterait la cumulation des données obtenues lors des examens psychiatriques, psychométriques et neurologiques. Sans une confrontation élaborée entre les données obtenues par les représentants de ces disciplines, il semble impossible de parvenir à un diagnostic étiologique sérieux. De plus, cette recherche me porte à croire que l'organicité peut être présente à tous les degrés d'hyperkinésie ou ne pas exister du tout dans certains cas, puisqu'on n'a pas trouvé de corrélation significative entre le degré d'hyperkinésie des enfants examinés et les signes d'organicité révélés par les divers tests psychologiques utilisés (Rorchach, Weschler-Bellevue, Bender-Gestalt, etc.).

Forts de cette constatation, ces auteurs nous rappellent, en conclusion de leur article, que lorsqu'on ne se fie qu'aux tests psychologiques ou à l'électroencéphalogramme pour déterminer l'existence de l'organicité chez l'enfant hyperactif, on trouve, dans la majorité des cas, des indices si faibles qu'on a tendance à éliminer cette hypothèse. Cependant, la combinaison détaillée des indices, même très légers, recueillis par les trois formes d'examens permet souvent de découvrir l'existence de désordres certains au niveau du système nerveux. Enfin, on doit admettre avec eux qu'il y a des enfants hyperactifs ou instables à cause d'un désordre organique plus ou moins décelable; tandis que chez d'autres on doit envisager une étiologie purement psychogénique.

C'est d'ailleurs cette reconnaissance de deux catégories différentes d'enfants hyperactifs qui pousse Knobel (1962), quelques années plus tard, à Buenos Aires, à discuter de façon encore plus détaillée le problème de l'étiologie dans le syndrome hyperkinétique. Désireux de suggérer un traitement adéquat pour ces enfants, il insiste encore sur le fait qu'aucun traitement ne peut être vraiment valable sans qu'on soit bien fixé auparavant sur l'étiologie organique ou psychogénique du problème. En accord avec une mise en garde que fera Sol Levy dans un article publié en 1966, il spécifie catégoriquement que certains médicaments dont les amphétamines peuvent être sans aucun effet positif, et même qu'ils produisent des complications sérieuses dans les cas d'une hyperactivité provoquée par des causes psychogéniques ou socio-émotives. Cependant, ces produits sont spécifiquement efficaces quand il s'agit de soulager l'hyperactivité d'origine organique.

Or, cette fois, il ne se contente pas de suggérer un diagnostic prudent et respectueux des apports de plusieurs disciplines médicales. Il va plus loin et suggère des signes précis d'organicité à rechercher lors des examens psychologiques, neurologiques et cliniques. Il propose même qu'on qualifie d'organiques les cas d'hyperactivité dans lesquels on décèlerait des indices d'organicité dans seulement deux des trois formes d'examens suggérées.

Les signes d'organicité à rechercher lors de l'examen neurologique seraient en plus des indices d'anormalité focale ou diffuse, révélés par l'électroencéphalogramme, de légers mouvements choréoathétosiques, de l'instabilité musculaire modérée, du nystagmus et des tremblements légers des membres supérieurs. Quant aux facteurs permettant de supposer une atteinte neurologique à partir des examens psychologiques, il s'agit des signes classiques d'organicité de Pietrowski au Rorschach, de déviations spatiales au Bender-Gestalt et de certaines anormalités caractéristiques de reproduction du « bonhomme » au test bien connu de Goodenough. Selon Knobel, l'existence concomitante de quelques-uns de ces signes psychométriques et neurologiques chez un enfant hyperactif devrait suffire à diminuer notre hésitation à considérer l'origine organique de son problème et à envisager un traitement approprié, surtout si ce traitement cadre bien avec la description clinique que l'auteur fait de l'hyperactif organique par opposition aux cas fréquents où l'hyperactivité est plutôt provoquée par des causes psychogéniques. L'auteur croit, en effet, que le syndrome hyperkinétique causé par une atteinte cérébrale, même très légère et scientifiquement imperceptible avec les moyens actuellement disponibles, se manifeste par un comportement moteur erratique, sans direction ni objectivité. Il est de plus caractérisé par une hyperkinésie continuelle, à la maison, à l'école et dans toutes les autres situations sociales habituelles. L'impulsivité et l'agressivité s'exercent sans finalité et sans provocation apparente. L'enfant qui en est atteint est incapable de remettre à plus tard une gratification. Il est toujours « en urgence », qu'il se trouve à la maison, à l'école ou ailleurs.

D'autre part, l'hyperactif psychogénique réagit beaucoup plus à des situations provocantes. Il fait preuve d'intentionnalité et de direction dans son agressivité et son impulsivité. On observe chez lui certaines structures organisées et plus de coordination dans les divers secteurs de son comportement, selon l'endroit où il se trouve et la personne avec laquelle il entre en relation. Knobel termine son article en faisant remarquer qu'il est indispensable d'adapter le traitement du syndrome hyperkinétique à la nature des facteurs qui l'ont provoqué et qui l'entretiennent. Il ajoute que plus l'origine du problème est psychogénique, plus on doit insister sur un dosage des traitements pharmacologique et psychothérapeutique. À son avis, même avec les cas d'hyperactivité qui sont d'origine organique, on arrive à de meilleurs résultats thérapeutiques en combinant ces deux formes de traitement. En effet, il arrive habituellement que ces derniers cas réagissent fort émotivement à leurs symptômes et manifestent eux aussi certains troubles de comportement qu'on doit essayer d'atténuer dans la mesure du possible.

À la fin de ce relevé de quelques travaux réalisés par des chercheurs d'expression anglaise, il semble possible d'admettre que le syndrome hyperkinétique sur lequel ils ont orienté leurs recherches après en avoir accepté temporairement la description, représente assez bien l'entité clinique que les Européens d'expression française appellent depuis longtemps l'instabilité psychomotrice. De plus on peut constater que, vis-à-vis de ces enfants hyperactifs ou instables, les Américains et les Anglais se posaient à l'époque les mêmes questions et se trouvaient sensiblement devant les mêmes problèmes que les diverses écoles européennes, à savoir: une description plus détaillée et plus exacte du syndrome, une terminologie universelle plus fixe, des méthodes efficaces de traitement et surtout la cruciale alternative étiologique organicité-psychogénicité. Il n'en reste pas moins vrai que le syndrome décrit par Michaux comme l'inaptitude à la contention motrice ou psychique, qu'elle soit provoquée et entretenue par des causes organiques, psychiques ou sociales, ou qu'elle soit constitutionnelle ou conditionnée, rejoint bien la plupart des descriptions anglo-saxonnes récentes de l'enfant hyperactif ou du syndrome hyper-kinétique. Or, bien que cette entente internationale dans la documentation scientifique soit réconfortante en ce qui concerne surtout la définition de cette maladie, elle ne suffit pas à calmer notre angoisse devant le peu de connaissances exactes sur des aspects aussi importants que la motricité, l'intellection et l'affectivité de ces enfants. Un des points sur lesquels toutes les conceptions se rencontrent concerne la nécessité d'être bien fixé sur l'existence d'une causalité organique de l'hyperactivité, même très légère, avant d'entreprendre quelque traite-ment que ce soit. Cette attitude découle de l'acceptation grandement partagée dans la documentation interna-tionale de deux formes d'instabilité dont l'une serait d'origine organique et l'autre conditionnée par des facteurs socio-émotifs. Toutefois, on s'était tellement peu arrêté à décrire précisément les comportements moteurs, intellectuels et affectifs caractérisant ces deux catégories distinctes d'enfants hyperactifs, qu'il était difficile sinon impossible à ce moment de suggérer honnêtement un traitement adéquat.

L'évidence de cette lacune est d'ailleurs la raison qui m'a poussé, en 1966, à orienter mes recherches vers un aspect descriptif du syndrome d'instabilité psychomo-trice en espérant que cette attitude servirait à combler partiellement le vide constaté. Quant aux raisons qui m'ont poussé à étudier particulièrement la motricité, elles sont de plusieurs ordres. D'abord, le relevé de la documentation ne contenant surtout que des études extensives de l'instabilité en général, il semblait bien indiqué d'entreprendre des travaux plus circonscrits sur des aspects limités du problème et ainsi de rendre pos-sibles des prises de position précises en ce qui concerne le diagnostic différentiel et le traitement. D'autre part, la motricité était certainement l'aspect le plus négligé dans la littérature scientifique ; et cela malgré le fait indéniable que l'instabilité est un problème dans lequel les compo-santes motrices, bien qu'associées étroitement au psy-chisme, jouent un rôle primordial. Chose certaine, c'est par leur hyperactivité débordante que les instables psychomoteurs se font surtout remarquer, à l'école comme à la maison. Mais, bien qu'il y ait entente universelle sur cette difficulté de contention motrice, les connaissances précises sur les aspects qualitatifs et quantitatifs de cette motricité particulière sont très limitées.

La raison principale de mon choix, et celle-là même qui a orienté mes hypothèses de recherche, demeure plus directement reliée à la solution du fameux problème de la dualité étiologique de l'instabilité dont on parle encore tellement dans la documentation actuelle. En effet, je croyais que des connaissances plus précises de la motricité manuelle et corporelle faciliteraient l'établissement d'un diagnostic différentiel entre les deux sortes d'instabilités organique et psychogénique et permettraient ainsi des traitements plus appropriés. Si une expérimentation bien agencée permettait d'établir des différences significatives dans les comportements moteurs de ces deux types d'enfants hyperactifs, il serait possible de considérer cette constatation comme une nouvelle caractéristique différentielle importante dans l'établissement du diagnostic final. N'est-il pas reconnu que les déficits moteurs sont très fréquents sinon qu'ils accompagnent habituellement les atteintes cérébrales évidentes ? Pourquoi alors ne serait-il pas possible de supposer que, même dans des cas d'organicité minime qu'on qualifie souvent « d'insultes cérébrales », la motricité soit atteinte de façon qualitative ou même quantitative et cela suffisamment pour réduire l'activité normale de l'enfant. Ainsi, il était logique d'admettre, en tenant évidemment compte d'autres indices apportés par les examens psychologiques et neurologiques, qu'un enfant hyperactif ou instable manifestant un déficit moteur évident aurait de fortes chances de subir les conséquences d'une étiologie organique. Selon le même raisonnement, l'instable sans déficit moteur aurait plus de chances de réagir à des causes socio-émotives qu'à une désorganisation même imperceptible de son système nerveux. Voici pourquoi je croyais qu'une étude expérimentale approfondie de la motricité des instables psychomoteurs pourrait faciliter le diagnostic différentiel et le traitement de cette maladie.

En conséquence de ce raisonnement et à la suite des données recueillies dans la documentation, j'ai choisi d'étudier la motricité de ces enfants à partir des deux hypothèses suivantes :

1. Il ne convient pas d'admettre d'emblée que tous les cas d'instabilité psychomotrice manifestent un déficit dans leur développement moteur corporel et manuel.

2. Ce qui, dans bien des cas, est interprété comme un retard moteur serait beaucoup plus l'expression d'une difficulté caractéristique dans le contrôle des mouvements ou la *contention motrice*. Cette particularité, qu'on qualifie souvent d'hyperkinésie, se manifeste dans la vie courante comme dans une situation d'expérimentation, par une *difficulté plus ou moins marquée d'empêcher et de retenir les mouvements* et par une impossibilité à poursuivre une action à un rythme régulier.

B) *Recherche sur la motricité de l'instable psychomoteur ou enfant hyperactif*

J'ai choisi de présenter maintenant un résumé tout de même assez détaillé de cette recherche réalisée à Genève entre 1966 et 1970 afin de préserver la chronologie du relevé de la documentation internationale. Le lecteur devra donc considérer, en parcourant l'énoncé synthétique des diverses étapes de cette expérimentation, qu'elle fut réalisée dans le contexte historique de l'époque et avec les moyens d'analyse psychométrique et clinique en usage en Europe à ce moment. Elle fut réalisée dans le cadre du Service médico-pédagogique du Canton de Genève avec l'aide d'une équipe multi-disciplinaire de cette institution et sous la supervision du Professeur Julian de Ajuriaguerra, neuro-psychiatre, et alors directeur médical du service. Si j'insiste tant sur l'énoncé de

cette recherche, pourtant plus modeste que d'autres
démarches scientifiques sur le même sujet réalisées ultérieurement surtout en Amérique, c'est qu'elle est justement à l'origine de l'élaboration de la technique de
diagnostic différentiel que je préconise, et de la technique
thérapeutique présentée dans les chapitres ultérieurs de
ce travail.

Description de l'expérience

La description de l'expérience résume les détails
essentiels concernant la nature des instruments psychométriques employés, le déroulement de l'expérience elle-
même et le choix des sujets.

Épreuves expérimentales

La vérification des hypothèses sur l'efficience motrice
et la contention motrice de l'instable ainsi que le désir de
participer à une description plus complète de sa motricité
en général pourraient exiger l'emploi d'un choix considérable d'instruments psychométriques. Or de nombreuses consultations tant à Genève, au Service médico-
pédagogique, qu'à Paris, à l'Hôpital Henri-Rousselle, ont
orienté définitivement notre choix vers un ensemble de
tests moteurs bâtis et groupés par Myra Stambak sous le
titre suivant : Épreuves de niveau et de style moteurs. La
description complète de cet ensemble d'instruments ainsi
que les instructions d'administration, de correction et
d'appréciation des résultats sont contenues dans le
deuxième fascicule du Manuel pour l'examen psychologique de l'enfant, de René Zazzo.

Les quatre premières épreuves du « niveau moteur »
mesurent les possibilités fines ou manuelles et permettent
l'établissement d'une note globale d'habileté manuelle
sous la forme d'un âge moteur. Il s'agit des tests
suivants : Pointillage (épreuve de rapidité), Découpage
(épreuve de précision), Construction (épreuve de précision), et Manipulation (épreuve de précision).

À cause de la valeur peu prédictive du test de Manipulation de billes, l'auteur lui-même déconseille son utilisation. L'habileté manuelle a donc été mesurée par les trois premiers tests de cet ensemble.

Quant aux trois épreuves de «style moteur» qui complètent cette batterie, elles servent surtout, malgré leur hétérogénéité, à apprécier le degré de maîtrise et les possibilités de contrôle ou de contention motrice de l'enfant. Il s'agit des trois épreuves suivantes: Pointillage six minutes, Pointillés et Traçage d'un cercle.

Cet ensemble d'épreuves de niveau et de style moteurs procure des données indispensables à la vérification des deux hypothèses à l'origine du présent travail. Cependant l'étude de la motricité de l'instable serait incomplète sans une attention particulière portée à l'aspect global ou corporel de cette dimension. En effet, parallèlement aux travaux sur l'habileté manuelle, se poursuivent, depuis le début du siècle, des recherches qui ont comme préoccupation l'évaluation d'un niveau moteur global concernant la motricité pour l'ensemble du corps. Le travail le plus connu dans ce domaine est celui d'Ozeretski, appliqué en France par Abramson et Koff, et révisé par Guilmain en 1945. Aux États-Unis, la révision la plus connue est celle de Sloan.

Étant donné la pénurie d'instruments valables dans ce domaine, nous avons dû opter pour l'utilisation de l'Ozeretski-Guilmain, malgré ses nombreuses limites et ses difficultés bien connues d'administration et d'appréciation objective. Il faut admettre, cependant, que ce test présente certains avantages non négligeables, comme sa grande popularité et le fait qu'il permet l'établissement d'un «âge de développement moteur global» qui peut facilement être comparé à «l'âge de développement de l'habileté manuelle» déterminé par les épreuves de niveau moteur de Myra Stambak.

Déroulement de l'expérience

Les sept épreuves que je viens de décrire furent administrées aux sujets par le même examinateur, en l'occurrence l'auteur de la recherche. De plus, étant donné qu'une marge de subjectivité assez grande peut se présenter dans l'appréciation des réponses des sujets à toutes ces épreuves, la correction fut aussi exécutée par la même personne. Un groupe de 30 instables psycho-moteurs des deux sexes, de 6 à 10 ans, de la région de Genève formèrent le groupe expérimental, parce qu'ils répondaient exactement aux conditions de sélection suivantes : intelligence normale ou supérieure, milieu socio-économique moyen, absence de lésions cérébrales évidentes à l'examen neurologique ainsi que de troubles psychiatriques graves.

Afin d'utiliser au maximum les possibilités motrices des enfants, la période d'examen d'environ deux heures était interrompue après la première heure par une période de repos de 30 minutes. Durant la première séquence le sujet était soumis à l'épreuve d'Ozeretski et aux trois épreuves de niveau moteur de Myra Stambak. Après la période de détente, on lui administrait les trois épreuves de style moteur. Il est entendu que l'examinateur s'en est tenu rigoureusement aux consignes d'administration et de correction énoncées par les auteurs des instruments.

Enfin, dans le but de compléter cette exploration psychométrique des possibilités motrices des instables, l'examinateur terminait son inventaire par une appré-ciation clinique de deux aspects fort importants dans le développement moteur : l'existence de syncinésies et de paratonie. En effet, on sait que cette impossibilité de réaliser volontairement la résolution musculaire ou plus simplement de se décontracter est un des symptômes caractéristiques de la débilité motrice. Or cet état qu'on appelle depuis longtemps « paratonie » peut être observé par le test classique du « ballant » ou du « bras mort ».

Quant aux syncinésies qui sont, d'après Dupré, non pathologiques en elles-mêmes puisqu'elles s'observent chez les sujets normaux, elles acquièrent une valeur dans le syndrome de débilité motrice, lorsqu'elles sont intenses, par leur apparation subite et par leur longue diffusion. Nous avons donc recherché chez les sujets de notre échantillonnage ces signes révélateurs d'un pauvre développement moteur en utilisant le test des diadococinésies, plus communément appelé «test des marionnettes». Or malgré tous nos efforts pour rendre ces examens cliniques les plus objectifs possible, je dois admettre que les résultats demeurent très peu quantifiables et par conséquent peu utiles au but que je poursuis dans la recherche actuelle. Nous en avons cependant retiré des informations utilisables dans le cadre de la rééducation de chaque enfant examiné et surtout lors de l'interprétation des résultats aux divers examens psychométriques. Les données supplémentaires tirées de ces examens neuromusculaires s'adressant particulièrement au tonus de fond peuvent en effet aider à la compréhension de certains cas individuels du groupe expérimental chez qui les résultats accusent plus ou moins d'hétérogénéité ou d'originalité. Enfin, elles complètent la description des diverses épreuves psychométriques ou cliniques utilisées dans cette recherche.

Analyse des résultats

La discussion des résultats déjà analysés précédemment a pour but essentiel d'apprécier la portée des données recueillies lors de l'expérimentation et d'évaluer pour ce faire les moyens utilisés dans la vérification des hypothèses de recherche proposées au début. La façon la plus naturelle d'aborder cette tâche interprétative semble être de suivre l'ordre de présentation original des hypothèses pour en arriver à l'énoncé des conclusions sur les limites du travail et les possibilités futures d'expériences complémentaires. La première hypothèse prévoyait que chez les instables psychomoteurs d'intelligence moyenne ou supérieure, exempts de désordres neurologiques évidents, on ne retrouve pas nécessairement un niveau d'habileté motrice manuelle et corporelle déficitaire. Les renseignements relevés dans la documentation scientifique sur la motricité corporelle et manuelle de ces enfants hyperkinétiques, quoique très limités, semblaient toutefois suggérer qu'on devrait s'attendre à un retard de développement dans la majorité des cas. Or, les moyens que nous avons utilisés pour tenter d'apporter quelque lumière sur ce point fournissent des données suffisamment significatives pour qu'on puisse se permettre en premier lieu d'abandonner l'attitude fort préjudiciable à ces enfants qui consiste à les considérer d'emblée comme des déficients moteurs. En effet, les résultats obtenus aux épreuves psychométriques deviennent encore plus significatifs lorsqu'ils sont convertis en quotients moteurs corporels et manuels et présentés sous forme de distributions de fréquences dans les figures 1 et 2. Il est alors facile de constater que la majorité des quotients calculés ont tendance à se grouper autour de la moyenne, mais légèrement au-dessous comme l'indique d'ailleurs plus précisément l'analyse systématique des résultats de cette expérience. Les distributions particulières qu'on peut y observer, quoique légèrement différentes d'une courbe normale de comportement, ne s'en éloignent toutefois pas autant qu'il serait possible de le croire si l'on prend pour acquis que l'instabilité est classée parmi les syndromes psychomoteurs. De plus, elles révèlent qu'un tiers environ du groupe d'enfants en question obtiennent des quotients moteurs au-dessus de 100 ; et surtout, en ce qui a trait à la motricité manuelle, au-dessus de 110. Il ne faut cependant pas oublier qu'une autre portion aussi importante de l'échantillon se situe à l'autre extrémité de la distribution et se caractérise par des quotients moteurs corporels et manuels au-dessous de 90. Ce qui représente un retard moteur considérable d'autant plus significatif que ce sont sensiblement les mêmes sujets qui obtiennent des résultats aussi bas dans les deux aspects de la motricité mesurés par les épreuves expérimentales.

Toutes ces constatations sur les possibilités motrices des enfants examinés dans le cadre de la présente recherche pourraient être résumées sous la forme de quelques caractéristiques essentielles. On pourrait dire ainsi que la majorité d'entre eux présentent des niveaux d'habileté motrice manuelle et corporelle se situant autour de la moyenne, quoiqu'il y ait légèrement plus de

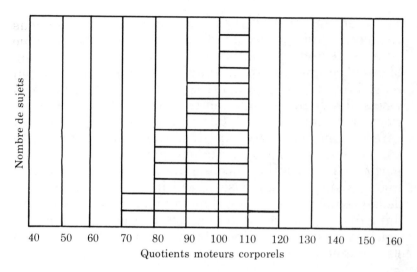

Figure 1. Distribution en fréquences des quotients moteurs corporels obtenue par les sujets du groupe expérimental à l'épreuve Ozeretski-Guilmain.

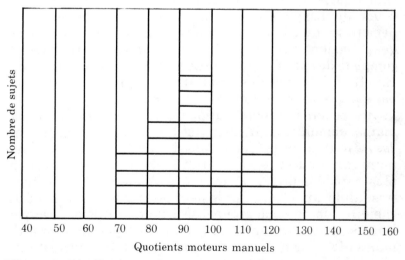

Figure 2. Distribution en fréquences des quotients moteurs manuels obtenue par les sujets du groupe expérimental aux épreuves de niveau moteur de Myra Stambak.

sujets en bas de 100. Il faut cependant ajouter à cette caractéristique générale qu'un tiers environ de ces enfants démontrent un retard de plus d'une année aussi bien en ce qui concerne l'habileté manuelle que corporelle. Par ailleurs, il est même possible à quelque huit sujets d'obtenir des quotients moteurs manuels supérieurs à la marque de 110, qu'on a l'habitude de considérer comme la limite supérieure de la moyenne. Cette simple répartition des résultats individuels sur une bonne portion de la courbe normale, malgré une distribution toute particulière, à elle seule, suffit à vérifier le contenu de la première hypothèse. Il ne faudrait pas croire cependant qu'on peut se contenter de ces quelques données pour généraliser à la population entière des instables psychomoteurs les conclusions qu'on pourrait en tirer.

Pour l'établissement du niveau d'habileté manuelle, l'utilisation des trois épreuves de niveau moteur de Myra Stambak a aussi bien rempli son rôle en participant efficacement à la vérification de la première hypothèse. Après de nombreux tâtonnements, nous avons choisi ces épreuves qui mettent l'accent sur la rapidité et la précision pour étudier la dextérité manuelle d'un sujet. Au cours de l'expérimentation, nous nous sommes rapidement rendu compte que la simple utilisation d'épreuves de précision n'aurait pas donné une idée réaliste et complète des possibilités motrices manuelles des instables. En effet, l'analyse des résultats de l'épreuve de «découpage», qui apprécie tout particulièrement la précision et la vitesse dans la coordination des mouvements des deux mains, démontre clairement que les instables y obtiennent des résultats de précision aussi élevés que les enfants normaux, tout en exécutant la tâche souvent beaucoup plus rapidement. Si on exclut le rendement nettement très faible, aussi bien sur le plan de la précision que de la rapidité, de ce sous-groupe de sujets, on peut dire que les instables examinés font preuve de possibilités normales de coordination manuelle et se sentent encore plus à l'aise devant des consignes de vitesse. Cette particularité motrice n'aurait pas été découverte si nous avions opté uniquement pour des mesures de précision sans rapidité et vice-versa. Serait-il possible d'expliquer cette étonnante facilité dans l'exécution rapide de tâches manuelles comme étant une forme d'adaptation défensive à leur propre symptomatologie ? Ces enfants pourraient avoir développé une certaine tendance à la rapidité justement parce qu'ils sont continuellement soumis à cette hyperkinésie qui les caractérise et ne leur permet jamais d'exécuter lentement et calmement les tâches habituelles de la vie. Il convient enfin de faire remarquer que l'idée de faire entrer dans le calcul de l'âge moteur manuel les scores obtenus par les temps d'exécution des découpages favorise exagérément les instables justement à cause de cette rapidité parfois étonnante. Leur âge de développement moteur s'en trouve ainsi augmenté considérablement et, par conséquent, ne représente plus aussi fidèlement leur réelle dextérité manuelle.

Ces constatations interprétatives ne peuvent faire autrement que de nous ramener vers ce petit groupe d'enfants qui, tout en présentant l'hyperkinésie et l'impulsivité des autres sujets de l'échantillon, ne réussissent pas à s'adapter positivement à la vitesse et à l'abondance de leurs mouvements et se contentent de résultats moteurs manuels et corporels nettement inférieurs. Nous avons fait une étude plus approfondie de ces enfants particulièrement handicapés sur le plan de la motricité corporelle, et surtout aux épreuves de rythme et de dissociation qui leur semblent pratiquement impossibles. Ils ont pour la plupart un retard aussi considérable sur le plan de la motricité fine ou manuelle quoique quelques-uns d'entre eux réussissent à obtenir des quotients plus élevés surtout en exécutant les découpages de cercle souvent plus rapidement que les enfants de leur âge. Or, malgré cette légère supériorité de l'habileté manuelle sur la motricité de l'ensemble du corps, on peut considérer ce groupe d'enfants, qui représente tout de même un tiers de l'échantillon total, comme des instables retardés moteurs. Ils se distinguent ainsi des autres enfants examinés qui manifestent des possibilités motrices dans les limites de la moyenne, même si elles ne la dépassent que très rarement. La tentation devient alors très forte de considérer, comme certains auteurs (Knobel, Michaux, Ajuriaguerra, etc.) l'ont d'ailleurs déjà fait, qu'il pourrait y avoir deux catégories d'instabilité psychomotrice caractérisées par une étiologie et une symptomologie différentes. Cette fois, cependant, les principaux critères de distinction d'une catégorie à l'autre seraient des comportements aussi facilement observables que la motricité manuelle et corporelle. L'attention thérapeutique accordée à ces instables pourrait ainsi être différente selon que leur hyperkinésie caractéristique serait accompagnée ou non d'un retard moteur manuel et corporel considérable. Il est en effet illogique de consacrer l'essentiel d'un programme thérapeutique à la reconstruction du niveau moteur alors que la difficulté de contention motrice de certains instables normalement adroits peut fort bien être déclenchée et entretenue par des causes psychogénétiques. Une rééducation psychomotrice, axée principalement sur le redressement d'une motricité manuelle et corporelle déjà normale, ne peut qu'augmenter l'hyperkinésie d'un enfant en l'irritant, et souvent en l'humiliant, devant la facilité des tâches à accomplir. De ces

TABLEAU I

Reprise des résultats individuels d'un sous-groupe de sujets (10)
plus profondément retardés sur le plan de la motricité

N°	Noms	Âge Chrono- logique	Âge moteur corporel	Âge moteur manuel
			Ozeretski- Guilmain	Stambak
4	Richard, B.	8,06	7,00	6,06
13	François, F.	6,02	4,08	5,09
14	Jean-Luc, G.	10,02	9,02	9,09
15	Bernard, G.	8,04	7,04	6,06
16	Fabienne, d'E.	8,06	7,08	6,06
17	Patrick, M.	9,05	8,04	8,03
18	Patrick, M.	9,09	8,00	7,06
21	Patrick, P.	9,05	7,10	10,09
25	Albert, S.	10,08	9,04	10,06
29	Pascal, Z.	9,03	7,02	7,06

constatations, il est facile de conclure à l'importance de bien établir un bilan moteur complet dans tous les cas d'instabilité psychomotrice afin d'augmenter l'efficacité de l'action thérapeutique.

Résumé et conclusion

L'analyse des résultats démontre que bien que la plupart des enfants examinés accusent en moyenne quelques mois de retard sur leur niveau d'âge, il s'en trouve un tiers qui manifestent un retard dans leur motricité manuelle et corporelle, tandis que très peu réussissent à dépasser la moyenne. Cette distribution des niveaux d'habileté motrice corporelle et manuelle sur toute l'étendue de la courbe constitue à elle seule une vérification suffisante de la première hypothèse, cependant que la comparaison du rendement moteur de ce tiers de l'échantillon plus lourdement retardé, avec les résultats de l'examen de la tonicité, constitue une des contributions les plus importantes de la recherche. Elle permet en effet de constater qu'on peut retrouver chez certains instables les manifestations les plus caractéristiques de la débilité motrice décrites par Dupré : à savoir la maladresse des mouvements volontaires, la paratonie et la présence exagérée de syncinésies. Chez d'autres, par contre, ces stigmates n'existent pas, bien que leurs difficultés caractéristiques de contention motrice les empêchent d'obtenir des résultats élevés aux diverses épreuves de motricité manuelle et corporelle.

La difficulté de contention motrice ou de contrôle moteur, que se proposait de vérifier la seconde hypothèse, et qu'on a retrouvée chez tous les sujets quel que soit leur niveau moteur, devient alors le symptôme prédominant de l'instabilité psychomotrice et l'explication principale de leurs échecs scolaires notables et de leur pauvre adaptation sociale. Cette difficulté particulière de contrôle se manifeste sous forme d'hyperkinétisme et existe avec plus de constance et de régularité de diffusion chez ces instables psychomoteurs constitutionnels retardés moteurs profonds et lourdement paratoniques, chez lesquels on est en droit de soupçonner une étiologie organique très difficile à déceler avec les moyens actuels d'examen. Elle se manifeste cependant moins régulièrement et est plus dépendante des circonstances socio-affectives chez les autres instables qui présentent un niveau de développement moteur manuel et corporel normal et dont l'étiologie est plutôt réactionnelle et psychogénétique.

La double polarité étiologique et séméiologique de l'instabilité psychomotrice devient donc plus évidente à partir d'une description plus détaillée de la motricité corporelle et manuelle des enfants qui en sont atteints. Nous sommes par le fait même devant l'obligation plus forte de considérer les implications d'un traitement diversifié selon que nous avons affaire à l'une ou l'autre manifestation du syndrome. C'est ainsi qu'on devrait accorder une attention particulière à la restructuration motrice générale des instables affligés d'un retard moteur évident. Tandis que les instables sans déficit moteur réagissant principalement à un milieu socio-émotif défavorable devraient bénéficier d'un ensemble bien dosé de psychothérapie et d'amélioration de l'ambiance familiale et scolaire. Il va de soi que la grande difficulté de contention motrice de tous les instables, quel que soit le degré de leur déficit moteur, nécessite une attitude thérapeutique structurante, ferme et axée sur l'utilisation des diverses techniques de relaxation.

Enfin, les limites de cette expérience ne permettent pas d'aller plus loin dans l'ordre des interprétations étiologiques de l'instabilité, mais elles suggèrent par elles-mêmes que les recherches futures dans le domaine devraient s'appliquer principalement à l'étude neurologique plus approfondie des instables retardés moteurs paratoniques et syncinétiques, tandis qu'elles devraient s'attarder plutôt à approfondir le développement affectif de ces enfants dont l'instabilité est conditionnée par des événements socio-émotifs.

C) *Relevé de la documentation de la dernière décade (1970 à 1980)*

Bien que la recherche au cours des dix dernières années (1970-1980) fût nettement orientée vers la vérification de l'efficacité à court et à long terme de certains traitements médicamenteux, quelques travaux d'envergure furent publiés au sujet de l'étiologie de l'hyperactivité. La majorité des chercheurs et des cliniciens acceptent l'existence du syndrome en tant qu'entité clinique, mais se posent encore des questions au sujet de son origine véritable. Ainsi Tarjan et Eisenberg (1972) aux États-Unis s'entendent avec les conclusions de Rutter (1969) en Europe et acceptent finalement d'appeler «syndrome de l'enfant hyperactif» l'ensemble des symptômes suivants: hyperkinésie ou trop grande abondance de mouvement, distractibilité, incapacité d'attention soutenue et impulsivité.

On retrouve très peu à partir de cette époque l'appellation «instabilité psychomotrice» et cela même en Europe. D'ailleurs la masse de travaux importants provient dorénavant du continent nord-américain, c'est-à-dire des États-Unis et du Canada. On abandonne de plus en plus l'explication étiologique unique du problème pour y voir une origine polymorphe. Le syndrome est à partir d'alors conçu comme pouvant s'appliquer à un groupe hétérogène d'enfants. On admet enfin que plusieurs facteurs étiologiques différents puissent conduire au syndrome, seuls ou associés les uns aux autres. Dans certains cas l'explication est purement organiciste et on attribue le désordre à une anormalité structurelle du cerveau (Werry, 1972). Dans d'autres cas, on n'hésite pas à contempler une étiologie purement génétique, (Cantwell, 1973 — 75-76; Morrison et Stewart, 1973). Ces auteurs ont mené des enquêtes sur les parents biologiques ou adoptifs d'enfants hyperactifs. Il s'agissait de vérifier s'il y avait plus d'hyperactivité chez les parents biologiques de ces enfants ou chez les parents qui les avaient adoptés en bas âge. Or les quelques recherches en question démontrèrent que le syndrome hyperactif se retrouve avec une fréquence beaucoup plus grande chez les parents biologiques du premier et second degré, que chez les parents des enfants adoptés. On retrouve aussi chez les parents biologiques l'existence beaucoup plus fréquente des trois caractéristiques suivantes : alcoolisme, sociopathie chez les pères et alcoolisme et hystérie chez les mères. Ces traits de personnalité sont d'ailleurs très rares chez les parents adoptifs. Ces résultats nous portent à appuyer l'origine génétique de certains cas d'hyperactivité. Mais une conclusion fort intéressante qui s'impose à ces recherches, c'est l'existence de deux ou de plusieurs sous-groupes d'enfants hyperactifs. Certains réagiraient à leur milieu sans nécessairement d'influence génétique. Tandis que d'autres seraient déterminés d'avance et ne feraient que continuer une lignée parentale aberrante. Le point cependant qui reste à élucider est de savoir si la transmission génétique se fait de façon biologique ou éducationnelle. Les auteurs ont donné une réponse partielle à cette interrogation en affirmant que les enfants hyperactifs adoptés par des familles désorganisées ou déviantes sur le plan social et affectif réagissent très peu aux médicaments (amphétamines). Ceux qui voient leurs comportements hyperactifs le plus modifiés par ce traitement sont les cas les plus nets de transmission génétique.

Cette théorie étiologique de deux groupes, dont l'un serait plus marqué par une influence organique génétique ou accidentelle, et l'autre par des facteurs transmis par l'environnement, semble plaire à ce groupe de chercheurs.

D'ailleurs cette conception est soutenue par d'autres groupes représentatifs du milieu scientifique américain. Dans un travail extensif de relevé de documentation, Marwit et Stenner (1972) examinent les principaux sujets de désaccord et d'accord sur la terminologie, l'étiologie et les techniques thérapeutiques. Leur conclusion principale est la suggestion qu'il y a deux principaux patrons (patterns) d'hyperactivité et que le manque à faire nettement cette distinction est la cause principale du maintien de la controverse. Ils suggèrent une description

détaillée de la symptomatologie et de l'étiologie particulières des deux sous-groupes et discutent même d'un
traitement approprié pour chacun d'eux. Ils terminent en
insistant sur le fait que leur distinction est encore en
bonne partie théorique et qu'elle a besoin d'une solide
validation empirique.

Plus récemment un groupe de l'Université de Chicago
(Levine, Kozak, Sharova et Loyola (1977)), discute du
problème de l'hyperactivité dans les écoles en utilisant
un relevé important de la documentation et les données
obtenues à l'examen multi-disciplinaire de 37 enfants
hyperactifs. Ils ajoutent de plus à ce matériel les résultats
d'entrevues auprès d'infirmières scolaires, travailleurs
sociaux, psychologues et psychiatres, professeurs et principaux d'écoles de la région de Chicago. La compilation
des informations recueillies les amène à conclure que
même si à l'époque de leur recherche les facteurs constitutionnels sont souvent considérés responsables du problème de l'hyperactivité, ils se sentent obligés d'admettre
que des facteurs psychogéniques déclenchent le problème
beaucoup plus fréquemment qu'on a tendance à le reconnaître. Ils recommandent aussi qu'avant que toute prescription de médicaments tels que Ritalin et Dexédrine
soit approuvée, les enfants subissent des examens très
approfondis pour déterminer l'origine de leur problème.

Cette conception étiologique dualiste entre évidemment dans la ligne de pensée à la base du présent
ouvrage. Elle s'inscrit dans une conviction la plus fonda-
mentale qu'avant de suggérer toute forme de traitement
à un enfant hyperactif, il est nécessaire de procéder à une
série d'examens variés destinés à préciser l'origine exacte
du problème. D'ailleurs la quantité imposante de recherches destinées à vérifier l'efficacité des traitements
utilisés lors des dernières années et surtout ceux qui sont
à base chimique, ne font qu'appuyer cette même conception causale dualistique. Mais il serait certainement
intéressant pour le lecteur à ce moment-ci d'en savoir
plus long sur ces travaux de vérification des effets de
certains traitements biochimiques. Barbara Fish, dans
une participation à l'excellent ouvrage de D. Cantwell

sur l'enfant hyperactif (1975), présente une revue des principales recherches sur le sujet et en fait une critique fort intéressante. Ainsi on y constate que les études contrôlées les plus récentes sur les effets des stimulants du système nerveux central (Conners et Eisenberg, 1963; Conners et al., 1969; Weiss et al., 1968) confirment les premières études cliniques exécutées vers la fin des années 1930 et au début de 1940 par Bradley (1937), Bradey et Bowen (1941) et Bender et Cottington (1942). Les choses n'ont pas tellement changé depuis 35 ans dans ce domaine. On y répond généralement de la même façon à la question suivante : « Est-ce que les stimulants sont efficaces ? » Oui, ils sont efficaces, ils diminuent sensiblement les symptômes cibles, c'est-à-dire, l'hyper-kinésie, la distractibilité et légèrement l'impulsivité. C'est ainsi que la capacité d'attention et le pouvoir d'apprentissage s'en trouvent augmentés. Cependant, si quelqu'un se donne la peine de parcourir l'ensemble de ces recherches en profondeur, il y découvrira un dénominateur commun très important. En effet l'ensemble de leurs auteurs s'entendent sur le fait que seulement un pourcentage (variant de 30 à 70) des hyperactifs traités répondent positivement au traitement. Les autres ne réagissent pas du tout et souvent voient leurs symptômes augmenter de façon alarmante. De plus Barbara Fish nous invite à réfléchir sérieusement sur les lacunes d'un traitement biochimique, qu'il s'agisse de stimulants (méthylphénidate et dextroamphétamine), de sédatifs (phénobarbital) ou de tranquillisants mineurs et majeurs (méprobamate, bénadryl, chlorpromazine, triplupérazine, halopéridal et thiothixène). Ces produits agissent sur certains symptômes cibles comme l'attention, l'intérêt, l'impulsivité, l'hyperagitation, mais laissent habituellement inchangés des patrons de comportements plus importants pour la santé émotive de l'enfant. Par exemple, si un enfant développe des problèmes d'interaction sociale ou d'agressivité en plus de son hyperactivité, la drogue ne diminuera que l'agitation qui l'a rendu agressif. Si cette médication chimique représente l'ensemble du traitement entrepris, l'enfant continuera à avoir des difficultés dans ses relations avec les autres enfants, principalement parce qu'il se sentira différent d'eux dans plusieurs aspects de sa personnalité. Enfin ces médications ne règleront pas non plus le problème énorme de son retard scolaire et des difficultés d'apprentissage causées par l'hyperactivité.

C'est donc en accord avec cette ligne de pensée que D. Cantwell (1974) invite les divers intervenants thérapeutiques à la prudence lors de l'identification initiale du syndrome d'hyperactivité. Il est d'avis qu'elle devrait se faire le plus tôt possible dans la vie, puisque les recherches indiquent que ces enfants risquent fort de développer de sérieux problèmes psychiatriques et sociaux au cours de l'adolescence et de la vie adulte. Il est aussi persuadé que seulement un sous-groupe de ces enfants réagit aux stimulants chimiques et qu'il s'agit habituellement de ceux qui souffrent d'anormalité neurophysiologique. Selon lui 25 à 33% des enfants hyperactifs ne répondraient pas à ce traitement, et pour les aider à s'ajuster dans la vie on devrait avoir recours à des entraînements spécifiques (non décrits) destinés à les aider à surmonter leur impulsivité et certaines réactions inadmissibles dans le quotidien. Il croit que l'approche la plus efficace à l'amélioration de l'hyperactivité nécessite la participation active de toute la famille par le biais de formation spéciale des parents et d'implantation de programme de modification behaviorale dans le foyer. Il favorise de plus l'organisation de certaines formes de programmes dans la classe, destinés à modifier pendant une période assez longue les comportements aberrants des enfants.

Enfin cet auteur croit qu'étant donné le caractère partiel des succès obtenus par les médications biochimiques, l'avenue principale d'exploration pour l'avenir repose d'abord sur la découverte de moyens efficaces permettant de diviser ces enfants en sous-groupes significatifs qui devraient différer sur le plan de l'étiologie, du pronostic et de la réponse au traitement. Il semble convaincu de l'existence de deux sortes d'hyperactivité, mais se limite à mentionner que cette conception émerge du fait que seulement une partie des enfants hyperactifs réagit positivement aux médications. Il va même jusqu'à proposer que ce groupe est plus fortement marqué par des problèmes neurophysiologiques. Mais nulle part dans son œuvre il n'est fait mention que les hyperactifs qui ne sont plus aidés par les drogues pourraient souffrir d'une sorte d'hyperactivité provenant d'une étiologie différente et qu'on devrait traiter d'une façon particulière. C'est évidemment ce vide que dans le présent travail je me propose d'essayer de combler en décrivant d'abord au cours du prochain chapitre les deux formes d'hyperactivité auxquelles ma propre recherche ainsi que mon expérience clinique m'ont amené à croire.

Dans un autre chapitre, une description détaillée des moyens diagnostiques utilisables pour en arriver à établir le plus nettement possible la distinction entre les deux formes d'hyperactivité sera présentée. Enfin la partie que je considère la plus importante de cet ouvrage consiste dans l'explication des traitements appropriés à ces aspects variés du problème. L'approche thérapeutique, principalement axée sur des modifications de comportement par conditionnement opérant et par l'application régulière de techniques de relaxation, a été conçue à partir des résultats de ma recherche. Au cours des dix dernières années, elle fut l'objet de nombreuses modifications suggérées par la recherche clinique et l'application individuelle et collective au niveau des écoles et hôpitaux de la région de Montréal par moi-même et quelques-uns de mes assistants.

Enfin il serait inconcevable de terminer ce relevé de la documentation sans faire état d'un aspect de la recherche dont les résultats très peu encourageants devraient contribuer certainement le plus à nous motiver dans l'organisation d'un traitement efficace pour l'ensemble des enfants hyperactifs. Il s'agit des quelques études de «follow-up» réalisées généralement sur des adolescents de 12-13 ans diagnostiqués depuis l'enfance comme hyperactifs. La première enquête systématique dans ce domaine fut réalisée au département de psychiatrie infantile de l'hôpital John Hopkins sur un groupe de 18 enfants diagnostiqués et traités à la clinique externe entre 1937 et 1946 (Menkes et al., 1967). Tous ces enfants d'intelligence normale, lors des premiers contacts cliniques, n'avaient pas de signes de psychose ou d'atteintes neurologiques importantes. Ils possédaient cependant tout ce qu'on peut considérer comme des signes légers d'anormalité neurologique (pauvre coordination, trouble de langage, dysfonction visuo-motrice). Les résultats des nombreux examens administrés en 1967 sont très peu optimistes puisque seulement huit d'entre eux étaient spécialement autonomes, deux étaient retardés et entièrement supportés par leurs familles et quatre étaient des psychotiques institutionnalisés. Quatre des huit considérés comme autonomes avaient passé quelque temps dans des institutions comme des prisons, des cours juvéniles ou des hôpitaux pour retardés. Quelques-uns (huit) possédaient encore des signes d'anormalités neurologiques, trois avaient même conservé l'agitation et la distractibilité des hyperactifs.

Mais l'étude la plus significative et concluante fut celle réalisée par un groupe de cliniciens de l'Université McGill de Montréal (Weiss et al., 1971). Quelques membres de ce groupe ont d'ailleurs poursuivi cette ligne de recherche jusqu'en 1979. Les résultats de leurs plus récentes enquêtes systématisées ne sont d'ailleurs pas plus encourageants qu'au début, puisqu'ils démontrent clairement que même si les enfants se sont améliorés au niveau des symptômes cibles (hyperkinésie, distractibilité, excitabilité et agressivité), ils sont encore inférieurs aux groupes contrôles dans la plupart de ces aspects. Il persiste aussi chez eux des désordres de l'attention et de la concentration suffisamment graves pour provoquer un fonctionnement scolaire inférieur dans tous les domaines, malgré une intelligence normale ou supérieure. Mais ce qui ressort le plus nettement de ces recherches, c'est le fait que cinq ans après leurs premiers contacts avec les institutions médicales et après des traitements pour la plupart médicamenteux, ces enfants manifestent encore et surtout des signes de psychopathologie. Parmi les plus importants notons l'immaturité émotionnelle, l'incapacité à conserver des objectifs, une image de soi dévalorisée ainsi qu'un sentiment d'impuissance. De plus, considéré dans son ensemble, le groupe de sujets étudiés se distingue des enfants normaux par une plus grande agitation et par plus d'agressivité et de comportements anti-sociaux. Ces études de «follow up» n'agissent pas de façon positive sur le devenir à long terme des enfants diagnostiqués même très tôt dans leur vie comme hyperactifs.

Ma propre expérience clinique avec ces enfants, ainsi que les conclusions des diverses recherches auxquelles j'ai participé dans le domaine de la psychomotricité lors des dix dernières années, m'obligent à prendre vis-à-vis de la délimitation séméiologique de l'hyperactivité une position sans équivoque. D'ailleurs l'ensemble du tableau de la recherche scientifique de la dernière décade, tant dans le domaine de l'étiologie, des techniques thérapeutiques que des études de «follow up», ne font qu'appuyer ma conviction.

Il y a deux types principaux d'enfants hyperactifs qui réagissent à une étiologie distincte et qui doivent définitivement être traités de façons différentes si on désire une amélioration de leur état. Le premier est caractérisé par une étiologie surtout neuro-physiologique et une symptomatologie comportant, entre autres, des stigmates psychomoteurs importants qu'on qualifie souvent en neurologie de désordres légers (soft signs). Ces hyperactifs constitutionnels entrent très logiquement dans l'image clinique du syndrome malheureusement trop vague de «dysfonction cérébrale minime». Quant à l'autre type, que j'appelle «hyperactivité socio-affective», son étiologie est psychogénique et sa symptomatologie ne contient pas de désordres psychomoteurs stables. Je vais dans le prochain chapitre m'efforcer de définir clairement ces deux sortes d'hyperactivité, considérant que c'est la première étape à franchir pour l'élaboration d'un diagnostic différentiel véritable.

Bibliographie du chapitre I

ABRAMSON, J. (1940). *L'enfant et l'adolescent instable.* Paris : Alcan.

AJURIAGUERRA, J. de (1961). Les bases théoriques des troubles psycho-moteurs. *Médecine et hygiène,* n° 521.

AJURIAGUERRA, J. de (1970). *Manuel de psychiatrie de l'enfant.* Paris : Masson.

BELEY, A.P. (1951). *L'enfant instable.* Paris : Paideia. Presses Universitaires de France.

BENDER, L. et COTTINGTON, F. (1942). The use of amphetamine sulfate (Benzedrine) in child psychiatry. *Amer. J. Psychiat.* 99 : 116-121.

BLAU, A. (1954). The diagnosis and therapy of health. *Research publications association for research in nervous and mental disease,* 34, n° 404.

BONCOUR, P. et P. (1905). *Anomalies mentales des écoliers.* Paris : Alcan.

BOURNEVILLE, D.M. (1896). Le traitement médico-pédagogique de différentes formes de l'idiotie. Comptes rendus de Bicêtre, Tome XVIII.

BOURRAT, L. (1946). *L'instable psychomoteur.* Bibliothèque de psychologie et de pédagogie de Lyon. Presses Universitaires de France.

BRADLEY, C. (1937). The *behavior of children receiving Benzedrine. Amer. J. Psychiat.* 94 : 977-985.

BRADLEY, C. et BOWEN, M. (1941). Amphetamine (Benzedrine) Therapy of children's behavior disorders. *Amer. J. Orthopsychiatry.* 11 : 92-103.

CANTWELL, D. (1975). The Hyperactive child. Diagnosis, Management, Current Research. Spectrum Publication, Suc. New York (p. 210).

68

CANTWELL, D. (1974). Early intervention with hyperactive children. *Journal of Operational Psychiatry.* Fal. Win. Vol. 6 (1): 56-67.

CANTWELL, D.P. (1973). Genetic studies of hyperactive children. American Psychopathology Association Annual Report.

CLEMENTS, S.D. (1966). Minimal brain dysfunction in children. Publication of the U.S. Department of Health, Education and Welfare, NNDB Monograph, n° 3.

COLLIN, A. (1920). *Traité de médecine légale infantile* (pp. 131-134). Paris: Delagrave.

CONNERS, C.K. et EISENBERG, L. (1963). The effects of methylphenidate on symptomatology and learning in disturbed children. *Amer. J. Psychiat.* 120: 458-464.

CONNERS, C.K., ROTHSCHILD, G., EISENBERG, L., SCHWARTZ, L. et ROBINSON, E. (1969). Dextroemphetamine sulfate in children with learning disorders: effects on perception, learning and achievement. *Arch. Gen. Psychiat.* 21: 182-190.

DUPRE, E. et MERKLEN, P. (1909). La débilité motrice dans ses rapports avec la débilité mentale. *Rapport au 19ᵉ Congrès des aliénistes et neurologues français.* Nantes.

DUPRE, M. (1925). *Les déséquilibres constitutionnels du système nerveux. Pathologie de l'imagination et du caractère.* Paris: Payot.

FISH, B. (1971). The «one child, on drug», myth of stimulants in hyperkinesis. Importance of diagnostic categories in evaluating treatment. *Arch. Gen. Psychiat.* 25: 193-203.

HEUYER, G. (1914). Enfants anormaux et délinquants juvéniles. Thèse inédite, Paris.

HEUYER, G. et LEBOVICI, S. (1951). L'instabilité conditionnée. *Société de pédiatrie,* janvier.

HOFFMAN, H. (1845). Der Struwwel, Peter: order lustige, Geschiechten und drollige Bilder. Leipzig: Insel-Verlag.

HOMBURGER, E. (1926). Volesungen über psychopathologie des kindesalters. Berlin: Springer. (Beley, A.P. (1951). *L'enfant instable.* Paris: Presses Universitaires de France).

KAHN, E. et COHEN, L.H. (1934). Post-encephalitic behavior disorder. *New England Journal of medicine,* **210.**

KNOBEL, M. (1962). Pharmacology for the hyperkinetic child. *Archives of general psychiatry,* **6,** 198-202.

KNOBEL, M., WOLMAN, Mary B. et MASON, Élisabeth (1959). Hyperkinesis and organicity in children. *A.M.A. Archives of general psychiatry,* **1,** 310-321.

KRAMER, E. (1926). Berichte der 4ᵉ Tagung über psychopathenfürsorge in Dusseldorf. (Beley, A.P. (1951). *L'enfant instable.* Paris: Presses Universitaires de France).

LEVINE, E., KOZAK, C. et SHAIOVA, C. (1977). Hyperactivity among white middle-class children : Psychogenic and other causes. *Child Psychiatry & Human Development.* Shr Vol. 7 (3) 156-168.

LEVY, S. (1966). The hyperkinetic child, a forgotten entity. Its diagnosis and treatment. *International journal of neuropsychiatry,* **2**, (nᵒ 4), 330-336.

MACKEITH, R. (1962). Defining the concept of minimal brain damage. *From the proceeding of the international study group on minimal cerebral dysfunctions.* Oxford, England.

MARWIT, S. et STENNER, A. (1972). Hyperkinesis : Delineation of two patterns. *Exceptional Children.* Jan. vol. 38 (5) 401-406.

MALE, P. (1932). La genèse des troubles du caractère chez l'enfant. *Évolution psychiatrique,* Tome III.

MENKES, M., ROWE, J. et MENKES, J. (1967). A twenty-five year follow-up study on the hyperkinetic child with minimal brain dysfunction. *Pediatries* 39 : 392-399.

MICHAUX, L. (1953). Formes cliniques de l'instabilité. *Encyclopédie médico-chirurgicale, seconde enfance,* octobre.

MORRISON, J. et STEWART, M. (1973). The psychiatric status of the legal families of adopted hyperactive children. *Archives of General Psychiatry.* 28 : 888-891.

NÉRON, G. (1952). *L'enfant vagabond.* Paris : Paideia. Presses Universitaires de France.

OZÉRETSKY, N.I. et GOUREVITCH, Y. (1930). Die karstitutionellen variation en der psychomotorik, etc., Archiv, für psychiatrie..., XCI, p. 286. (Beley, A.P. (1951). *L'enfant instable.* Paris : Presses Universitaires de France).

REY, A. (1954). Le freinage volontaire du mouvement graphique chez l'enfant. *Cahier pédagogique.* O.P. Liège,3, 402, 60-71.

RUTTER, M. (1968). Lésion cérébrale organique, hyperkinésie et retard mental. Psychiatrie Enfant 11 : 475.

RUTTER, M., LEBOVICI, S., EISENBERG, L., SNEZNEVSKIG, A., SADOUN, R., BROOKE, D. et LIN, T. (1969). A tri-axial classification of mental disorders in childhool. *Journal of child Psychology and Psychiatry,* 10 : 41-61.

STEWART, M.A., PITTS, F.N. Jr., CRAIG, A.G. et DIERUF, W. (1966). The hyperactive child syndrome. *American journal of orthopsychiatry,* **36**, nᵒ 5.

TARJAN, G. et EISENBERG, L. (1972). Some thoughts on the classification of mental retardation in the United States of America. Supplement to American Journal of Psychiatry, 128 : 11, 14-18.

VERMEYLEN, G. (1929). *Les débiles mentaux.* Bruxelles : Maurice Lamertin.

WALLON, H. (1925). *L'enfant turbulent.* Paris : Alcan.

WEISS, G., WERRY, J.S., MINDE, K., DOUGLAS, V. et SYKES, D. (1968). Studies on the hyperactive child. V: The effects of dextroamphetamine and chlorpromazine on behavior and intellectual functioning. *J. Child Psychol. Psychiat.* 9: 145-156.

WEISS, G., MINDE, K., WERRY, J., DOUGLAS, V. et NEMETH, E. (1971). Studies on the hyperactive child. VIII. Five year follow-up. *Archives of General Psychiatry*, 24: 409-414.

WERRY, J. (1972). Organic factors in childhood psychopathology. In Quay and Werry, eds., Psychological Disorders of childhood. New York: John S. Wiley & sons, p. 83-121.

————. (1975). Genetics of hyperactivity. *Journal of child Psychology & Psychiatry & applied Disciplines.* Vol. 16 (3) 261-264.

————. (1976). Genetic factors in the hyperkinetic syndrome. *Journal of the American Academy of child Psychiatry.* Spr Vol. 15 (2) 214-223.

CHAPITRE II

Description et classification de l'hyperactivité

Même si le présent chapitre sera consacré surtout à la description détaillée des deux sortes d'hyperactivité, il me semble nécessaire au préalable de parler de caractéristiques générales qui s'appliquent aux deux groupes et constituent ainsi les symptômes les plus spectaculaires de l'entité clinique. C'est ainsi que le lecteur devra garder en tête tout au long du travail qu'à toutes les fois que l'auteur utilisera les expressions hyperactivité, enfant hyperactif, syndrome hyperactif ou instabilité psychomotrice, il fera toujours allusion à la même entité clinique. L'enfant mentionné ne devrait donc pas souffrir de lésion cérébrale diagnostiquable à l'examen neurologique conventionnel ou d'autres troubles neurologiques psychiatriques d'importance. Il devrait aussi être d'intelligence moyenne ou supérieure puisque l'instabilité chez les déficients mentaux ne peut être approchée de la même façon au point de vue diagnostic et traitement que chez l'enfant sans déficit intellectuel. La ressemblance entre la «dysfonction cérébrale légère» et l'hyperactivité constitutionnelle avec déficit moteur sera évidemment commentée ultérieurement. L'ouvrage ne se propose pas d'inventorier en profondeur le problème de l'étiologie, mais mettra dorénavant l'accent sur la description, le diagnostic et le traitement d'un ensemble de comportements observables groupés sous une entité clinique dualiste.

Plusieurs enquêtes statistiques furent réalisées au cours de ces dernières années surtout aux États-Unis, au Canada et en Angleterre, pour déterminer le pourcentage d'enfants hyperactifs par population. C'est ainsi que Prechtl et Stemmer (1962) en Hollande, Wender (1971) au Maryland et Huessey (1967) au Vermont, obtinrent des pourcentages variant aussi considérablement que de 5 à 20%. La plupart de ces enquêtes étaient basées sur des rapports obtenus chez les professeurs d'école. Malheureusement ces données ne tiennent pas compte des facteurs ethniques et socio-économiques et furent obtenues à l'aide de critères de diagnostic fort peu précis, et ne tenant surtout pas compte des diverses sortes d'hyperactivité. Puisque la conception dualiste que nous retenons est passablement récente, il n'existe pas d'enquête sérieuse actuellement, et surtout au Québec, nous permettant de quantifier les sujets dans l'une ou l'autre manifestation du problème. Il est cependant intéressant de noter, pour terminer ces quelques notes sur l'épidémiologie, que la plupart des enquêtes s'accordent pour établir un ratio garçon/fille variant de 4 : 1 à 9 : 1 en faveur des garçons. L'hyperactivité se manifesterait donc beaucoup plus fréquemment chez les garçons que chez les filles sans que nous puissions actuellement en fournir une explication scientifiquement valable. S'agirait-il d'influence endocrinienne ou neurologique? Ou tout simplement la société favoriserait-elle plus directement une hyperactivité masculine? Nous en sommes à ce sujet toujours au niveau des hypothèses.

Image clinique

Il est temps maintenant de passer à la description des quatre grands symptômes qui caractérisent l'hyperactivité en tant que syndrome entier. La plupart des chercheurs et des cliniciens s'entendent actuellement sur ces manifestations pathologiques typiques qui reviennent régulièrement mais à des degrés divers dans les différentes expressions de l'hyperactivité. Nous parlerons plus tard dans ce chapitre de l'intensité d'apparition de chacun de ces symptômes au niveau des deux manifestations différentes du problème.

Hyperkinétisme

L'hyperkinétisme, qui peut être défini comme l'incapacité à inhiber le mouvement, est justement le symptôme qui provoque le plus le besoin chez les parents et les éducateurs de recourir aux soins professionnels. Le plus souvent ces consultations ont lieu dans les premières années de l'école primaire. Lorsque les parents sont plus avertis au sujet des problèmes de l'enfance, il arrive qu'ils sentent le besoin de consulter plus tôt. J'ai déjà eu des requêtes d'examen d'enfants qui n'avaient pas trois ans et qui d'après les parents étaient déjà beaucoup plus turbulents que leurs frères et sœurs ne l'avaient jamais été. Ma réaction la plus fréquente devant ces consultations pour le moins hâtives était de suggérer aux parents d'attendre que l'enfant vieillisse un peu, et de revenir vers l'âge de cinq à six ans si la même agitation persistait. La raison qui me poussait à ce genre de réponse et qui d'ailleurs suscite toujours chez moi la même réaction, repose sur le fait que la période de « petite enfance » (naissance à cinq-six ans) est caractérisée justement chez l'enfant normal par une abondance de mouvements exploratoires destinés à apaiser ce besoin naturel d'expérimenter abondamment toutes les nouvelles acquisitions que la maturation du système nerveux apporte au fur et à mesure du développement. Par exemple, il est très difficile d'empêcher un enfant entre un an et trois ans de parcourir les diverses pièces de la

maison et d'y vider tous les tiroirs. Il pratique sa loco-
motion nouvellement acquise à cause d'un développement accéléré de sa musculature striée et de son système
nerveux central. De là cette débauche de mouvements
qui exaspère la plupart des parents mais qui apparaît le
plus souvent comme un signe de santé et de vigueur. De
la même façon une abondance d'expérimentation se
manifestera à la même époque de croissance vis-à-vis du
langage. L'enfant de cet âge se gargarise de mots
puisqu'ils lui sont nouveaux et qu'il a besoin de les
essayer de toutes les façons pour bien en saisir la tonalité
et le sens. Il touche à tout aussi bien avec son corps
qu'avec son langage et son intelligence en plein développement. Le besoin de changer continuellement de jeux et
d'activités s'explique de la même façon et prend souvent
l'allure d'un trop-plein d'énergie aux yeux des adultes et
même des enfants plus âgés qui ont dépassé ce besoin de
pratique tout à fait normal. Heureusement cette frénésie
cinétique s'apaise avec le ralentissement des diverses
formes de maturation physiologique ; et il est normal de
s'attendre à plus de calme chez l'enfant qui sort de ce que
les spécialistes appellent la petite enfance vers cinq à six
ans. C'est à cette époque d'ailleurs qu'il est logique et
utile de parler d'hyperkinétisme. Le diagnostic a plus de
chance d'être sérieux puisqu'il bénéficie de meileurs
points de comparaison. C'est en effet l'âge de la socialité
plus ouverte, et surtout de l'entrée à l'école avec tout ce
que cela représente d'obligations sociales : partage avec
le groupe, respect des normes de silence et de travail
individuel et collectif, obligation de garder certaines
positions dans un espace défini, etc. C'est devant ces
contraintes, qui avaient d'ailleurs déjà commencé à la
maternelle, que l'enfant hyperkinétique se distingue
assez nettement du groupe. Les professeurs sont les
mieux placés pour faire le diagnostic, car ils doivent
endurer cette turbulence en quelque part dans leur classe.
Le plus souvent il suffit de la présence d'un enfant
hyperactif dans un groupe pour qu'on soit obligé de
modifier le programme journalier prévu pour l'ensemble.
Il touche à tout, se lève de sa place continuellement et
utilise l'espace entier de la classe toujours à pleine allure.

Il dérange ainsi les autres membres du groupe et s'attire infailliblement leur réprobation. Il n'est pas rare de voir ces enfants rejetés du groupe et même de leurs professeurs. Ils ont en effet beaucoup de difficulté à respecter les règles aussi bien des jeux sociaux que des activités scolaires. Cet hyperkinétisme ou trop grande abondance de mouvements constitue le symptôme par excellence de l'hyperactivité et doit être en conséquence la cible principale d'action dans un traitement bien organisé.

Il n'est pas rare de rencontrer des parents reconnus pour leur patience et leurs bonnes méthodes éducatives se retrouver au seuil de l'intolérance devant l'agitation excessive de leur enfant. « *Il n'est pas comme les autres* », avouent-ils. Ces enfants sont le plus souvent présentés par leurs parents comme ayant un surplus d'énergie et un besoin de sommeil ou de repos inférieur à leurs frères et sœurs. Leurs vêtements, leurs souliers, leurs jouets et articles de sports sont plus vite usés ou abîmés. Ils restent difficilement assis à table pendant les repas et renversent tout avec ces mains qui n'arrêtent jamais. Regarder la télévision, lire ou écouter de la musique en leur présence devient une activité presque exaspérante pour toute la famille. Il n'est pas rare de voir l'atmosphère de bonne entente d'une famille entière brisée par la seule présence d'un hyperactif. Enfin de nombreuses méthodes plus ou moins scientifiques utilisant des appareils balistographiques, mécaniques, photoélectriques, etc., sont usilitées pour apprécier la dépense exagérée d'énergie et l'activité générale débordante de ces enfants. Mais le plus souvent ces recherches n'apportent pas de conclusions utilisables, si ce n'est qu'elles permettent une meilleure connaissance de leurs nombreuses manifestations d'hyperkinésie (Sprague et Toppe, 1966 ; Hutt et al., 1966 ; Patterson et al., 1965). Ces recherches démontrent d'ailleurs que les instables ne manifestent pas nécessairement une plus grande quantité d'activité motrice que les enfants normaux, mais plutôt un « type différent » d'activité motrice surtout caractérisé par une absence de but véritable ou par de l'inutilité.

Absence de capacité d'attention soutenue ou distractibilité

Ce deuxième symptôme, d'après plusieurs auteurs dépend du premier pour la simple raison qu'il est difficile de porter attention à une activité quand on est en perpétuel mouvement. Il est normal d'attendre d'un enfant de six ans des périodes de concentration sur une même tâche d'environ quinze à vingt minutes. L'enfant hyperkinétique typique est incapable de persévérer dans une tâche scolaire ou dans ses devoirs à la maison pour des périodes dépassant deux ou trois minutes. Avec le support d'un adulte, cette capacité très limitée à fixer l'attention peut aller quelquefois jusqu'à cinq minutes. Puis soudainement il faut changer d'activité, la précédente étant devenue presque insupportable et sans intérêt. Continuer la même action, soutenir un rythme régulier, persévérer dans une entreprise sont des activités qui sont incompatibles avec ces enfants perpétuellement en quête de nouveau. On conçoit facilement que cette distraction chronique soit une gêne sérieuse pour l'adaptation scolaire et sociale de tels sujets, et les oriente facilement vers une perte sérieuse d'intérêt pour les matières académiques ou les activités sociales comportant des règles. Ils oublient tout ce qu'on leur demande d'accomplir, même les choses les plus simples. Je garde le souvenir de cet enfant de neuf ans qui, parti pour accomplir une petite course au magasin à la requête de ses parents, en revint sans les articles demandés et même sans sa bicyclette. Ce sont des enfants qui perdent leurs vêtements, les mélangent ou les laissent un peu partout au grand désespoir de leur mère. Mais ce qui inquiète le plus les parents en ce qui concerne cette distractibilité prononcée, c'est le retard souvent considérable que leur enfant subit dans l'acquisition des matières scolaires. Tous les apprentissages qui exigent de la concentration et de l'attention en souffrent particulièrement. La maîtrise instrumentale de la lecture et de l'écriture ainsi que des matières plus abstraites comme les mathématiques et l'analyse sont les cibles principales de cette lacune. Ces enfants d'intelligence normale et parfois supérieure accusent souvent des retards scolaires généralisés allant jusqu'à deux ans et plus, et handicapent ainsi lourdement leur avenir académique. Sans traitement adéquat, ils perdent habituellement le goût pour l'école et sont facilement attirés par la solution facile des fugues et du vagabondage. Ce qui est triste dans cette image, c'est l'allure de nonchalance qu'on leur attribue facilement, alors qu'au fond l'intérêt est bien là, surtout au début du problème ; mais leur incapacité à poursuivre une activité le voile souvent complètement à nos yeux. De là découle un désappointement souvent profond à leur égard entraînant parfois chez eux des réactions dépressives tenaces.

Impulsivité

Les parents et les professeurs accueillent avec soulagement une certaine capacité de réserve et d'attente devant l'expression d'un besoin qui marque habituellement la sortie de la petite enfance. L'enfant de cinq ou six ans est en effet capable de remettre à plus tard la satisfaction d'un désir spontané. Cette possibilité de « se retenir » est d'ailleurs essentielle à l'insertion dans les cadres sociaux parce qu'elle permet le respect des multiples lois établies. Malheureusement, les hyperactifs ne bénéficient pas beaucoup de la protection qu'apporte cette capacité et deviennent souvent l'objet d'accidents regrettables ou d'imprudences fâcheuses. C'est ainsi qu'ils peuvent se précipiter dans les rues devant les autos sans regarder au préalable s'il y a du danger. Il y a chez eux une hâte fébrile à « tout faire immédiatement » qui ne laisse pas de place à la prudence. Ils s'aventurent souvent dans des activités sans préparation adéquate et accumulent ainsi des échecs nombreux qui n'améliorent pas du tout l'image qu'ils se font d'eux-mêmes. Ou encore il n'est pas rare de les entendre émettre sans discernement des opinions au sujet de tout ce qui les entoure, attirant ainsi le ridicule et le dénigrement de la part de leurs pairs. C'est cette même impulsivité qui leur fait paraître si longues les heures de classe et si courtes les périodes de jeux et de vacances. On peut aussi lui attribuer la tendance qu'ont les enfants hyperactifs à choisir des compagnons de jeux plus jeunes qu'eux ou souffrant de la même immaturité. Ces derniers acceptent plus facilement leur propension à la précipitation dans les activités puisqu'elle leur est plus normale et habituelle. La recherche du plaisir immédiat amène aussi une tendance marquée à recourir aux solutions de facilité et ainsi à leur donner cette allure typique de manque de sérieux. Une des conséquences positives de cette particularité est leur capacité à entrer facilement en contact avec leur milieu social. Ce sont souvent des enfants très verbaux et affectueux qui ne manquent pas d'imagination et de créativité. C'est d'ailleurs cette capacité à entrer facilement en relation qui entretient l'ambivalence affective que les adultes et même les autres enfants manifestent souvent vis-à-vis d'eux. Ils nous font facilement vaciller entre le désir de les aider et le besoin de nous éloigner d'eux à la recherche d'une ambiance plus calme.

Excitabilité

Le dernier grand symptôme qu'on retrouve chez la majorité des enfants hyperactifs peut être appelé «excitabilité» et se manifeste de deux façons: la première qu'on pourrait qualifier d'émotive ou de socio-affective est nettement dépendante de la situation dans laquelle l'enfant se trouve. Elle prend alors la forme de crises d'affect, de «temper tantrum» ou même de batailles provoquées souvent par des situations ou stimulations tout à fait insignifiantes ou sans raison valable. Ils démontrent ainsi un seuil de tolérance à la frustration extrêmement bas. La présence de groupes d'enfants assez importants est probablement ce qui les stimule le plus; et dans cette ambiance ils deviennent facilement incontrôlables. Leur agitation est d'ailleurs fort peu goûtée des autres enfants puisqu'elle s'accompagne presque toujours d'inefficacité dans le jeu ou les autres activités sociales. À moins de s'associer à d'autres hyperactifs, ils sont souvent condamnés à la solitude et au rejet social. Le fait de se faire des amis stables est souvent le signe encourageant d'une diminution du syndrome. Une autre manifestation plus physiologique de leur excitabilité est moins facilement observable, et, à ma connaissance, n'a pas encore été l'objet de recherches sérieuses. La fréquentation depuis de nombreuses années des enfants hyperactifs ne cesse de me suggérer une hypothèse qui ferait certainement l'objet d'expérimentations fort enrichissantes. Ne serait-il pas possible en effet que ces enfants soient plus facilement excitables que les autres sur le plan sensoriel ? Leur seuil de perception des diverses stimulations sensorielles (visuelles, auditives, olfactives, gustatives et même tactiles) serait alors plus vite atteint et provoquerait ainsi des réactions plus hâtives et plus fréquentes. Les bruits de la rue dérangeraient les hyperactifs et diminueraient leur capacité d'attention dans la classe alors qu'ils laisseraient les autres enfants plus indifférents et attentifs. Sur le plan visuel, cette excitabilité excessive semble beaucoup plus acceptée par les divers spécialistes. On a en effet tendance à diminuer l'utilisation de décorations voyantes, très colorées ou en mouvement dans les classes contenant une majorité d'enfants instables. Certaines recherches ont d'ailleurs vérifié les avantages d'apprentissage en «cubicule isolé» ou dans des classes à décoration plus sobre. Les travaux de Cruse (1962) et de Drake (1970) en ce sens, ainsi que quelques recherches récentes sur l'influence de l'éclairage au néon sur l'hyperactivité, semblent corroborer cette hypothèse. Enfin je suis de plus en plus porté à croire que ces enfants ont un seuil d'excitabilité sensorielle plus vite atteint que chez les enfants plus calmes lorsque nous considérons le fait qu'il y a beaucoup moins de consultation pour hyperactivité provenant de régions rurales que des grands centres urbains où les stimulations sensorielles de toutes sortes sont à leur paroxisme. Enfin il serait nécessaire de fouiller plus avant cette question aussi bien sur le plan des caractéristiques séméiologiques du problème qu'au point de vue de l'amélioration des traitements axés sur des modifications du milieu académique physique.

Toujours dans le but de présenter une image clinique générale de l'hyperactivité, il convient maintenant de discuter de la présence presque constante de quelques symptômes de nature plutôt socio-affective. Ces derniers s'ajoutent aux grands symptômes déjà décrits et en sont d'ailleurs, selon la plupart des recherches les plus sérieuses, une conséquence inévitable en l'absence d'un traitement efficace. Il s'agit évidemment de la dépression et du sentiment de dévalorisation dont parlaient si bien Weiss et son groupe de recherche en 1971. Ces auteurs attribuent l'existence de ces symptômes à l'atmosphère continuelle d'échec que ces enfants subissent, surtout à cause de l'importante incapacité d'actions réussies ou de réalisations positives que leur imposent les grands symptômes. Le fait que nous rencontrons très rarement cette absence d'ambition et ce caractère dépressif chez les tout jeunes hyperactifs (six à huit-neuf ans) appuie cette interprétation. Ces attitudes se retrouvent beaucoup plus souvent d'ailleurs lors des études de «follow up» vers l'adolescence lorsque les traitements sont inexistants ou même après de longues thérapies à caractère chimique. Ces traits de personnalité qui peuvent persister jusque dans la vie adulte et former souvent la base principale de la vie socio-affective d'anciens hyperactifs sont justement des aspects que les traitements chimiques (stimulants ou tranquillisants) ne touchent pas suffisamment. Je suis de plus en plus convaincu qu'une thérapie qui ne tient pas directement compte de ces symptômes, même si elle réussit à diminuer la plupart des caractéristiques principales de l'hyperactivité (hyperkinétisme, distractibilité, etc.), ne fait qu'effleurer le problème et laisse ces enfants handicapés sur le plan socio-affectif pour le reste de leur vie.

Il en est de même pour les comportements antisociaux que les premiers auteurs voyaient comme une composante nécessaire du syndrome d'hyperactivité. Rappelons-nous que Heuyer, en 1914, n'hésitait pas à parler d'un «besoin pathologique de mouvement physique et social chez l'instable qu'on rencontre chez la majorité des délinquants». Il étudie les différentes étapes de leur inadaptation familiale, scolaire et professionnelle, aboutissant «infailliblement» d'après lui aux fugues, au vagabondage et à divers délits. D'autres travaux plus récents vont d'ailleurs dans ce sens. Néron (1928), Strauss et Lehtinen (1947), Lauper et Denhoff (1957), Stewart et al. (1966) croient que l'hyperactivité n'est qu'un aspect parmi les nombreux problèmes que présentent les enfants trop agressifs ou à tendance délinquante.

Depuis ce temps des recherches plus extensives, déjà mentionnées d'ailleurs dans le relevé de la documentation internationale parmi les études de «follow up», révèlent que seulement une petite minorité des enfants hyperactifs manifestent des comportements anti-sociaux. J'ai d'ailleurs remarqué que le pourcentage des cas qui présente cette agressivité exagérée augmente avec l'âge. Ce qui me porte à croire que ce symptôme occasionnel se présente, comme dans le cas des autres symptômes socio-affectifs, comme une réaction à la symptomatologie principale. En l'absence d'un traitement efficace, appliqué le plus près possible de l'apparition évidente du problème, il est logique que ces enfants hyperactifs supportent mal l'abondance d'échecs scolaires, sociaux, sportifs, etc., qu'ils subissent. Leur turbulence provoque presque infailliblement le rejet chez leurs pairs, leurs professeurs et même leurs parents. Il leur est alors facile de rejeter eux aussi un système social aussi distant et qui leur apporte si peu de support. De là certaines réactions anti-sociales qui peuvent devenir habituelles et se former en organisation caractérielle stable. Une fois malheureusement que la personnalité a pris cette tendance, il est très difficile de la modifier. Ce qu'il faut éviter, c'est qu'elle s'installe solidement. Et la seule façon de le faire, c'est de ne pas permettre que cette dévalorisation insupportable soit vécue par l'enfant pendant une période trop importante. J'ai d'ailleurs souvent rencontré des hyperactifs très peu agressifs et même affectueux, et cela à ma grande surprise au tout début. C'est d'ailleurs ces rencontres qui me font constater que l'hyperactivité ne se présente pas du tout de la même façon dans toutes les familles, et que l'attitude encourageante ou rejetante des parents vis-à-vis des symptômes de leurs enfants détermine grandement l'intensité de leur capacité à accepter avec plus ou moins de révolte leur maladie et ses conséquences. Il y a en effet des parents qui, aussi bien que des

thérapeutes professionnels le feraient, s'attaquent littéralement aux principaux symptômes de l'instabilité de
leur enfant, et diminuent considérablement l'influence
de ceux-ci sur l'établissement de sa personnalité. L'essentiel de leur approche est habituellement basé sur une
absence de rejet et beaucoup d'encouragement vis-à-vis
les quelques réussites de leur enfant. Dans une telle
atmosphère il est beaucoup plus facile d'entreprendre les
examens nécessaires pour faire un bon diagnostic différentiel du problème et établir ainsi un traitement efficace.
Avant de passer à la description des deux types d'hyperactivité qui constitue en réalité le but principal de ce
chapitre, il serait dommage de ne pas apporter quelques
renseignements sur un aspect important pour bon nombre
de lecteurs puisqu'il concerne plus directement la vie
professionnelle future des enfants en cause. *Comment
l'enfant hyperactif réagit-il aux divers examens psychométriques* ou *tests psychologiques*? Alors que la plupart
des études cliniques s'entendent pour admettre que ces
enfants se retrouvent après environ trois années de
scolarisation avec un retard généralisé d'au moins une
année, il y a divergence chez les différents auteurs quant
à la cause de ce pauvre rendement académique. Quelques-
uns parmi eux l'attribuent directement à un faible
potentiel intellectuel (Palkes and Stewart, 1972), et
n'accordent pas tellement d'importance aux hypothèses
explicatives plus classiques comme l'hyperkinétisme, la
distractibilité et l'impulsivité qui empêchent ces enfants
de bâtir une méthode de travail efficace.

Ces auteurs, après avoir découvert que les hyperactifs
obtenaient des quotients intellectuels globaux (verbaux
et non verbaux) inférieurs à un groupe d'enfants normaux
au test d'intelligence W.I.S.C., en conclurent que ces
enfants obtenaient tout simplement les résultats académiques que leur intelligence leur permettait. Il est vrai
qu'un groupe d'enfants hyperactifs auquel on administre
un test individuel d'intelligence du type W.I.S.C. obtient
généralement des scores moyens aux diverses échelles
globales, verbales et non verbales, inférieurs à ceux
obtenus par un groupe d'enfants normaux d'âge équi-
valent. Cela est encore plus vrai quand on utilise des

examens collectifs et qu'il est impossible de superviser la performance de chaque enfant pendant l'administration du test. Dans cette situation précise, l'activité motrice débordante des enfants hyperactifs les empêche visiblement de s'appliquer à la tâche. D'autre part leur grande impulsivité ne permet pas la réflexion nécessaire à une prise de décision efficace. En réalité, ce qu'on évalue dans une telle situation d'examen est beaucoup plus l'importance des divers symptômes de leur hyperactivité que leurs capacités intellectuelles véritables. À mon avis la seule façon d'explorer efficacement l'intelligence d'un enfant hyperactif et ainsi de lui rendre justice est d'utiliser un instrument psychométrique individuel. Il est possible, à cause de la nature des consignes administratives dans ce genre de test de diminuer les effets négatifs de l'hyperactivité sur la performance intellectuelle réelle. L'expérimentateur doit pour ce faire s'efforcer par des rappels fréquents à l'ordre, de maintenir l'enfant à la tâche. J'ai remarqué à l'occasion des nombreux examens administrés de cette façon que ces enfants peuvent réaliser des performances intellectuelles presque identiques à celles des enfants normaux. Il faut mentionner enfin, en accord avec un groupe de recherche de Montréal (Douglas, 1972) qu'il y a une plus grande variation entre les divers sous-tests des épreuves d'intelligence que dans la population normale. Cette absence de consistance fréquente entre les résultats aux épreuves d'intelligence n'est pas constante et ne doit pas être considérée comme une caractéristique typique de l'hyperactivité lors de l'établissement du diagnostic. Il semble évident, à partir de ces constatations cliniques et expérimentales, que d'expliquer la pauvreté des résultats académiques généralisés de ces enfants uniquement par la faiblesse de leur performance intellectuelle prend l'allure d'une sur-simplification. Je suis convaincu par ailleurs que des interprétations de ce genre peuvent contribuer à faciliter chez les personnes impliquées dans le traitement de ces enfants la découverte de moyens d'aide plus directement adaptés à leur style propre d'apprentissage.

Un autre type d'examen psychométrique fort utilisé par les psychologues ne rend pas plus service dans l'établissement d'un profil caractéristique de l'hyper-activité. Je veux parler des tests de projection (Rorschach, T.A.T., C.A.T., Bender-Gestalt, etc.) habituellement employés pour inventorier la personnalité ou vérifier l'existence de certaines pathologies socio-affectives. Je ne connais pas de recherche à ce jour ayant abouti à démontrer que ces instruments pouvaient fournir des indices réguliers et stables d'un profil propre au syndrome d'hyperactivité. Je sais cependant que certaines équipes, comme celle de Knobel en 1962, ont essayé d'établir des batteries de tests destinées à rechercher l'existence d'organicité chez les hyperactifs. Knobel croyait déjà à cette époque à l'existence de deux sortes d'hyperactivité chez l'enfant et travaillait à découvrir des instruments permettant de les distinguer l'une de l'autre. Pour lui, la découverte de certains facteurs permettant de supposer une atteinte neurologique même très légère à partir des examens psychologiques aiderait grandement à faire la distinction entre une instabilité d'origine organique ou socio-affective. Il s'agissait de rechercher l'existence concomitante des signes classiques d'organicité de Piet-rowski au Rorschach, des déviations spatiales de Bender-Gestalt et de certaines anormalités caractéristiques de reproduction du « bonhonne » au test bien connu de Goodenough. Selon Knobel, la présence de ces signes, associée à la découverte de ce que les neurologues appellent aujourd'hui des signes légers (soft signs) d'atteinte cérébrale, devrait suffire à diminuer notre hésitation à considérer l'origine organique possible du problème et à envisager un traitement approprié.

Cette attitude va évidemment dans le même sens que les conclusions de ma propre recherche, mais tous ceux qui se sont servis régulièrement de ces instruments psychométriques basés sur la projection en connaissent bien toutes les difficultés d'administration, d'interpré-tation et de prédiction. Si bien que je ne puis me décider à les suggérer comme moyens valides et fidèles dans la recherche d'organicité chez les enfants.

Ceci m'amène à aborder un aspect de la psychométrie qui m'est beaucoup plus familier puisqu'il a contribué fortement à me convaincre de l'existence de deux types distincts d'hyperactivité et qu'il est possible avec l'aide d'une batterie appropriée d'examens psychomoteurs de les distinguer clairement l'un de l'autre. Le lecteur sait déjà que je veux rappeler ici les divers moyens d'investigation de la motricité utilisés dans le cadre de ma recherche. C'est dans l'examen de la motricité que j'ai rencontré le plus souvent des différences individuelles marquées entre les sujets hyperactifs rencontrés en clinique. Certains d'entre eux obtiennent des quotients moteurs normaux ou même supérieurs, tandis que d'autres se comportent sensiblement de la même façon à ces épreuves que des débiles moteurs. C'est d'ailleurs cette particularité constante dans les réponses des enfants hyperactifs aux examens de la motricité qui a servi de pierre d'achoppement dans la construction de la batterie de tests moteurs décrits ultérieurement dans cet ouvrage au chapitre sur le diagnostic.

Typologie dualiste du syndrome d'hyperactivité

On retrouve avec plus ou moins d'intensité chez tous les enfants hyperactifs les grandes caractéristiques que je viens de décrire. Certains les appellent «symptômes cardinaux» surtout parce qu'elles forment avec assez de régularité le noyau principal du syndrome. Il est cependant important de mentionner qu'elles ne se présentent pas tout à fait de la même façon dans les deux types d'hyperactivité que je distingue. Je me propose de décrire en détail ces deux manifestations de l'hyperactivité chez l'enfant suggérées par la recherche et le travail clinique. Pour ce faire j'insisterai tout particulièrement sur ce que je considère être la différence principale entre les deux, c'est-à-dire *l'expression de la motricité corporelle et manuelle*. D'autre part je commenterai justement ces différences de manifestation des grandes caractéristiques dans les deux types proposés. De plus, pour permettre aux lecteurs de bien faire la différence entre ceux-ci, deux cas typiques seront présentés avec leur histoire familiale

et scolaire, et un aperçu des caractéristiques intellectuelles, motrices et affectives qui leur sont propres. Cette
partie du travail se veut entièrement descriptive et n'a
d'autre but que d'apporter une lumière précise sur cette
typologie spécialement axée sur l'habileté motrice des
enfants hyperactifs. La littérature scientifique suggère
l'existence de plusieurs autres typologies même multiples
de l'hyperactivité, mais comme je l'ai déjà mentionné
auparavant, je crois qu'une différenciation basée sur la
motricité peut plus sûrement favoriser l'établissement
d'un diagnostic différentiel précis et ainsi permettre un
traitement plus efficace.

Hyperactivité constitutionnelle avec déficit moteur

Cette forme d'hyperactivité provoquée par des facteurs
endogènes représente un tiers des sujets de notre recherche et est surtout caractérisée par la présence de
difficultés évidentes dans la réalisation motrice et spatio-
temporelle. Il ne faut donc surtout pas continuer à la
confondre avec l'autre forme qui nous semble acquise et
qui est conditionnée par des facteurs psycho-sociaux.
Cette dernière peut exister chez des enfants ayant une
motricité tout à fait normale ou même supérieure et ne
présentant pas de troubles instrumentaux (lecture et
écriture) assez importants pour qu'on en tienne compte.
C'est pour n'avoir pas su faire clairement la distinction
entre ces deux sortes d'instabilité pourtant fort différentes qu'un bon nombre d'enfants n'ont pas été traités
adéquatement et se sont retrouvés handicapés pour la
vie aussi bien sur le plan socio-affectif que sur le plan
professionnel.

Cette confusion introduit dans le chapitre de la
psychopathologie une regrettable obscurité. Sur le plan
pratique, une instabilité constitutionnelle non traitée
peut se retrouver bientôt aggravée par d'autres anomalies
et même par la plupart des symptômes d'une instabilité
réactionnelle ou socio-affective. D'où la nécessité de faire

très hâtivement une distinction sans équivoque entre ces deux façons d'être trop actif.

Comme je l'ai déjà fait remarquer la littérature scientifique même la plus récente ne semble plus douter de l'existence de deux sortes d'hyperactivité et présente même pour chacune une description symptomatologique qui s'apparente beaucoup aux conclusions de ma recherche. Malheureusement il est actuellement très difficile, sinon impossible, de trouver un document nous donnant des moyens utilisables en pratique pour établir définitivement la distinction entre les deux. C'est pour combler cette lacune que je suggère avec insistance aux divers spécialistes qui s'intéressent à ces enfants de porter une attention toute spéciale à cette particularité propre à la forme constitutionnelle de l'hyperactivité qu'est le *déficit moteur*. Cette suggestion paraît d'autant plus réaliste qu'il existe, pour ceux qui veulent se donner la peine de les rechercher, des techniques d'examens cliniques ou psychométriques fort valables permettant de faire un bilan psychomoteur sérieux. Un aperçu de certaines d'entre elles sera d'ailleurs présenté dans le prochain chapitre consacré entièrement au diagnostic. Je dois ajouter qu'aussi bien dans mes recherches qu'à l'occasion de rencontres cliniques avec les enfants hyperactifs, il a toujours été possible de délimiter avec suffisamment de précision leurs diverses capacités motrices fines ou globales. Bien entendu il se trouve toujours des cas où il faut discuter du sérieux ou de la vraisemblance d'un déficit un peu trop limité. C'est d'ailleurs pour cette raison et dans le but d'éviter le plus de confusion possible que j'ai pris déjà depuis plusieurs années la décision de ne donner d'importance dans le diagnostic qu'aux déficits moteurs importants dépassant habituellement deux années de retard. J'étais en ce sens fidèle aux normes de notre recherche initiale, ainsi qu'aux suggestions des constructeurs d'examens de la motricité, qui recommandent généralement de donner de l'importance à un retard moteur surtout quand il atteint deux ans et plus. Ainsi cette faiblesse motrice de l'hyperactivité constitutionnelle doit être aussi importante que celle qu'on retrouve chez le débile moteur décrit par Dupré en 1907. Elle doit en plus présenter tous les symptômes neuro-moteurs qui complètent l'ensemble de cette entité clinique. Voici une description détaillée des symptômes neuro-moteurs qu'on retrouve habituellement dans la forme constitutionnelle du syndrome.

Maladresse des mouvements volontaires

Cette maladresse exagérée que l'on retrouve chez environ 30% de la population des enfants hyperactifs prend une allure toute spéciale justement à cause de la grande abondance de mouvements de ces enfants. Les parents sont habituellement les premiers à s'en plaindre et en sont souvent aussi atterrés que par l'hyperkinétisme et les autres symptômes classiques d'instabilité. Leurs premières inquiétudes naissent à l'époque de l'apparition habituelle de la marche vers la première moitié de la deuxième année. Leur enfant, déjà beaucoup plus actif que les autres, ne marche pourtant pas mais se déplace tout de même suffisamment en rampant et à «quatre pattes» pour vider de leur contenu tous les tiroirs et armoires de la maison. Il n'est pas rare de voir ce retard se prolonger jusqu'à trois ou quatre ans au grand désespoir surtout de la mère qui est coincée à la maison avec ce qu'elle appelle «son petit ouragan». Le désarroi du père arrive habituellement plus tard et est beaucoup plus relié à l'exécution motrice dans les activités sportives. L'apprentissage de certains sports individuels ou collectifs se situe souvent pour les enfants doués d'une motricité normale autour de cinq ou six ans. L'hyperactif constitutionnel, pour sa part, n'obtient aucun résultat positif dans ce domaine à cause de la pauvreté de coordination qui accompagne infailliblement une maladresse motrice prononcée. Il est bien entendu que, sans coordination oculo-manuelle ou même entre les divers membres (bras et jambes), il ne faut pas s'attendre aux apprentissages moteurs souvent complexes des activités sportives les plus populaires. Cette incapacité de participation est la plupart du temps suivie de retrait social et d'un sentiment de dévalorisation qui risque de s'installer de façon caractérielle chez ces enfants. Ils se retrouvent privés d'amis et souvent dans les mauvaises grâces d'un père humilié et découragé par autant d'échecs.

Bien entendu la maladresse que je viens de décrire est globale, c'est-à-dire qu'elle concerne le corps entier dans ses mouvements. Or, bien qu'elle soit suffisamment spectaculaire pour que les parents, les professeurs et même les autres enfants puissent la constater assez facilement, il est plus prudent d'en évaluer l'importance chez l'enfant hyperactif surtout en utilisant des moyens de mesure psychométriques ou cliniques bien adaptées à la population concernée. Je présenterai à cet effet, dans le chapitre sur le diagnostic, une épreuve psychométrique efficace utilisée en Europe et en Amérique depuis de nombreuses années pour évaluer la motricité corporelle. Il s'agit du test Ozéretski-Guilmain que nous utilisons dans une forme abrégée lors de nos recherches.

Enfin un aspect de la maladresse des mouvements volontaires ou intentionnels qui désorganise souvent de façon plus permanente la vie de ces enfants hyperactifs est l'habileté manuelle ou motricité fine. Cette lacune déjà existante dans les premières années de la vie prend cependant toute son importance lorsque l'enfant est placé devant les exigences motrices plus délicates des apprentissages instrumentaux de la lecture et de l'écriture. Le professeur de maternelle avait d'ailleurs déjà remarqué cet enfant agité qui ne savait que faire de ses doigts et qui refusait à cause de cette incapacité la plupart des tâches manuelles habituelles (découpage, collage, construction de blocs, etc.). L'hyperkinétisme joue alors un rôle plus néfaste sur cette forme d'activité motrice puisqu'elle s'adresse à des objets plus petits et à des réalisations plus fines. L'absence de contrôle moteur typique de l'hyperactivité devient alors un empêchement direct à ces formes d'apprentissage indispensables à la poursuite de la scolarisation. C'est ainsi que des enfants hyperactifs d'intelligence normale ou supérieure se retrouvent vers huit ou neuf ans avec une difficulté importante à lire normalement et surtout à écrire de façon lisible. J'ai souvent été surpris d'entendre des spécialistes avouer que l'époque était révolue où on croyait que les enfants hyperactifs souffraient nécessairement de troubles d'apprentissage instrumentaux. À mon avis ce qu'il faut plutôt admettre, c'est qu'il n'y a qu'une partie de la population de ces enfants qui est sensible à ces problèmes et c'est justement ceux que nous appelons «constitutionnels» parce qu'ils souffrent d'un déficit moteur important depuis leur naissance. Notons cependant que l'hyperactif socio-affectif, aussi habile avec ses mains et avec son corps que les enfants normaux, peut à l'occasion manifester du retard dans l'apprentissage de la lecture et de l'écriture. Mais ce retard ne prend jamais les mêmes proportions handicapantes que dans l'autre forme d'hyperactivité et est plus facile à corriger. Il est d'ailleurs beaucoup plus provoqué par la distractibilité et l'hyperkinétisme de l'enfant que par une réelle incapacité de réalisation motrice. On parle facilement de tendance à la destruction ou de manque de respect pour les objets chez ces enfants. «Ils brisent tout ce qui leur appartient», avouent les parents désemparés. Or quand je me souviens de la quantité de chronomètres ou autres objets d'examen détruits par eux lors des entrevues cliniques, j'ai tendance à être du même avis. Mais à l'examen plus profond j'ai découvert que cette destructivité serait davantage due au mélange explosif d'hyperkinétisme et de maladresse profonde qu'à de l'agressivité. Notons cependant qu'en l'absence de traitement approprié, les échecs constants accompagnés des réprimandes habituelles de la part des parents et des éducateurs, peuvent provoquer à la longue une personnalité vraiment agressive. Mais il s'agit là d'une réaction normale dans les circonstances et non d'une caractéristique constante de l'entité clinique. Il faut ajouter que, si la maladresse corporelle et manuelle n'est pas corrigée ou diminuée par un traitement adéquat, l'hyperkinétisme peut augmenter et compliquer ainsi le problème.

Paratonie

En 1911, quand Dupré décrivit les divers symptômes de l'entité clinique de *débilité* motrice, il insista particulièrement sur «l'état pathologique» du système neuro-musculaire des enfants souffrant de ce problème, qu'ils soient hyperactifs ou non. Il était probablement le premier à parler de la grande difficulté, sinon de l'impossibilité, à réaliser volontairement la résolution musculaire. Il proposa pour désigner ce dernier trouble l'expression «paratonie». D'après cet auteur la paratonie se manifeste par l'impossibilité à relâcher volontairement un muscle. À la place du relâchement désiré s'installe une contracture d'autant plus irréductible que le sujet fait plus d'effort pour la vaincre. Depuis cette époque plusieurs autres expressions s'ajoutèrent pour permettre une description plus complète du symptôme. On parle par exemple d'impossibilité ou de difficulté de décontraction musculaire, d'incapacité de dissolution musculaire etc. Et étant donné qu'on s'adresse au tonus permanent de l'appareil musculaire, on utilise l'expression «hypertonique» pour décrire l'état d'un enfant trop contracté. Aussi un enfant capable d'abaisser volontairement le degré de tension de son appareil musculaire, deviendrait «hypotonique». Or nous savons tous que les mouvements au niveau des divers segments du corps ne sont possibles qu'à partir d'un jeu complexe et bien agencé de décontraction et de contraction des muscles concernés. Des études génétiques poussées du tonus permanent, exécutées entre autres par J. de Ajuriaguerra et M. Stamback, ont démontré que la capacité de décontraction des muscles est presque nulle à la naissance, mais qu'elle augmente dans les premières années de la vie pour permettre une utilisation de plus en plus grande de ceux-ci, et par conséquent, des gestes de plus en plus déliés et précis. On situe entre deux et trois ans la capacité de décontracter suffisamment l'ensemble de la musculature pour permettre la plupart des mouvements nécessaires aux activités courantes de la vie (marche, soins personnels, préhension manuelle, jeux, etc.). Si bien qu'un enfant qui se présente à la maternelle vers quatre ou cinq ans a normalement atteint un niveau de maturation neuro-musculaire suffisant pour répondre aux exigences motrices de ce milieu. Cette évolution physiologique n'est pas générale et fixe pour tout le genre humain, et il se trouve malheureusement des enfants qui la subissent trop lentement ou même pas du tout. Nous avons des cas de maturation ralentie ou très pauvre de la capacité de décontraction musculaire; et c'est ce qui occasionne certainement la maladresse souvent très prononcée que l'on retrouve chez les débiles moteurs.

L'hyperactif constitutionnel avec déficit moteur important est donc un enfant qui possède, comme le débile moteur moins agité, un tonus permanent presque continuellement en état de contraction. Cependant cette hypertonie qu'il perd presque uniquement durant la nuit est compliquée par son agitation. Il ne faut pas alors être surpris de l'état d'épuisement de ces enfants le soir venu après ce qu'on pourrait appeler « une journée bien remplie ». Mettons-nous un peu à leur place et imaginons notre état de fatigue dans lequel nous serions si non seulement nous devions bouger sans arrêt pendant toute une journée, mais qu'en plus nous étions obligés de le faire en état de contraction continuelle. C'est pour cette raison que je suis depuis longtemps convaincu que la première cible thérapeutique dans un cas d'hyperactivité constitutionnelle ne devrait être autre que la paratonie à cause de l'état de semi-paralysie qu'elle provoque. Bien que certaines médications myorelaxantes apportent un soulagement évident dans les états de contracture les plus prononcés, je suis beaucoup plus porté à utiliser des techniques de relaxation psychosomatique pour diminuer la paratonie. Ces méthodes, appliquées pendant des périodes assez longues, peuvent avoir un effet de changement prolongé et même définitif sur la capacité de décontraction des enfants. Je donnerai plus tard dans cet ouvrage, au chapitre du traitement, une description complète et utilisable d'une de ces techniques appliquées depuis plusieurs années sous forme individuelle et collective dans la région de Montréal. Enfin une méthode d'évaluation de la paratonie développée par Ajuriaguerra et utilisant le « ballant » de segment fait partie de la batterie d'examens moteurs du prochain chapitre.

Difficulté de dissociation et de coordination

Pendant les premiers mois de la vie, les capacités motrices sont fortement freinées par l'hypertonie presque continuelle que subit l'enfant. De plus l'état primitif de sa maturation nerveuse empêche la dissociation des mouvements. L'évolution motrice va de pair avec la maturation du cerveau et doit suivre une chronologie précise à laquelle il est difficile de déroger. C'est dans le domaine de la possibilité de dissocier les mouvements d'un côté à l'autre du corps et même des membres supérieurs aux membres inférieurs, que cette succession temporelle assez rigoureuse se fait probablement le plus sentir. C'est ainsi que plus l'enfant est jeune, moins il est capable d'utiliser un bras ou une jambe sans que l'autre membre correspondant soit mobilisé par une augmentation de tension musculaire ou même par une imitation du geste. Ces imitations parasites de geste ont été appelées « *syncinésies tonico-cinétiques ou d'imitation* » par Ajuriaguerra en 1955; et leur disparition se fait progressivement avec l'âge. À partir de douze ans, elles sont très peu nombreuses chez l'enfant normal et la plupart du temps elles sont disparues. Quant aux augmentations de tension dans l'autre membre correspondant ou dans l'axe du corps, le même auteur leur a donné le nom de « syncinésies de diffusion tonique » ou de « raidissement généralisé ». Dans son étude comparée entre les deux sortes de syncinésies, il a remarqué que l'évolution des syncinésies toniques était à peu près nulle entre six et dix ans. Elles diminuent donc très peu avec l'âge et les indices de dispersion sont très importants à tout âge, c'est-à-dire qu'il y a une grande différence d'un enfant à l'autre quant à cette forme d'absence de dissociation caractérisée par des raidissements incontrôlables. À douze ans, selon cette étude, tandis que les syncinésies d'imitation sont très peu nombreuses, on trouve encore chez 64% des sujets des diffusions toniques légères. Les deux sortes de syncinésies n'ont donc pas la même signification dans le développement de la motricité. Les syncinésies tonico-cinétiques ou d'imitation semblent être en étroite liaison avec les stades génétiques successifs. Elles disparaissent graduellement au cours de l'évolution. Quand leur diminution se fait progressivement, on peut considérer leur présence comme normale et physiologique. Les syncinésies toniques, par contre, semblent en partie indépendantes du facteur évolution : elles existent à tout âge chez certains enfants tandis qu'elles peuvent être toujours très faibles ou même presque inexistantes chez d'autres. On a remarqué de plus qu'elles étaient fréquemment accompagnées de paratonie. Cette dernière forme de syncinésie est presque toujours présente chez les débiles moteurs ; et c'est elle qui est la cause principale de la grande difficulté de dissociation qui les caractérise et qui donne à leur corps cette allure de gaucherie et d'empêchement dans les gestes. En effet toute modification tentée par ces enfants dans une partie de leur corps, bras, jambes, visage, etc., entraîne solidairement un changement de l'état tonique des autres parties, une modification du tonus induit. L'association de ces raidissements parasites à une paratonie presque toujours présente chez le débile moteur donne à leur corps cette apparence de robot. Ils bougent comme s'ils portaient une armure épaisse qui entrave toute finesse dans l'expression des gestes. L'exemple le plus spectaculaire de l'influence des syncinésies toniques sur la dissociation des mouvements se retrouve probablement chez le débile moteur qui essaie de lancer une balle avec une de ses mains. L'effort, au lieu d'être localisé surtout au niveau du bras et de la main, est répandu dans tout le corps. Le tronc est raide, le visage grimace, et l'autre bras est mobilisé dans un geste tout à fait inutile. Toute cette participation tonique « en surplus » rend les gestes même les plus fins et les moins exigeants en énergie presque épuisants. L'écriture, par exemple, qui mobilise tout le corps chez ces enfants, devient une tâche aussi exténuante que certains travaux qui demandent normalement à l'organisme un effort musculaire généralisé.

Quant aux syncinésies d'imitation auxquelles on doit s'attendre chez tous les enfants jusqu'à environ douze ans, c'est surtout leur présence exagérée et la rigidité de leur diffusion qui empêche une bonne dissociation chez le débile moteur. Leur influence se fait sentir sur la précision de l'exécution motrice manuelle ou fine et principalement dans les activités qui exigent la participation des deux mains. On voit alors une main entraver souvent complètement le travail de l'autre en lui diffusant une imitation de ses propres gestes. Le résultat en est habituellement une impossiblité totale de dissociation qui amène l'échec de l'activité entreprise. L'apprentissage instrumental de la musique (piano, violon, flûte, etc.) en constitue certainement le meilleur exemple. Une main reproduisant « en écho » ce que l'autre fait, et vice-versa. La coordination entre les membres devient dans ces circonstances extrêmement difficile à réaliser. Enfin, il est facile de constater qu'un enfant souffrant de la présence exagérée de syncinésies d'imitation et surtout de l'effet paralysant de syncinésies toniques, se voit dans l'impossibilité de rivaliser adéquatement avec ses pairs dans la plupart des activités motrices exigées par la vie courante. Nous avons retrouvé chez le tiers des hyperactifs de notre recherche la présence régulière de ces stigmates presque toujours accompagnés d'ailleurs d'une paratonie évidente. Raisons amplement suffisantes pour inclure dans notre batterie d'examens moteurs des techniques efficaces d'évaluation des deux sortes de syncinésies. Leur présence devient un indice important dans l'élaboration d'un bon diagnostic différentiel entre les deux formes d'hyperactivité. Enfin, à côté de ces signes majeurs de débilité motrice (maladresse des mouvements volontaires, paratonies et syncinésies), Dupré mentionne l'existence irrégulière de certains stigmates qui relèvent plus directement de l'examen neurologique objectif. Il parle ainsi d'hyper-réactivité ostéo-tendineuse rotulienne et achilléenne souvent moins marquée aux membres supérieurs, de symptômes pyramidaux légers (existence inconstante), du signe de Babinski (réflexe plantaire) et même d'hyper-extensibilité musculaire. Tel est le syndrome de débilité motrice que concevait Dupré à l'origine et qui constitue une partie importante du syndrome d'hyperactivité constitutionnelle. Bien entendu, ces symptômes neuro-moteurs qui constituent en même temps l'essentiel des signes d'atteintes cérébrales minimes (soft signs), ne peuvent faire autrement que de nous faire penser à une origine organique de cette forme d'hyperactivité. Cette tentation est d'ailleurs renforcée quand on considère également l'existence assez fréquente dans cette entité clinique, de certaines difficultés de réalisation plus générale de la motricité ou plus spécifiquement de la psychomotricité. Je veux parler évidemment des difficultés d'organisation et de structuration spatio-temporelles que l'on retrouve fréquemment chez le débile moteur, et qui complique sérieusement leur adaptation au milieu scolaire et social en général.

Difficultés d'orientation et de structuration spatio-temporelles

Nous entrons ici dans un domaine de la personnalité qui dépasse la simple exécution motrice et qui touche même à l'ensemble de l'organisme. Pour cette raison, et surtout à partir des travaux de Wallon, on utilise beaucoup plus volontiers l'expression «psychomotricité» pour qualifier ces comportements humains d'orientation dans l'espace et le temps qu'on appelle conduites perceptivo-motrices. Cela ne veut pas dire que l'exécution motrice corporelle et manuelle se fait sans relation étroite avec les autres aspects plus psychiques de la personnalité comme l'intelligence et l'affectivité. Toute la motricité est reliée directement au développement psychique et fait ainsi partie intégrante dans toutes ses réactions (sauf au niveau des réflexes) de l'ensemble psychomoteur. Le développement du tonus et celui de la motricité sont confondus intimement avec le développement émotionnel, le développement de l'orientation spatiale et celui de l'évaluation des séquences temporelles. Ajuriaguerra nous suggère de façon fort éclairante que ce ne sont pas ces développements en soi qui sont psychomoteurs, mais bien leur expression dans les gestes de la vie qui peut être psychomotrice. Cette conception globaliste de la personnalité est illustrée clairement dans le problème de la débilité motrice et par conséquent dans l'hyperactivité de type constitutionnel par leur association presque constante avec les désordres de réalisation spatio-temporelle. En effet, bien que ma recherche ait été axée principalement sur l'étude de la motricité des enfants hyperactifs, le dépouillement systématique des dossiers cliniques fait état dans 85% des cas de problèmes d'ordre spatio-temporel. Il s'agit surtout de troubles plus ou moins prononcés d'organisation spatiale qu'on avait évalués à l'aide d'instruments psychométriques comme le Bender-Gestalt, le Hilda Santucci ou la Figure Complexe de Rey. Certains dossiers comportent, outre ces résultats plutôt limités à une feuille de papier, des rapports d'incapacités importantes de structuration spatiale en gymnase et dans des situations scolaires d'apprentissage.

La référence à des difficultés d'expression rythmique, tant dans les résultats aux tests (Tapping de Stamback) que dans l'exécution motrice plus large de tous les jours, représente à peu près le même pourcentage dans ce groupe d'enfants hyperactifs. Et dans les dossiers où l'on mentionne avec le plus d'insistance la présence de troubles d'espace et de rythme, on retrouve aussi régulièrement des références à des troubles d'apprentissage surtout instrumental comme la dyslexie ou la dysgraphie. Enfin il est assez délicat de faire la part de la responsabilité dans l'étiologie de ces troubles entre le déficit moteur proprement dit et l'influence des autres symptômes classiques (hyperkinétisme, distractibilité etc.) de cette forme d'hyperactivité. La causalité de ces troubles mise à part, il n'en reste pas moins qu'ils constituent à mon avis des caractéristiques séméiologiques très importantes dans l'établissement d'un diagnostic différentiel sérieux entre les deux formes d'instabilité qui nous intéressent.

Originalité d'expression des symptômes classiques du syndrome d'hyperactivité constitutionnelle

Le déficit neuro-moteur sérieux, qui donne une teinte toute particulière à la manifestation constitutionnelle du syndrome d'hyperactivité, ne constitue tout de même pas la seule originalité séméiologique de cette entité clinique. L'hyperkinétisme, la distractibilité, l'impulsivité et l'excitabilité de cette forme d'hyperactivité se manifestent aussi de façon particulière, et donnent ainsi une couleur encore plus nette et perceptible au syndrome.

Hyperkinétisme

La *constance* des décharges et leur apparition précoce sont probablement les deux caractéristiques principales de la surabondance de mouvements dans cette forme d'instabilité psychomotrice. En effet, contrairement à la forme socio-affective dans laquelle l'hyperkinétisme est conditionné par les changements du milieu ambiant, il prend ici une allure constante et stéréotypée qui augmente et complique l'incompréhension du problème déjà difficile à supporter par les parents et les professeurs. Ces derniers se sentent impuissants devant une frénésie de mouvements qui varie très peu avec les circonstances. Ils avouent fréquemment que, même s'ils apportent toutes sortes de modifications au contexte familial ou scolaire, rien ne change. L'enfant bouge toujours autant et rien ne semble l'affecter ou le calmer. Cette difficulté à rattacher le problème à une circonstance particulière a souvent pour effet de décourager ces intervenants pourtant intéressés authentiquement au bien de leurs enfants. Il en découle malheureusement beaucoup trop d'abandons d'intérêt et d'acceptations passives vis-à-vis de cette forme alors incompréhensible d'agitation. À la question souvent posée en clinique ou à l'école : « Quand bouge-t-il le plus ? » la réponse est presque toujours la même : « Il bouge tout le temps, à la maison, autour de la maison, en mangeant à l'école, dans la classe et même sur le terrain de jeux. »

Les changements de milieu n'agissent pas ou très peu sur l'abondance de leur hyperkinésie. Les parents mentionnent fréquemment le fait que leur enfant a toujours été plus actif que ses frères et sœurs et qu'il était déjà dans cet état d'agitation très tôt après sa naissance.

Détail particulier: plusieurs mères avouent que la mobilité fœtale était nettement plus accentuée chez leurs
futurs instables que chez leurs autres enfants. Ces aveux
évidemment impossibles à vérifier sont beaucoup plus
fréquents chez les mères d'hyperactifs constitutionnels
que dans l'hyperactivité réactionnelle ou conditionnée
qui débute habituellement plus tard dans la vie de
l'enfant et est toujours plus ou moins directement
rattachée à une situation précise.

Cette indépendance presque totale du milieu donne au
système un caractère d'invulnérabilité et explique l'attitude d'acceptation souvent pathétique et résignée de
l'enfant. Il n'est pas rare en effet de le voir considérer
cette hyperkinésie qu'il ne peut contrôler, et qui le
«chevauche» littéralement partout et tout le temps,
comme une partie immuable pour la vie de sa personnalité. Il apprend à vivre avec elle avec une soumission qui
offre un contraste frappant avec l'attitude de révolte et
de non-acceptation agressive que l'on retrouve dans son
entourage. La réponse déconcertante d'un enfant à qui je
demandais d'expliquer la raison de sa visite à mon
bureau reste présente dans mon esprit. Il répondit avec
un air mi-découragé mi-résigné que c'était parce qu'il
avait «le diable au corps». D'autres réponses de ce genre
à la même question n'ont servi qu'à me convaincre que
cette forme d'agitation est beaucoup plus subie et acceptée. Enfin contrairement à l'hyperactif socio-affectif qui
tolère très mal les allusions à son hyperkinétisme pro-
noncé et qui le maintient inconscient autant qu'il le peut,
l'hyperactif constitutionnel en parle plus volontiers et
l'identifie plus facilement à un problème physique sans
grande importance. Il cohabite plus facilement avec son
système, ce qui facilite dans la plupart des cas les
diverses manœuvres entreprises pour établir le diagnostic
et même le traitement approprié. Il est, en d'autres mots,
plus docile aux interventions d'aide des adultes et souffre
moins de son agitation que l'hyperactif socio-affectif. Ce
dernier va même jusqu'à utiliser son hyperkinétisme
plus ou moins inconsciemment, tandis que l'autre semble
être investi inéluctablement par des décharges inattendues et constantes et par un besoin incontrôlable de

mouvements la plupart du temps sans but précis. Notons enfin que cette *absence de finalité* dans l'exécution des gestes devient une caractéristique différentielle, fort importante dans la distinction des deux formes d'instabilité. Il y a dans cet hyperkinétisme gratuit une ressemblance perceptible avec les mouvements incontrôlables de certaines atteintes neurologiques diagnostiquables. De là encore la tentation de voir la possibilité d'une origine organique endogène au problème.

Distractibilité ou incapacité d'attention soutenue

L'incapacité d'attention soutenue et de concentration de l'hyperactif constitutionnel est particulièrement constante. Cet enfant en perpétuel mouvement ne peut pas plus se concentrer sur une tâche à la maison qu'à l'école, bien que ce soit dans ce dernier endroit que sa distractibilité prend le plus d'importance et entraîne les conséquences les plus fâcheuses. Il faut cependant noter que cette distraction plus régulière est moins profonde que celle qu'on retrouve dans l'autre forme d'instabilité. L'hyperactif socio-affectif, qui à mon avis se sert d'une activité surabondante pour diminuer son anxiété, doit subir en surcroît des périodes de distraction dans lesquelles il est préoccupé profondément par la situation qui a provoqué son problème. L'incapacité de concentration prend alors une intensité qui empêche toute acquisition scolaire et même tout contact avec le monde extérieur. Il sort habituellement de cette torpeur par un retour à l'hyperkinétisme. La forme constitutionnelle de l'entité clinique se complique et adopte ce type irrégulier et profond de distractibilité en l'absence d'un traitement efficace exécuté le plus tôt possible après la découverte du problème. L'enfant ajoute alors aux siens les troubles caractéristiques de l'instabilité socio-affective puisqu'il devient conscient de son problème et qu'il en souffre. En l'absence de cette complication, la distractibilité de la forme constitutionnelle est beaucoup plus causée par l'hyperkinétisme du sujet. Ce dernier n'a tout simplement «pas le temps» de fixer son attention sur une tâche quelconque, il est en mouvement et ne peut fixer son attention que lors de très courtes périodes de répit. Le socio-affectif d'autre part peut s'arrêter plus longuement de bouger, et c'est alors que sa concentration est le plus profondément affectée puisqu'il est ainsi remis en contact avec la situation qu'il veut fuir.

Impulsivité

L'hyperactif avec déficit moteur manifeste une forme d'impulsivité à l'état pur qu'on observe habituellement chez les tout jeunes enfants. La psychomotricité primitive, qui normalement devient volontaire et contrôlée au cours de l'évolution de l'enfant, ne semble pas dans cette forme d'instabilité vouloir quitter son caractère automatique et explosif. Elle paraît être comme le prolongement, souvent jusque dans l'adolescence, de conduites qui caractérisent les premiers stades du développement et dans lesquelles motricité et psychisme ne sont pas seulement associés, mais encore fusionnés.

La caractéristique principale de cette sorte d'impulsivité est la difficulté de freiner un mouvement et de persister dans une action entreprise. Les activités débutent brusquement et se terminent en hâte comme si elles provoquaient une irritation intolérable. L'hyperactif constitutionnel est ainsi embarqué dans un jeu frénétique de passages rapides d'une activité à une autre sans raison motivante et malheureusement sans satisfaction apparente. Cette absence de persévérance chronique dans les conduites les empêche d'en tirer profit et explique leur insatisfaction continuelle. Ils semblent très tôt fatigués et irrités par la plupart des tâches et même des jeux qu'ils entreprennent et ils sont ainsi entraînés dans une ronde étourdissante de changements. Bien entendu, on retrouve aussi plus d'impulsivité chez l'hyperactif socio-affectif que chez les enfants normaux, mais elle semble en général plus influencée par des besoins venant de l'extérieur, et reliée à des situations sociales ou affectives identifiables. Ce que je tiens à préciser, c'est que l'impulsivité de l'hyperactif constitutionnel est beaucoup plus gratuite et spontanée et n'a pas nécessairement besoin d'une cause extérieure. Elle semble alors traduire une pulsion intérieure ou satisfaire des besoins ou des désirs qui n'ont pas nécessairement de liens avec le milieu ambiant. Il y a donc très peu de calcul dans cette impulsivité sans but qui paraît être provoquée par une irritabilité et une fatigabilité cérébrale excessive. Elle est d'ailleurs souvent accompagnée d'agressivité et prend habituellement la forme de ripostes disproportionnées dans leur rapidité et leur intensité, comme ce n'est pas toujours le cas dans l'autre forme d'hyperactivité. Les réactions impulsives agressives se retrouvent en effet beaucoup moins souvent chez ces instables sans déficit moteur qui réagissent à un milieu désorganisé et chez qui on retrouve plus d'intentionnalité et de finalité dans la réalisation des gestes. Les sautes d'humeur et les décisions irréfléchies sont alors reliées à des situations précises ou à des personnes investies de charges émotives importantes. Le degré de conscience dans cette forme d'impulsivité est plus grand ; et de là l'existence d'une certaine possibilité de délibération qu'on ne retrouve pas chez les hyperactifs constitutionnels. Enfin chez ces derniers la capacité d'inhibition est plus forte car la raison des changements fréquents d'activités est la plupart du temps négligeable. Il faut changer d'activité souvent, mais la direction du changement importe peu. Le passage non motivé d'une tâche à l'autre ou d'un jeu à l'autre est alors recherché pour lui-même et pour l'apaisement passager qu'il apporte. Il n'entraîne habituellement aucune satisfaction d'ordre affectif comme c'est le cas dans les réactions impulsives reliées à des personnes ou à des situations précises. Certaines recherches, comme celle de Michaux en 1954, ont comparé l'impulsivité de certains enfants instables psychomoteurs à celle d'enfants souffrant de lésions organiques surtout à cause du fait que chez ces derniers elle est plus endogène et indépendante des stimulations extérieures. Il l'a même comparée à l'impulsivité des épileptiques qui est inattendue et la plupart du temps inexplicable. Au cours de cette recherche dans laquelle il voulait certainement parler des hyperactifs constitutionnels, il mentionnait aussi le fait qu'il existe un type de réponses au Rorschach commun à ces enfants et qui indique une forme d'impulsivité très infantile et sans finalité. Je tiens enfin à noter que la comparaison entre les épileptiques et les hyperactifs constitutionnels devrait se limiter à l'impulsivité.

En effet ces deux entités cliniques sont fort différentes en ce sens qu'on ne retrouve jamais chez l'hyperactif les traits les plus évidents de l'épilepsie, comme la viscosité mentale, les absences, les diverses sortes de crises, etc. Leurs causes provocantes en sont d'ailleurs aussi différentes que leurs données encéphalographiques.

Excitabilité ou réactivité excessive aux stimuli sensoriels

Si l'on définit la distraction comme un déplacement de l'attention vers une perception ou vers une idée étrangère aux circonstances actuelles ou n'ayant pas de rapport logique avec le cours antérieur de la pensée, il existe alors deux variétés de distraction différentes et jusqu'à un certain point opposées. Tantôt elle prend la forme d'une concentration psychique très intense qui fixe l'attention sur un sujet déterminé avec une telle vigueur qu'elle cesse d'être disponible pour tout le reste : c'est la distraction positive et productive du savant ou du penseur absorbé dans sa méditation. Lorsque cette forme absorbante de concentration se retrouve chez l'enfant hyperactif, elle prend la forme d'une rêverie anxieuse et est habituellement reliée à des événements ou à des situations qui désorganisent sa vie émotive extérieure. Dans la forme socio-affective de l'hyperactivité, on retrouve régulièrement cette distractibilité indéniablement néfaste aux acquisitions scolaires. Je reviendrai plus tard sur ce comportement car je le crois directement relié à l'étiologie immédiate de cette forme d'hyperactivité.

Tantôt, cependant, la concentration psychique est impossible ou insuffisante et le moindre incident suffit à détourner le cours de la pensée. C'est la distraction typique de l'hyperactif constitutionnel dont le vol d'une mouche suffit à interrompre le travail scolaire. Il s'agit, comme mentionné plus tôt dans ce travail, d'une distraction provoquée par une «hyper-excitabilité sensorielle», dont il reste toutefois encore à prouver scientifiquement l'existence. L'attention est alors affaiblie et dispersée par une foule de stimulations sensorielles (visuelles, auditives, tactiles, etc.) souvent insignifiantes et qui laissent les autres enfants de la classe indifférents. L'hyperactif constitutionnel perd sa concentration lorsque par exemple il voit passer des oiseaux à l'extérieur, ou lorsqu'il y a trop d'objets colorés dans la classe, ou encore lorsqu'il perçoit les bruits de la rue ou venant des autres classes, etc. La nervosité d'un professeur fatigué ou anxieux lui est difficilement tolérable et l'empêche de persévérer dans sa tâche. Il s'agit enfin d'une distractibilité qu'on pourrait qualifier de spontanée et d'exogène par opposition à la rêverie beaucoup plus endogène de l'hyperactif socio-affectif qui rumine des idées souvent obsédantes et qui ne peut s'en sortir qu'en ayant recours au soulagement défensif d'un hyperkinétisme engourdissant. La distraction n'est en réalité que de l'excitabilité excessive et elle a un aspect beaucoup plus physique et matériel dans la forme constitutionnelle, tandis qu'elle est réfléchie et psychique dans l'hyperactivité acquise ou socio-affective. C'est ainsi qu'un milieu scolaire très stimulant au point de vue sensoriel peut contribuer à sortir positivement de ses rêveries l'hyperactif socio-affectif, tout en augmentant fortement la distraction de l'hyperactif constitutionnel.

Présentation d'un cas d'hyperactivité constitutionnelle avec déficit moteur

Pour donner plus de réalisme à l'ensemble des symptômes de l'entité clinique que je viens de décrire, il semble nécessaire de les associer à un cas typique provenant de la pratique en psychologie clinique. J'ai choisi le cas de Bernard précisément parce qu'il représente une image tout à fait classique de cette forme d'instabilité psychomotrice. D'intelligence moyenne et d'apparence physique ordinaire, Bernard avait six ans lors de notre première rencontre en présence de ses parents. Il s'agissait d'un beau petit garçon un peu rondelet, au visage souriant, qui s'exprimait abondamment dans un langage fort développé pour son âge. La rencontre ne lui faisait pas peur du tout et il ne mit pas beaucoup de temps à accepter de rester seul avec moi dans la salle d'examen. Aussitôt après le départ de ses parents il se leva et fit le tour de la salle en touchant à tous les objets rencontrés sur son chemin et en posant des questions anodines sur leur utilité, leur provenance, etc. Il était déjà à l'aise dans cette situation nouvelle et démontrait ainsi une acceptation de la présence de l'adulte étranger fort encourageante en prévision d'examens et de traitements futurs.

Sa démarche lourde et empêtrée laissait cependant déjà paraître la possibilité de problèmes moteurs. Selon une vieille habitude j'ai alors demandé à l'enfant quel était son jeu favori. Spontanément il répondit qu'il aimait beaucoup le ski et le patin à glace mais qu'il n'était pas « bon » du tout dans ces sports. Son visage s'assombrit et c'est alors qu'il demanda s'il était bien vrai que je pouvais le rendre meilleur dans ces sports et en même temps le rendre moins « nerveux » à l'école et à la maison. Après une réponse un peu vague mais encourageante de ma part, la rencontre se poursuivit par l'exécution très pénible et maladroite de dessins. Il fit preuve alors d'une impossibilité à rester plus de trente secondes à la tâche sans se lever ou poser des questions sur les divers objets présents dans la salle, et sur les bruits de la rue ou du corridor. Obligés à un moment donné de répondre à un appel téléphonique, je dois aller chercher Bernard au secrétariat du département où il est en grande conversation avec les employés.

Lors de la rencontre avec les parents qui suivit immédiatement cet épisode, j'apprends qu'il est en première année du secteur régulier dans une école de son quartier et que son professeur vient de leur demander expressément de garder Bernard à la maison les après-midi car il désorganise complètement le rendement de la classe. Il court partout, se lève fréquemment de son pupitre, agace les autres enfants et quelquefois démontre même un peu d'agressivité vis-à-vis de ceux-ci. Son rendement scolaire est évidemment nul, surtout en écriture et en lecture, et les autorités de l'école parlent déjà d'une classe d'attente pour l'année suivante. Les parents font alors remarquer que ce n'est pas la première fois qu'on rejette ainsi leur fils de l'école. Plusieurs garderies ont fait de même dans le passé, ainsi que deux écoles maternelles. Dans tous les cas on se plaignait de l'hyperactivité incontrôlable du sujet et du fait qu'il rendait ainsi impossible le bon fonctionnement du groupe. Le motif de la consultation devenait alors très clair; il s'agissait bien entendu de l'hyperactivité et d'une crainte d'échecs scolaires répétés pour l'avenir.

Questionnés au sujet de l'histoire du développement de leur fils, les parents mentionnent qu'il est né prématurément (d'un mois) et que, dans les premières semaines de sa vie, il dormait presque toujours et était très « amorphe », mais que cet état de tranquillité exagéré a vite été remplacé par une agitation presque continuelle vers quatre ou cinq mois. Il se lève et s'asseoit vers quinze mois mais ne marche que vers deux ans et fait preuve, déjà à cet âge, d'une maladresse manuelle évidente. Il ne parle de façon compréhensible que vers trois ans, mais très abondamment et avec tout le monde dans son entourage. À cet âge son hyperkinétisme, son impulsivité et son excitabilité sont tellement prononcés que les parents consultent en neurologie selon les conseils de leur pédiatre. L'examen neurologique objectif (E.E.G., etc.) conclut à une dysfonction cérébrale légère (M.B.D.) et suggère dès cette époque une médication légère aux amphétamines (Ritalin). Le rapport souligne que l'enfant ne souffre d'aucune lésion cérébrale diagnostiquable et qu'il a un retard moteur d'environ une année en plus de faire preuve d'une forte paratonie et de syncinésies toniques très évidentes. Cette médication, qui apporte d'ailleurs certains résultats quant à l'agitation de l'enfant, est maintenue jusqu'à cinq ans, âge où elle est encore augmentée. Lors de notre rencontre, les parents avouent que ce traitement unique aide perceptiblement leur fils pendant de courtes périodes qui suivent son administration. Ils doivent cependant admettre que ce n'est pas suffisant pour le maintenir à l'école et que «quelque chose d'autre» doit être tenté au plus vite.

Continuant cet inventaire familial j'apprends que Bernard est agressif avec ses copains et qu'il est, à cause de cela, régulièrement rejeté des activités de jeu. Avec son seul frère aîné, qui a dix ans, il se compare désavantageusement sur le plan sportif et scolaire et paraît déprimé de cette situation. Les parents, qui bénéficient tous deux d'une éducation supérieure, sont très préoccupés par la santé de leur fils et avouent avoir tout essayé pour l'aider. Le milieu physique est avantageux puisque la famille habite une maison unifamiliale et que les deux fils ont chacun leur chambre à coucher. La situation conjugale est bonne malgré le climat de grande nervosité qu'occasionne l'hyperactivité de Bernard. La mère admet être devenue à la longue très nerveuse et agacée par les symptômes de son fils et qu'elle s'impatiente de plus en plus facilement et fréquemment. Le père, plus calme et plus patient, accompagne souvent ses deux fils à des cours de natation, de patin et de ski. Il avoue cependant être agacé par les échecs répétés et spectaculaires de son fils cadet dans ces activités; il est persuadé que malheureusement ce dernier perçoit son désappointement. Il parle avec beaucoup d'émotion d'un manque de confiance qui semble déjà s'installer chez Bernard et qui provoque chez lui des périodes de tristesse. Les parents ne punissent malgré tout leur fils que par des isolements assez fréquents et avouent volontiers ne pas utiliser la méthode des récompenses dans les périodes plus calmes.

Enfin toutes ces données, qui décrivent une hyperactivité constante et très peu reliée à des événements socio-affectifs dans un milieu familial bien organisé et sain, ne peuvent qu'orienter mon opinion clinique vers un diagnostic d'hyperactivité constitutionnelle avec déficit moteur. Mais c'est devant une telle interrogation que s'impose la nécessité de vérifier par un examen approfondi et complet le comportement psychomoteur général de l'enfant. Pour cette raison j'ai établi, au cours de quelques séances très détendues, le bilan psycho-moteur qui fera l'objet d'une portion importante du prochain chapitre de ce travail. Les résultats obtenus par Bernard seront explicités en détail dans l'examen diagnostique de l'enfant hyperactif car son cas sera jusqu'à la fin de ce traité régulièrement associé à l'hyperactivité de type constitutionnel avec déficit moteur. Contentons-nous pour l'instant de mentionner que cet examen démontre que Bernard a véritablement un déficit moteur corporel et manuel d'au moins deux ans, qu'il manifeste une forte paratonie et qu'il est très pauvrement dissocié dans ses mouvements puisqu'il fait preuve de fortes syncinésies toniques en plus de subir de façon exagérée et rigide des syncinésies d'imitation. Un diagnostic d'hyperactivité constitutionnelle s'imposait fortement ; et nous n'avons pas tardé à l'époque à entreprendre un traitement approprié dont l'allure et les résultats seront commentés dans le dernier chapitre de ce travail consacré précisément au traitement.

Hypothèses étiopathogéniques de l'hyperactivité constitutionnelle

Le lecteur doit certainement s'être déjà rendu compte que mon approche du problème de l'hyperactivité est tout à fait behavioriste. L'expression « syndrome hyperactif » devrait être utilisée uniquement pour décrire une entité clinique comportementale avec le moins possible d'implications à l'étiologie du problème. En d'autres mots, la confusion actuelle sur l'origine de l'hyperactivité, qui est d'ailleurs très bien illustrée dans le relevé de la documentation scientifique, ne devrait pas nous empêcher de nous occuper activement des enfants souffrant de cet ensemble pathologique. Cependant une telle absence de prétention à l'élucidation de l'étiologie ne doit pas nous empêcher d'émettre quelques hypothèses explicatives sur la provenance du problème, même si elles ne devaient servir qu'à stimuler la recherche encore si rare dans le domaine, ou encore à donner quelques réponses aux questions inévitables des parents et des autres personnes intéressées à comprendre ce qui arrive à ces enfants trop agités.

Une conception dualiste de la symptomatologie du syndrome ne peut faire autrement que d'être accompagnée d'une explication aussi dualiste de son étiologie. L'expression « constitutionnelle » utilisée pour caractériser l'hyperactivité accompagnée d'un déficit moteur signifie que pour ma part je crois à une origine endogène « organique » de cette manifestation du syndrome. Je me surprends même quelquefois à utiliser dans des cours ou des conférences, l'expression « hyperactivité organique », pour la différencier plus clairement de l'hyperactivité d'origine socio-affective. Dans le même ordre d'idée, cette dernière entité clinique, acquise pendant le développement de l'enfant et influencée par le milieu éducatif, possède un caractère évidemment moins constitutionnel et prend beaucoup plus l'allure d'un trouble affectif. Je reviendrai sur l'étiopathogénie particulière de cette forme d'instabilité après avoir décrit plus explicitement les principaux symptômes qui en forment le tableau clinique. À ce stade de l'ouvrage, quelques réflexions s'imposent sur les raisons qui me font croire de plus en plus fermement à une origine organique de l'hyperactivité constitutionnelle.

En effet l'existence d'un substratum cérébral même très légèrement déficitaire dans cette forme du syndrome est principalement renforcée par la présence constante d'un ensemble de symptômes neuro-moteurs et psycho-moteurs qu'on rencontre aussi dans les atteintes neurologiques observables (lésions cérébrales) et même dans l'entité clinique très discutée de « dysfonction cérébrale légère ». La maladresse motrice, le manque de coordination, la présence de syncinésies cinétiques et toniques, la difficulté de dissolution musculaire (paratonie), certains troubles d'organisation spatio-temporels, et la présence presque constante de troubles d'apprentissage, forment un tableau clinique qui se retrouve aussi bien dans l'hyperactivité constitutionnelle que dans le syndrome de « dysfonction cérébrale légère ». Si on ajoute à cette énumération les quatre grands symptômes cardinaux de l'hyperactivité qui se retrouvent aussi dans les deux syndromes, la ressemblance ou la confusion devient encore plus entière. Je ne tiens pas ici à justifier l'existence de l'une ou l'autre de ces dénominations cliniques. Je me contente simplement de rappeler qu'il y a une ressemblance frappante entre les deux qui est de nature à entretenir fortement une conception organiciste de l'hyperactivité constitutionnelle avec déficit moteur. Cette confusion, qui ne provient à mon avis que d'un problème de sémantique ou de formation professionnelle, est tout à fait acceptable et même éclairante. Le problème est malheureusement mal perçu par ces quelques auteurs qui ne peuvent entrevoir la possibilité d'une forme d'hyperactivité sans déficit de la motricité et des conduites perceptivo-motrices. Tant qu'on s'obstinera à croire, par manque de souci d'approfondissement, qu'il n'y a qu'un syndrome unique d'hyperactivité, cette entité clinique continuera de paraître aussi vague que le syndrome de « dysfonction cérébrale légère », avec pour conséquence inévitable une absence ou une insuffisance flagrante de traitement pour les enfants. Il m'est difficile, devant cette situation, de retenir plus longtemps une suggestion explicative inspirée surtout par l'expérience pratique. Pourquoi ne pas régler cette discussion stérile en mettant de plus en plus de côté l'appellation « fourre-tout » de « dysfonction cérébrale légère » (M.B.D.) au profit d'une expression plus descriptive et béhaviorale des mêmes symptômes qu'est « l'hyperactivité constitutionnelle » telle que décrite plus haut dans cet ouvrage. Cette dernière expression n'a pas le caractère de déterminisme paralysant qui accompagne habituellement un diagnostic de dommage ou de dysfonction cérébrale même minime. Depuis environ vingt années de pratique et de recherche en milieu médico-pédagogique, j'ai toujours été frappé par l'immobilisme thérapeutique et l'acceptation consternée des parents, des professeurs et même des divers intervenants médicaux devant une conclusion diagnostique de « dysfonction cérébrale légère ». La suggestion thérapeutique la plus commune dépasse rarement la simple prescription de médicaments chimiques destinés à apaiser l'agitation de ces enfants. L'allusion à un trouble neurologique dans la formulation même du diagnostic a malheureusement pour effet d'empêcher l'organisation d'une thérapeutique diversifiée qui s'adresse à tous les symptômes. Les intervenants pédagogiques, psychologiques et tous ceux qu'on fait entrer dans le groupe des para-médicaux abdiquent ainsi trop souvent leurs moyens d'intervention devant l'apparente irréversibilité d'un désordre neurologique. Cantwell (1975) et Werry (1972) dénoncent fortement les effets thérapeutiques néfastes du maintien de l'expression « minimal brain dysfunction », en ajoutant qu'elle entretient l'impression que tous les enfants hyperactifs souffrent de dommage cérébral même très léger. Ils ajoutent même, avec d'autres auteurs déjà mentionnés dans cet ouvrage, que cette attitude encourage une absence d'intervention thérapeutique chez les hyperactifs socio-affectifs sans le moindre signe de déficit neuro-moteur. L'expression « syndrome d'hyperactivité constitutionnelle avec déficit moteur » n'a pas du tout le même effet de déterminisme, et suggère même par sa formulation une action thérapeutique souvent efficace. J'aimerais souligner enfin que malgré cette dernière intervention je suis toujours convaincu de l'existence d'une étiologie organique souvent très légère (insulte cérébrale) dans la forme constitutionnelle de l'hyperactivité. Mais je tiens à insister sur le fait qu'elle est la plupart du temps tellement légère qu'elle échappe aux examens neurologiques objectifs, et que sa mention dans l'expression d'un diagnostic n'est pas nécessaire. Le caractère « minime » de cette atteinte doit d'ailleurs stimuler et encourager les diverses formes d'intervention thérapeutique plutôt que de les bloquer.

Pour compléter ces réflexions sur l'étiopathogénie possiblement organique de l'hyperactivité constitutionnelle, portons notre attention vers quelques autres aspects sémiologiques du syndrome qui entretiennent cette croyance.

D'abord, l'apparition très hâtive dans la vie de la plupart des symptômes porte très facilement à croire à

l'existence intra-utérine sinon néo-natale d'une perturbation légère du système nerveux central. Cette impression est renforcée par le fait que, dans cette forme
d'hyperactivité, le début des comportements pathologiques est très rarement associé à un événement psycho-
social du développement. C'est d'ailleurs cette constance
et cette indépendance des symptômes qui suggèrent le
plus fortement qu'ils sont provoqués et entretenus par
une cause endogène préférablement physique. D'autre
part, certaines recherches récentes destinées à vérifier
l'efficacité de traitements médico-chimiques de l'hyperactivité ne peuvent qu'entretenir l'hypothèse d'une origine organique d'une agitation accompagnée de déficits
moteurs évidents. Citons en exemple celle de D. Cantwell
(1977) dans laquelle il avoue que l'utilisation de médications stimulantes (amphétamines, etc.) peut être «quelquefois» efficace pour un sous-groupe d'enfants hyperactifs qui souffrent d'anormalités neuro-physiologiques.
Il ajoute cependant qu'il y a un autre groupe d'enfants
hyperactifs (25 à 33%) qui ne réagissent pas à ce traitement et qui en sont même affectés négativement par
une augmentation des symptômes. Il déduit d'ailleurs de
ces données qu'il est logique de conclure à l'existence de
légères perturbations organiques chez les enfants du
premier groupe. D'après cet auteur, les problèmes des
enfants du deuxième groupe sont d'allure beaucoup plus
psycho-sociale et devraient inspirer des traitements basés
sur un entraînement à long terme incluant les parents et
les professeurs. Il suggère des interventions thérapeutiques s'adressant à l'étiologie socio-affective du problème et à l'ensemble des symptômes cardinaux par
l'introduction de classes spéciales et de programmes
spéciaux de désensibilisation conditionnelle des troubles
du comportement.

Enfin il est normal qu'après ces considérations sur
l'origine organique des symptômes de l'hyperactivité
constitutionnelle, le lecteur se pose des questions au sujet
de la nature et de la causalité de cette organicité même
très légère. Il va sans dire que dans les grandes encéphalopathies le retard moteur et le retard mental sont la

plupart du temps associés ; le retard de l'exécution motrice va de pair avec celui de l'intelligence et répond à ce qu'on a appelé le parallélisme psycho-moteur. Dupré explique de la même façon la présence presque constante de débilité motrice chez le déficient mental. D'après lui le retard moteur provient de la même hypogénésie cérébrale que celle qui a causé le retard mental. Il s'agit dans ce cas d'un appauvrissement général qui touche l'ensemble de la personnalité dans ses relations avec le monde extérieur. Pour Dupré, du point de vue pathogénique la débilité motrice n'est pas un trouble neurologique comme les autres. Elle relève d'un processus d'arrêt du développement des fonctions motrices et plus particulièrement du système pyramidal. Il s'agit d'un état d'insuffisance, d'imperfection des fonctions motrices considérées en fonction de leur adaptation aux actes ordinaires de la vie. Nous sommes ici en présence d'un désordre psychomoteur qui ne répond pas à une lésion en foyer comme c'est le cas dans les syndromes neurologiques classiques.

Mais que se passe-t-il lorsque la débilité motrice se retrouve chez un enfant d'intelligence normale qui présente en plus les principaux symptômes de l'hyperactivité ? Il est difficile d'expliquer une telle situation pathologique par le même parallélisme psychomoteur. Il y a en effet dans la sémiologie de l'hyperactivité constitutionnelle une discontinuité qui complique l'explication de son étiologie. Comment expliquer la présence chez le même enfant de déficits moteurs évidents, de troubles de l'inhibition des mouvements et d'un fonctionnement intellectuel normal ou supérieur ? Il devient difficile, devant un tel tableau clinique, de conférer une étiopathogénie précise. La plupart des auteurs intéressés à l'étude des dysfonctions cérébrales légères ou de ces encéphalopathies « a minima » doivent se résoudre à une multiplication des causes. Les uns optent pour une explication héréditaire ou génétique. D'autres orientent leurs recherches vers une conception étiologique bio-chimique ou neuro-physiologique. Un consensus semble tout de même s'établir au niveau des groupes de chercheurs des diverses disciplines. Il s'agit de l'importance du processus de maturation chez l'enfant. La structuration progressive du système nerveux central et périphérique est devenue le point d'intérêt étio-pathogénique principal. On essaie de découvrir des particularités de développement propres à l'hyperactif dans le processus de myélinisation, de transformation de l'activité métabolique du neurone, et même au niveau des médiateurs chimiques dans l'établissement des connections inter-synaptiques. Le domaine de la recherche en neuro-biochimie et en neuro-pharmacologie est particulièrement actif et semble ouvrir des voies nouvelles à la compréhension du fonctionnement cérébral de l'enfant hyperactif. Tout a commencé en 1937 lorsque Bradley, pour la première fois dans la littérature médicale, faisait l'observation remarquable que certains enfants hyperactifs devenaient plus calmes sous l'administration de benzédrine (d1 amphétamine), une médication normalement stimulante. Plusieurs autres cliniciens ne tardèrent pas à confirmer ses données concernant les effets pour le moins paradoxaux de la benzédrine et de certains autres stimulants. Des tentatives d'explications furent mêmes proposées. Mais la plupart ne provenaient pas de vérifications expérimentales sérieuses surtout à cause du manque de connaissances à l'époque sur l'action des drogues dans le système nerveux central.

Heureusement cette situation a commencé à changer depuis la dernière décade. Beaucoup de recherches expérimentales de base en neuro-biochimie et en neuro-pharmacologie ont été réalisées autour du monde. La connaissance de l'effet de nombreux produits chimiques sur diverses parties du cerveau permet maintenant, non seulement de mieux utiliser ces médicaments, mais d'apporter aussi des lumières intéressantes sur le fonctionnement cérébral dans certaines pathologies jusqu'alors peu explorées. En ce sens, le travail de Paul Wender, m.d., peut être considéré comme un des plus révélateurs et des plus stimulants pour l'avenir. En 1971, il publie un livre intitulé « Minimal Brain Dysfunction in Children ». Il y fait l'analyse des résultats de recherches récentes en neuro-biochimie et les met en relation avec une analyse clinique d'enfants souffrant de « dommage cérébral léger » qu'il identifie à l'hyperactivité. Tout cela conduit à l'émission de certaines hypothèses explicatives concernant la régulation du niveau d'activité dans le système nerveux central et les effets des médicaments chimiques sur cette balance régulatoire. C'est à partir de ces hypothèses qu'une foule de recherches expérimentales fort éclairantes semblent vouloir ouvrir des horizons dans ce domaine et offrir des explications plus utilisables en milieu clinique.

Les spéculations théoriques de Paul Wender et les études cliniques qu'elles ont générées indiquent qu'il pourrait fort bien exister des dysfonctions neuro-biochimiques spécifiques à l'intérieur du système nerveux d'un certain groupe d'enfants hyperactifs souffrant en même temps de légers désordres neuro-moteurs. Il serait alors possible d'espérer que dans un avenir prochain on puisse identifier ces patients dans le cadre d'un laboratoire. On serait alors plus près de la réalisation d'interventions médicales plus précises allant même jusqu'à des diagnostics au niveau moléculaire.

Mais parlons un peu de ces hypothèses étiologiques qui mobilisent tant de monde aujourd'hui. Et pour les rendre plus facilement compréhensibles et utilisables, rappelons deux grands principes de neuro-biochimie et de neuro-pharmacologie. Le premier s'adresse au fait bien connu qu'il y a des substances chimiques à l'intérieur du système nerveux central qui permettent la transmission des messages d'une cellule ou d'un neurone à l'autre. Or nous savons depuis environ la dernière décade que les neurones synthétisent des substances chimiques à l'intérieur de leur corps cellulaire. On les appelle « neuro-transmetteurs » et on sait qu'ils sont à la base des réactions chimiques nerveuses. On a identifié et étudié jusqu'à maintenant de façon plus intensive trois de ces neuro-transmetteurs dans le système nerveux central : la sérotonine, la dopamine et la noradrénaline. La compréhension du rôle de ces derniers est cruciale à la compréhension du fonctionnement du système nerveux en général et plus particulièrement de celui de l'enfant hyperactif.

Un second principe majeur dont il faut tenir compte pour apprécier les hypothèses de cette école de pensée est le fait aussi bien connu que le système nerveux central contient des systèmes de «régulation des actions» qui fonctionnent en opposition l'un à l'autre. Il y a ainsi des systèmes de «facilitation» et «d'inhibition» des mouvements. Une action est permise dans un organe du corps lorsque le système de «facilitation» prend le dessus sur le système «d'inhibition». Or certains produits chimiques ont pour effet, selon leur concentration, de faciliter ou d'inhiber les mouvements.

Il devient maintenant possible de comprendre et d'apprécier la contribution de Wender à l'explication étiologique de l'hyperactivité. Dans son livre «Minimal Brain Dysfunction in Children», il suggère les hypothèses suivantes:

1. Les enfants atteints de dommage cérébral léger ou d'hyperactivité souffrent d'une anormalité dans le métabolisme des monoamines (ou neuro-transmetteurs (sérotonine, noradrénaline et dopamine)).
2. Cette anormalité bio-chimique influence le comportement en empêchant le bon fonctionnement du mécanisme de récompense du cerveau, et en désorganisant son système d'activation des mouvements.

Cet auteur va plus loin en émettant l'idée que le cerveau de ces enfants est caractérisé par deux anormalités originales:

1. Une apparente augmentation du seuil d'éveil (arousal) accompagnée d'un niveau d'activité surélevé, d'une capacité de concentration et d'attention diminuée, ainsi que de difficultés importantes à inhiber une réponse inadaptée aux circonstances.
2. Une diminution dans le niveau d'affects positifs et négatifs (neutralité émotive accentuée).

Enfin cette hypothèse essaie d'expliquer la réaction typique de certains enfants atteints de «lésions cérébrales minimes» à l'administration d'amphétamines. Ce médicament stimulant rétablit l'équilibre au niveau des neuro-transmetteurs, permettant une meilleure balance dans la régulation des agents inhibiteurs et facilitateurs des mouvements. C'est-à-dire que l'activité motrice de ces enfants décroît, que leur capacité d'attention soutenue augmente, et qu'ils répondent plus positivement aux exigences sociales. L'auteur avoue cependant qu'une partie des enfants ainsi traités ne sont pas ralentis par les amphétamines et ne démontrent pas non plus les autres effets décrits. Ces constatations m'amènent évidemment à la suggestion que le groupe d'enfants qui réagit positivement aux amphétamines peut fort bien être constitué de ce que nous avons décrit dans ce chapitre comme des enfants souffrant du syndrome d'hyperactivité constitutionnelle avec déficit moteur. Je dois souligner que j'ai vu beaucoup plus de réactions positives aux amphétamines dans cette forme d'hyperactivité que dans l'autre. Cette forme de traitement chimique qui diminue souvent certains des grands symptômes du tableau clinique, soit l'hyperkinétisme, l'impulsivité et la distractibilité, ne devrait pas cependant, malgré la pertinence évidente des explications de Wender et al., constituer l'ensemble de l'intervention thérapeutique adressée à l'hyperactivité constitutionnelle. Le soulagement beaucoup trop temporaire de cette intervention bio-chimique diminue d'ailleurs avec l'âge à cause de ce que Wender appelle des « changements maturationnels » dans le système des monoamines. Ainsi, si on admet avec cet auteur que l'étiologie organique du syndrome prend la forme d'une réactivité diminuée des monoamines (neuro-transmetteurs), on devrait s'attendre à une diminution constante de l'effet des amphétamines avec l'approche de l'adolescence. Ce changement physiologique explique probablement le phénomène classique de décroissance des divers symptômes de l'hyperactivité avec l'âge.

En conclusion de cette approche fort stimulante vers une explication étiopathogénique de l'hyperactivité de type constitutionnel, trois constatations s'imposent. D'abord le caractère définitif et immuable que prend habituellement une suggestion d'étiologie organique s'applique beaucoup moins dans le cadre de l'hypothèse neuro-biochimique de Wender. Il n'est plus nécessaire en effet d'associer cette sorte d'organicité légère à une lésion cérébrale en foyer, avec toute la morbidité qu'une telle constatation entraîne habituellement dans l'entourage de l'enfant. On s'attaque avec plus d'assurance à une désorganisation neuro-chimique qu'à ce qu'on a toujours considéré comme une blessure ou un traumatisme diffus ou focal. L'organicité ainsi interprétée n'est plus le champ de bataille exclusif de la neurologie, et peut intéresser les chercheurs et les cliniciens de plusieurs autres disciplines des sciences humaines.

De plus, la constatation clinique indéniable à laquelle ce groupe de chercheurs doit se soumettre, à savoir que l'état d'un bon nombre d'enfants hyperactifs n'est pas amélioré et souvent empiré par certains traitements biochimiques, nous oblige pratiquemment à entretenir l'idée qu'il n'y a pas qu'une sorte de manifestation d'hyperactivité.

Et s'il est démontré aussi clairement que les amphé-tamines, pour ne citer que leur exemple, n'ont un effet positif que sur une portion de la population des enfants hyperactifs, il faut se hâter d'identifier nettement cet échantillon particulier par des méthodes diagnostiques efficaces. Et la suggestion qui s'impose dans cette tâche est de favoriser l'utilisation d'examens neuro-moteurs, puisqu'un nombre de plus en plus important de cher-cheurs admettent que les amphétamines sont surtout efficaces dans le traitement de l'hyperactivité accom-pagnée de désordres neurologiques légers (soft signs). Le déficit moteur important, qui constitue l'essentiel de la sémiologie de l'hyperactivité constitutionnelle, devient alors un indice primordial dans la prescription d'un traitement biochimique. J'aimerais souligner en termi-nant qu'il serait très utile, à ce stade-ci de ces réflexions étiopathogéniques, de les appuyer sur les résultats d'un type de recherche expérimentale qui n'existe pas encore à ma connaissance dans la documentation scientifique. Pourquoi en effet les chercheurs ne compareraient-ils pas systématiquement les réactions à des traitements chimiques (amphétamines, tranquillisants, etc.) chez des populations séparées d'enfants hyperactifs « avec et sans » déficit moteur important ? Les résultats d'une telle enquête nous feraient certainement faire un pas important dans l'établissement sélectif d'une forme thérapeutique adaptée au problème réel de l'enfant.

Hyperactivité socio-affective sans déficit moteur

Il ne fait aucun doute que mon premier contact avec cette expression particulière du syndrome hyperactif remonte à la recherche réalisée au service médico-pédagogique du Canton de Genève et dont je faisais amplement mention au premier chapitre de ce traité. Je fus d'ailleurs à ce moment fort impressionné par l'importance de cette portion du groupe expérimental composée d'enfants souffrant de cette forme d'instabilité psychomotrice sans déficit moteur évident aux divers examens.

Le monde médical de l'époque, aussi bien en Europe que sur le continent américain, avait tendance encore à mettre dans le même bain tous ces enfants trop agités, aux réactions inattendues et brusques, toujours en quête de satisfactions instantanées. Quelques auteurs isolés commençaient seulement à émettre l'hypothèse entièrement basée sur l'expérience clinique qu'il y avait des enfants hyperactifs qui ne ressemblaient pas au type classique décrit surtout par les neurologues. Le Professeur d'Ajuriaguerra qui supervisait notre recherche était parmi ceux-là. C'est d'ailleurs à cause de son grand intérêt pour l'aspect psychomoteur dans les conduites humaines que mon expérimentation fut alors spécifiquement dirigée vers l'étude de la motricité des enfants hyperactifs. Cette influence fut heureuse et décisive sur tout le cours de mes recherches dans le domaine de l'hyperactivité, puisqu'elle me fit découvrir ce que je crois aujourd'hui être la principale différence entre les deux manifestations du syndrome. Pour qui veut s'en donner la peine, il est facile maintenant, avec la qualité des examens suggérés, de constater qu'il y a des hyperactifs qui ne manifestent aucun signe de déficit moteur. Pourtant chez d'autres tous les stigmates habituels fort spectaculaires de la débilité motrice ne peuvent que sauter aux yeux.

Cette différence séméiologique est souvent tellement nette qu'on a l'impression d'avoir affaire à deux types différents de pathologies. Il faut constater cependant que la présence des grands symptômes cardinaux dans les deux manifestations du problème contribue à entretenir la confusion chez les personnes intéressées, qu'il s'agisse des parents, des professeurs ou même des spécialistes de la santé. La plupart d'entre eux passent par-dessus l'aspect moteur et s'arrêtent plus volontiers sur des désordres plus évidents et d'apparence plus nocifs pour le développement de l'enfant, comme l'hyperkinétisme, la distractibilité, etc. Le lecteur a certainement déjà compris depuis longtemps qu'un des buts principaux de ce traité est d'amener les intervenants thérapeutiques intéressés à ces enfants à porter une attention particulière à la motricité lors de l'établissement du diagnostic. Il ne faut pas se comporter de la même façon sur le plan thérapeutique avec des hyperactifs débiles moteurs qu'avec des hyperactifs normaux ou même supérieurs dans leurs conduites motrices manuelles et corporelles. La raison en est fort simple. Alors qu'une rééducation psychomotrice peut faire beaucoup de bien à un enfant hyperactif très maladroit, elle exaspère nettement celui qui ne présente aucun signe de retard moteur et qui souvent excelle dans les activités physiques et sportives. On a connu l'époque où la moindre mention d'instabilité ou d'hyperactivité entraînait malheureusement une suggestion automatique de rééducation psychomotrice ou de traitement biochimique. Il faut considérer cette époque révolue puisque des recherches sérieuses déjà mentionnées dans l'examen de la documentaton indiquent clairement que ces traitements peuvent être désavantageux et même nocifs aux hyperactifs qui n'en ont pas besoin. Un bon examen neuro-moteur peut nous permettre d'éviter ces erreurs de traitement souvent irrémédiables.

En effet il peut en résulter un tort difficile à réparer lorsque, par négligence ou tout simplement par ignorance, on fait subir à un enfant hyperactif un traitement de reconstruction motrice qui lui est inutile, ou encore une médication chimique inadaptée puisqu'elle est destinée à combler un manque neuro-physiologique qui n'existe pas.

C'est malheureusement le cas de l'attention thérapeutique qu'on porte aux enfants hyperactifs socio-affectifs en les confondant avec les hyperactifs constitutionnels avec déficit moteur provenant probablement d'un désordre neuro-biochimique tel que décrit par Wender. Ces derniers ont un besoin réel de tels traitements, tandis que les autres peuvent en souffrir puisque leur problème est beaucoup plus d'origine socio-affective. L'hyperactif socio-affectif, aussi habile physiquement que les enfants dits normaux qui l'entourent, peut même profiter de sa motricité pour alléger l'anxiété profonde qui est à l'origine de son instabilité. Son problème est beaucoup plus un désordre émotif en relation avec la situation du milieu dans lequel il vit. Il fait preuve, plus que l'hyperactif constitutionnel, d'intentionnalité et de direction dans son agitation et son impulsivité. On trouve chez l'hyperactif socio-affectif des désordres de l'organisation de la personnalité souvent survenus à un âge précoce ou à l'occasion de bouleversements familiaux au cours de son développement. Enfin si ces deux formes d'hyperactivité se manifestent à la fin par une voie motrice commune, elles n'ont pas nécessairement la même signification étiologique et pathogénique. Même si elles se présentent comme des modèles presque équivalents sur le plan des symptômes cardinaux surtout, elles peuvent ne pas répondre tout à fait à une étiopathogénie semblable.

Ces troubles d'origines diverses peuvent être distingués l'un de l'autre par le biais d'un examen approfondi de la neuro-motricité! Nous voulons dire par là qu'un simple «coup d'œil» ne suffit pas et peut entretenir la confusion même chez des gens avertis. En effet, un bon nombre d'hyperactifs donnent des résultats dans la moyenne ou plus lors d'examens psychométriques de la motricité, alors que leurs parents et leurs professeurs sont convaincus de leur maladresse dans l'exécution de tâches manuelles aussi bien que dans les activités sportives diverses. Comment expliquer cette contradiction pour le moins intrigante ? La fréquentation régulière de ce type d'enfants hyperactifs depuis bon nombre d'années m'a suggéré une explication qui possède une certaine logique. Le monde de ces enfants continuellement en mouvement est meublé d'un ensemble hachuré de très courtes périodes d'apprentissage efficace. Il leur est ainsi difficile d'acquérir au même titre que les enfants plus calmes la plupart des gestes requis pour les diverses activités motrices scolaires ou sportives. Leur mode de réaction fugace et éparpillé fait alors de ces enfants aussi adroits que les autres des sujets dépourvus de « techniques motrices » et, par conséquent, d'apparence gauche et inefficace. Ce comportement typique entraîne facilement des réactions négatives dans leur entourage (famille et école). Ce sont des enfants qui gênent lorsqu'ils participent à des sports collectifs. Leur apparente maladresse dérange l'ordre établi autour d'eux et les empêche de répondre efficacement aux exigences établies par un monde d'adultes dans lequel ils ont difficilement leur place. Face à l'incompréhension de leur entourage, écrasés par les critiques et le désappointement de ceux qu'ils aiment, ils ne mettent pas trop de temps à être eux-mêmes convaincus d'une maladresse motrice malgré tout inexistante. Cet état d'esprit, très fréquent chez les hyperactifs socio-affectifs, entraîne infailliblement un sentiment d'infériorité accompagné d'anxiété devant toute réalisation motrice. Leurs symptômes d'hyperactivité s'en voient alors augmentés ; et les voilà engagés dans un cercle vicieux difficile à briser. Nous verrons tout de même au chapitre du traitement ce qu'une bonne dose d'encouragement, accompagnée d'une prise en main ferme, peut faire vis-à-vis de la plupart de ces symptômes fort dangereux dans l'établissement de la personnalité. Enfin, il me paraît difficile de continuer la description de cette forme d'hyperactivité acquise ou socio-affective sans élaborer dès maintenant mes conceptions étio-pathogéniques personnelles en ce qui la concerne. Je reviendrai plus loin dans l'ouvrage pour expliquer de quelle façon ces enfants vivent les symptômes plus classiques ou cardinaux de l'hyperactivité.

Hypothèse étio-pathogénique de l'hyperactivité socio-affective

Même si la meilleure façon de bien diagnostiquer cette forme d'hyperactivité, et surtout de la distinguer de la forme constitutionnelle, est de constater à l'examen approfondi l'absence de déficit moteur qui la caractérise, il n'en reste pas moins vrai que son étiologie présente aussi une certaine originalité. En conséquence, il me paraît difficile d'établir un diagnostic différentiel sans procéder à une enquête sociale et surtout familiale sérieuse sur l'histoire du développement de l'enfant. C'est d'ailleurs parmi les données recueillies au cours de cette enquête et à l'occasion de confrontations cliniques avec le patient, qu'il sera possible de découvrir la cause qui a déclenché et qui entretient le syndrome.

Depuis déjà quelques années, j'utilise en clinique une interprétation étio-pathogénique de cette forme d'hyper-activité sans déficit moteur qui me permet de pénétrer la dynamique intérieure de la majorité des cas étudiés, et d'apporter ainsi un soulagement évident aux divers symptômes vécus. Je crois en effet que lorsque l'hyperki-nétisme, la distractibilité, l'impulsivité et une certaine forme d'excitabilité se retrouvent ensemble de façon chronique chez un enfant par ailleurs normal sur le plan moteur et intellectuel, on peut se trouver devant l'utili-sation excessive d'un *mécanisme d'évasion devant l'an-goisse.* Nous savons tous que le jeune enfant utilise à profusion l'évasion sous toutes ses formes pour éviter des tâches désagréables ou pour oublier une frustration ou une douleur quelconque. Il s'évade alors de façon ouverte et fruste soit en s'éloignant physiquement de la situation désagréable, soit en pleurant, soit en s'étourdissant dans une foule d'activités ludiques. Il oublie ainsi son malheur de façon passagère, et les parents considèrent habituellement ce comportement comme un aspect inévitable de la petite enfance. Toutefois lorsque cette attitude persiste après l'âge de quatre ou cinq ans, c'est-à-dire à l'époque où l'enfant doit commencer à se socialiser et à accepter certaines frustrations, l'entourage ne réagit pas de la même façon. On parle alors de fixation, d'immaturité et même de régression dans certains cas. L'évasion dans les pleurs et les cris étant plus difficilement acceptable, l'enfant se tourne à cet âge beaucoup plus volontiers vers l'utilisation d'une abondance de mouvements ou vers la rêverie. C'est ainsi que, si la situation familiale ou scolaire dans laquelle il se trouve déclenche chez lui de l'angoisse, il aura recours à cette défense déjà bien « rodée » chez tous les enfants qu'est l'évasion. Il s'étourdit véritablement dans une frénésie de gestes et d'activités qui lui font oublier sa souffrance intérieure. Il quitte à ce moment le monde intolérable de la réalité, légèrement, mais tout de même suffisamment pour éviter la panique intérieure. Cette hyperactivité défensive permet d'ailleurs à certains enfants assujettis à des insécurités angoissantes très fortes venant de bouleversements familiaux ou de traumatismes de toutes sortes, d'éviter de sombrer dans des troubles plus profonds et durables comme la psychose. C'est d'ailleurs pour cette raison qu'il est fortement recommandé aux divers spécialistes de ne pas éliminer ce mécanisme de défense sans au préalable diminuer ou éliminer la cause qui le provoque et l'entretient.

Ce refuge dans l'hyperkinétisme ne se retrouve d'ailleurs pas seulement chez les enfants. Certaines formes de névroses actuelles d'adultes l'utilisent abondamment. Pour en être convaincu, il s'agit simplement de penser au nombre impressionnant d'adultes qui, de façon passagère ou chronique, essaient de diminuer leur anxiété en se lançant à corps perdu dans du loisir ou du travail compulsif. Nous sommes encore ici en face d'une régression ou d'une évasion de la réalité qui se présente comme un mécanisme négatif entraînant parfois des conséquences physiques et psychiques fâcheuses. Lorsque les adultes s'adonnent de façon transitoire ou permanente à ce mécanisme de défense contre l'anxiété, on parle facilement de comportement névrotique. De la même façon, lorsque l'enfant de plus de quatre à cinq ans ne peut faire face à la vie sans avoir recours à cette forme de défense dans l'hyperactivité, je crois qu'il s'engage dans une dynamique de personnalité qui se rapproche fortement de la névrose infantile.

L'hyperacif socio-affectif commence par essayer d'*oublier* les situations psycho-sociales qui lui font peur et le maintiennent en état d'anxiété, puis il s'évade dans l'hyperkinétisme. La plupart du temps, l'histoire sociale permet de relier le début des symptômes d'hyperactivité à des événements ou des situations qui ont provoqué de la peur et de l'insécurité chez l'enfant. Les recherches les plus récentes dans le domaine suggèrent des résultats qui coincident avec les données recueillies dans le groupe d'enfants examinés à Genève. C'est ainsi que les causes immédiates les plus fréquentes dans le déclenchement de l'anxiété chez les hyperactifs réactionnels sont reliées surtout à la « désorganisation familiale » sous toutes ses formes. Il peut s'agir aussi bien d'une simple mésentente entre les parents que de menace de séparation, de séparation réelle, d'absence prolongée d'un des parents, etc. L'enfant vit alors une insécurité qui devient vite intolérable et qui se transforme en attente inquiète et oppressante, une appréhension de « quelque chose » qui pourrait advenir. Une tension diffuse effrayante survient alors et prend l'aspect d'une perturbation qui se manifeste conjointement sur le plan émotionnel et sur le plan somatique (angoisse proprement dite). On a même vu des enfants entrer dans une période d'hyperactivité défensive très désorganisante sur le plan scolaire et familial à la suite de la constatation d'un manque d'intérêt réel ou imaginaire de la part d'un des deux parents. Le manque pouvait alors être causé par un simple surcroît de travail ou par des événements nécessaires dans la vie d'une famille comme une hospitalisation prolongée, un voyage d'affaires ou des périodes de préoccupation intense chez les parents. Il va sans dire que les réactions les plus fortes que j'ai vues survenaient à la suite de la perte physique d'un des parents par la mort, ou lors d'une séparation par le divorce sans visites suffisantes de la part du parent absent.

Une cause encore assez fréquente rencontrée dans le déclenchement du mécanisme d'évasion dans l'hyperactivité est l'instabilité familiale et scolaire provoquée par de nombreux déménagements. Les enfants réagissent très mal à de multiples changements d'amis, d'écoles, de professeurs et même d'environnements géographiques proprement dits. Et cela est d'autant plus sérieux lorsque les enfants ont atteint l'âge de la sociabilité entre cinq et dix ou douze ans, et sont en pleine recherche de gratifications enrichissantes pour leur personnalité en développement. L'entourage est alors une source indispensable dans laquelle ils puisent des comparaisons ou des imitations réconfortantes pour se rassurer au sujet de leur valeur individuelle. Une fragmentation trop forte et prolongée de ce milieu par des changements trop fréquents est souvent à l'origine de l'hyperactivité socio-affective. Il ne faut pas aussi oublier le rôle important attribué dans le déclenchement de ce problème aux rivalités à l'intérieur de la fratrie. La naissance d'un petit frère ou d'une petite sœur, aussi bien qu'une attention exagérée accordée à un enfant à l'exclusion de l'autre, peuvent souvent faire naître de l'insécurité. On pourrait dire la même chose d'une foule de situations psycho-sociales comme les échecs scolaires, le rejet systématique par les pairs, l'humiliation provoquée par des lacunes importantes dans l'exécution de fonctions vitales sur le plan social (langage, motricité, apprentissage, sociabilité), etc. Bref, tout ce qui peut occasionner une anxiété profonde et durable chez l'enfant peut devenir la cause prochaine de l'organisation en système défensif d'une hyperactivité socio-affective sans déficit moteur, qu'on pourrait aussi appeler « conditionnelle » ou « réactionnelle ».

Malheureusement pour ces enfants, toutes ces causes provoquant de l'anxiété sont très peu souvent envisagées par les médecins comme une étiologie sérieuse dans le déclenchement et le maintien de l'hyperactivité. L'agitation physique spectaculaire de l'hyperkinétisme a trop vite fait de les orienter vers la recherche d'une causalité de nature physique. C'est surtout pour cette raison que nous insistons sur la ressemblance frappante qu'il y a entre cette forme d'hyperactivité et l'organisation d'une névrose infantile. L'utilisation des mécanismes de refoulement et d'évasion par l'hyperactif doit être considérée au même titre que l'utilisation des autres mécanismes de défense névrotique plus complexes. Nous sommes loin du caractère « sophistiqué » de certaines névroses classiques et de leurs mécanismes de défenses intriqués (projection, rationalisation, intellectualisation, formation réactionnelle). Le caractère simpliste et fruste de défenses comme le refoulement dans l'oubli et l'évasion dans l'agitation et la distraction contribue à faire de l'hyperactivité réactionnelle une névrose à caractère plutôt psychosomatique. Le corps est nettement impliqué au même titre que l'esprit dans ce mode de défense essentiellement dépendant d'un hyperkinétisme assez fort pour étourdir et faire oublier une anxiété insupportable. L'enfant commence par essayer d'oublier ce qui lui fait peur en refoulant le plus possible la situation provocante. Et comme le refoulement est rarement suffisant à maintenir caché le matériel anxiogène, il a recours au mécanisme d'évasion, plus efficace mais encore très infantile. L'enfant s'engourdit alors en bougeant et en changeant d'activité continuellement. Il soustrait ainsi de sa conssience les événements désagréables et même insupportables et diminue considérablement l'intensité de son anxiété. L'hyperactivité est alors une défense efficace même si elle complique considérablement la vie psychosociale de l'enfant en exaspérant son entourage et en occasionnant toutes sortes de retards d'apprentissage. Pour cette raison surtout, il faut la traiter avec beaucoup de respect au même titre qu'une défense névrotique classique. Ce qui veut dire que le traitement doit être dirigé par des personnes habituées aux méandres de la psychopathologie et surtout de l'organisation névrotique. Comme nous l'avons déjà dit, il ne faut pas s'attaquer à l'extraction du mécanisme de défense sans avoir prévu de le remplacer par une défense au moins équivalente et plus positive contre l'anxiété. Toute cette organisation défensive est habituellement inconsciente chez l'enfant. Nous avons d'ailleurs ici une des principales différences entre l'hyperactivité constitutionnelle avec déficit moteur et l'hyperactivité socio-affective. Dans la première forme, l'enfant accepte assez bien qu'on parle de son problème ; tandis que dans l'autre il réagit souvent très émotivement à toute mention de ses symptômes et plus particuliè- rement lorsqu'on s'engage dans une tentative d'expli- cation du mécanisme impliqué. Pour conclure ces propos au sujet de la « ressemblance » entre l'hyperactivité socio- affective et la névrose infantile, il serait peut-être utile de revenir quelque peu sur la signification de cette dernière forme de pathologie affective.

Du point de vue pathogénique, ce qui caractérise l'état névrotique pour Anna Freud, c'est l'usage immodéré et durable de ces mécanismes de négation de la réalité extérieure, avec mise en jeu de mécanisme de négation ou d'évasion de cette même réalité. H. Ey et V. Po, dans leur manuel de psychiatrie, apportent une définition de la névrose infantile qui ne peut que nous rappeler l'organi- sation dynamique de l'hyperactivité socio-affective. En effet, pour ces auteurs, les névroses sont des troubles mineurs de la personnalité qui comportent, avec un degré plus ou moins grand de souffrance psychique, l'*anxiété* ainsi qu'une diminution d'adaptation à la réa- lité et une diminution du rendement. Nous sommes très près ici de l'image clinique présentée par l'hyperactif socio-affectif. Et quand ils ajoutent que les névroses sont des maladies de la personnalité caractérisées par des conflits intra-psychiques qui inhibent les conduites sociales, la ressemblance entre les deux pathologies est encore plus frappante. Enfin les symptômes des névroses symbolisent les conflits inconscients et les défenses contre l'angoisse, au même titre que l'hyperactivité condi- tionnée par une situation psycho-sociale intolérable. Il y a, dans ce type de trouble affectif, non pas une altération grave de la conscience ou de l'intelligence, mais une prédominance de perturbation affective avec des réactions psychomotrices perturbantes pour la vie sociale en général. Pourquoi ?

Enfin ces considérations étio-pathogéniques ne seraient pas complètes sans qu'on essaie de répondre à la question suivante : *Pourquoi certains enfants d'intelligence et de motricité au moins normales se défendent-ils contre les souffrances de l'anxiété par le biais du syndrome hyperactif ?* Les travaux de Cantwell, Werry et Morrison, exécutés durant la dernière décade et déjà commentés dans mon relevé de la documentation, ne font qu'appuyer la réponse que j'ai choisi de donner à cette interrogation. En effet ces auteurs ont mené des enquêtes sur les parents biologiques et adoptifs des enfants hyperactifs. Il s'agissait évidemment de rechercher l'influence d'une transmission génétique quelconque du syndrome. Or ces recherches démontrent que le syndrome hyperactif se retrouve avec une fréquence beaucoup plus grande chez les parents biologiques que chez les parents adoptifs de ces enfants. Une transmission par la famille devient alors évidente puisqu'on retrouve dans ces enquêtes sociales des lignées de plusieurs degrés de parents présentant les mêmes symptômes. Un facteur qui ressort de ces recherches et qui ne peut que sauter à mon attention, c'est l'existence fréquente chez les parents biologiques d'enfants hyperactifs de l'utilisation du *mécanisme d'évasion dans l'alcoolisme.* Ces auteurs mentionnent que ces parents remplacent fréquemment une hyperactivité d'enfance par de l'alcoolisme durant l'adolescence et la vie adulte. Or, ma propre expérience clinique m'a démontré qu'en l'absence d'un traitement approprié et entrepris assez tôt dans la vie, les enfants hyperactifs surtout socio-affectifs continuent à avoir recours au mécanisme d'évasion sous toutes sortes de formes. Leur instabilité physique se transforme vers l'adolescence en instabilité psycho-sociale surtout caractérisée par une fuite continuelle devant les responsabilités. Ils ne font pas face à la vie et changent fréquemment d'occupations, de conjoints, d'amis, de milieux géographiques, etc. Leur vie est une évasion continuelle et ils n'hésitent pas à avoir recours aux pouvoirs efficaces d'engourdissement qu'on retrouve dans la drogue et l'alcool. Si on examine bien d'ailleurs la dynamique de personnalité des toxicomanes, on y retrouve des ressemblances frappantes avec celle des hyperactifs socio-affectifs. On parle volontiers d'immaturité socio-affective avec tendance à la régression, de sur-dépendance, d'inadaptabilité sociale, de faiblesse morale, d'instabilité sociale et affective. De son côté, l'école psychanalytique n'hésite pas à relier la toxicomanie à une fixation au stade oral du développement affectif, avec utilisation marquée des mécanismes de défense typiques de cette époque de la vie, c'est-à-dire le refoulement et l'évasion.

En fait, il m'est difficile de ne pas tenir compte des conclusions des recherches et de l'expérience clinique sur l'influence déterminante de la famille dans l'étiologie sélective de l'hyperactivité socio-affective. Il s'agirait d'une transmission éducative du mécanisme d'évasion des parents vers l'enfant. Au début, l'évasion prendrait la forme plus infantile d'hyperactivité; puis plus tard elle s'adapterait aux divers stades du développement, et prendrait des aspects plus acceptables aux normes sociales des adolescents et des adultes. D'une manière générale les groupes d'adolescents rejettent l'agitation physique (hyperkinétisme), mais valorisent malheureusement plus volontiers la délinquance légère, l'instabilité sociale, l'alcoolisme et l'utilisation de certaines formes d'hallucinogènes. Toutes ces manifestations, qui ne sont en réalité que des modes différents d'évasion de la réalité, résultent infailliblement en échecs sociaux et professionnels. C'est dans ce sens qu'on peut dire qu'une thérapie vraiment adaptée à l'hyperactivité socio-affective doit absolument être dirigée vers la diminution ou même l'abolition du mécanisme d'évasion. Et cette action thérapeutique est encore plus indispensable lorsque le sujet a commencé très tôt dans sa vie l'utilisation excessive de ce type de défense contre l'anxiété. Nous savons tous que plus l'enfant est jeune, plus sa personnalité est irrémédiablement imprégnée par l'identification à l'entourage immédiat. Des parents immatures utilisant abondamment l'évasion sous toutes ses formes peuvent ainsi installer très tôt chez leurs enfants une habitude presqu'ir-réversible à l'utilisation de ce type de comportement négatif. À mon avis, le seul moment vraiment propice pour s'attaquer à cette «mauvaise habitude» et la remplacer par une attitude plus positive de faire face aux problèmes de la vie, c'est le plus près possible du début de son expression. En d'autres mots, quand l'évasion s'exprime encore sous forme d'hyperactivité (jusque vers douze-treize ans), il est encore temps de la combattre efficacement à l'aide d'une thérapeutique bien organisée. Par contre lorsqu'elle prend les formes plus redoutables de la délinquance ou de la toxicomanie, la plupart des intervenants professionnels la considèrent comme un trait de personnalité extrêmement difficile à modifier. Enfin cette hypothèse étiologique, qui peut paraître ori-ginale tout en faisant preuve d'un certain réalisme, fait actuellement l'objet de quelques recherches dans notre milieu. Et soucieux de ne pas priver le lecteur de leurs résulats, j'ai choisi de terminer ces remarques étiolo-giques en commentant une enquête sociale récente assez représentative des préoccupations actuelles sur l'hyper-activité.

Il s'agit d'une recherche réalisée à l'hôpital Ste-Justine de Montréal par Hélène Rousseau, orthopédagogue et psycho-motricienne. Par le biais d'entrevues cliniques et parallèlement à l'étude de la motricité des enfants hyper-actifs, certains domaines des structures familiales de ces enfants ont été étudiés soit: la méthode d'éducation, l'instabilité sociale, les deuils ou séparations, le contexte de vie quotidienne, la santé mentale, la santé physique ainsi que le type de maternage. Tous ces éléments du vécu familial avaient été identifiés comme pouvant être reliés à la présence du syndrome hyperactif, à la suite de différentes recherches ou de discussions de cas cliniques.

La confrontation de ces deux pôles d'investigation (motricité et structures familiales) a révélé que pour chacun des sujets dont le potentiel moteur apparaît moyen ou supérieur, il existe de nombreux éléments de leur structure familiale pouvant favoriser la présence du syndrome, alors que le sous-groupe formé de sujets hyper-actifs avec déficit moteur ne présente pas dans la structure familiale un nombre significatif de ces éléments.

Dans le sous-groupe de sujets hyperactifs sans déficit moteur, deux éléments de la structure familiale présumés actifs dans l'étiologie du syndrome ont été observés chez tous les sujets. Il s'agit de la « méthode d'éducation » et de la « nature de la santé mentale des parents ». Notons cependant que cette association de facteurs étiologiques n'est jamais observée isolément, mais est toujours accompagnée d'un ou de plusieurs autres des éléments recherchés.

Ce couple de facteurs semble donc pour l'auteur constituer la trame de base sur laquelle inscrire l'organisation pathogénique du syndrome hyperactif socio-affectif. Les problèmes de santé mentale des parents (le plus souvent un état dépressif chez la mère et des comportements hyperactifs ou violents chez le père) sont responsables d'une anxiété importante chez l'enfant, créant ainsi des circonstances favorables à l'installation d'une psycho-pathologie. La méthode d'éducation qui prévaut dans le milieu (renforcement des comportements hyperactifs, relâchement éducationnel, ambivalence) intervient alors comme « facteur de sélection » des symptômes.

Chez tous les sujets sans déficit moteur, un ou plusieurs autres éléments de la structure familiale se sont ajoutés à ces deux facteurs, ajoutant ainsi à l'anxiété du sujet des problèmes de santé physique ou de carence affective partielle. Par ailleurs, des situations d'instabilité sociale de certaines familles ou de désorganisation du contexte de vie quotidienne ont renforcé la sélection des symptômes.

L'hyperactivité des sujets sans déficit moteur apparaît donc dans cette recherche comme une entité psycho-pathologique distincte du syndrome comportant une atteinte motrice, et les entreprises thérapeutiques doivent se préoccuper non seulement de la symptomatologie par le truchement d'une approche béhaviorale, mais doivent tenter d'intervenir dans la structure familiale afin d'agir

sur les facteurs qui ont prévalu à l'établissement du syndrome. L'auteur va même jusqu'à suggérer que l'état de la
motricité des sujets hyperactifs puisse être considéré
comme un élément de prédiction de l'efficacité des différentes médications courantes. En effet, il lui semble
logique de suggérer que les sujets sans déficit moteur ne
bénéficient pas des médications classiques prescrites
(amphétamines) pour contrôler leurs symptômes psychomoteurs : hyperkinétisme, impulsivité, difficulté d'attention.

Originalité d'expression des symptômes classiques de l'hyperactivité socio-affective

Comme c'est le cas pour la forme constitutionnelle du
syndrome, nous retrouvons dans l'hyperactivité socio-
affective sans déficit moteur une expression appropriée
des grands symptômes cardinaux. Ces derniers prennent
une teinte toute particulière aussi bien dans l'intensité
que dans la chronologie de leur apparition. Il va sans
dire qu'une bonne connaissance de leurs diverses particularités d'expression facilite énormément l'établissement d'un bon diagnostic différentiel.

Hyperkinétisme

Il est assez rare d'entendre les parents des hyperactifs
socio-affectifs parler d'une agitation excessive dans les
premières années de vie de leur enfant. Puisqu'à mon
avis ce type réactionnel d'hyperactivité exige une identification nette à l'entourage social et surtout aux parents,
il doit tout de même s'écouler un certain temps avant
qu'elle s'installe solidement chez un sujet. C'est pour
cette raison que la majorité des cas deviennent évidents
habituellement après quatre ou cinq ans. Cependant
quelques rares exceptions d'apparition plus précoce
peuvent se présenter surtout dans des familles fort désorganisées. Le début de l'hyperkinétisme peut donc sur-
venir tout au long de l'enfance et même exceptionnel-
lement au début de l'adolescence. Ce qui toutefois caractérise le plus son éclosion souvent brusque et surpre-

nante, c'est sa relation avec un événement ou une situation particulière dans l'entourage intime de l'enfant. Les parents et les professeurs manifestent d'ailleurs souvent de la surprise et de l'étonnement devant ces augmentations soudaines de mouvements. Pourquoi, se disent-ils, un enfant habituellement assez calme et attentif est-il devenu tout à coup aussi agité et turbulent? Les habitudes de rétention motrice de l'enfant changent du tout au tout et souvent de façon tellement nette que même ses compagnons en manifestent de l'étonnement.

Ce qui est pour le moins aussi frappant que la brusquerie d'apparition de cette agitation exagérée c'est son inconstance et sa relation souvent très étroite à une situation socio-affective particulière. En effet, contrairement à ce qui se passe dans l'hyperactivité constitutionnelle avec déficit moteur, le sujet qui se défend par de l'hyperactivité socio-affective n'est pas constamment agité. Beaucoup de cliniciens ont d'ailleurs manifesté leur étonnement devant ces enfants supposément très agités qui se comportent souvent très calmement pendant les sessions d'examens. La première réaction est alors de croire à une erreur ou à un malentendu de la part des personnes qui demandent de l'aide mais en réalité il s'agit beaucoup plus ici d'un hyperkinétisme circonstantiel ou situationnel, en ce sens qu'il apparaît et disparaît selon la composition des éléments socio-affectifs du milieu ambiant.

La persistance et la réapparition de ce type de comportement frénétique et désorganisant pour l'enfant et son entourage dépend alors de la proximité physique ou imaginaire (fantastique) avec la situation ou la personne à la source du déclenchement de son problème. Comme je l'ai clairement explicité dans mes hypothèses étiologiques, l'hyperactivité socio-affective est une réaction et une défense habituellement inconscientes contre l'anxiété provoquée en grande partie par des désorganisations psycho-sociales au niveau de la famille ou de l'école. Or plus l'enfant est éloigné de la situation causale de sa pathologie, moins sont nécessaires les manifestations symptomatiques. C'est ainsi qu'il est possible de constater l'existence occasionnelle de périodes de calme et de détente dans cette sorte d'hyperactivité. L'irrégularité de l'hyperkinétisme constitue alors un signe important dans l'établissement du diagnostic. On doit ajouter que ces interruptions dans la manifestation de l'agitation apportent aux familles et aux professeurs de ces enfants un soulagement bien mérité, mais qui a malheureusement pour effet de compliquer la compréhension du problème. On se demande en effet pourquoi cette agitation est aussi tenace et envahissante alors que l'enfant semble pouvoir la contrôler assez bien au cours de ces quelques périodes de calme. On parle alors de mauvaise volonté, d'entêtement négatif et même de persécution de la part de ce dernier; conséquemment, une atmosphère encore plus tendue s'installe dans les familles et à l'école. Nombreux sont les parents et les professeurs qui abandonnent, justement à cause de cette inconstance dans l'agitation, une interprétation préalable de maladie incontrôlable par l'enfant. Il en résulte malheureusement beaucoup d'agressivité et de rejet ainsi qu'une absence néfaste d'intervention thérapeutique.

Ce qui apporte toutefois une note plus optimiste à cette image clinique, c'est la possibilité et souvent même la facilité à relier cette forme d'hyperkinétisme irrégulier et conditionné à sa cause provocante. À partir d'une étude sérieuse de la vie psycho-sociale de l'enfant, il est toujours possible d'identifier une étiologie précise à son problème. On peut alors expliquer aux adultes qui en sont responsables, pourquoi leur enfant réagit par de l'hyperactivité, et même comment l'agitation peut en venir à jouer chez lui le rôle d'une défense contre l'anxiété. La plupart du temps, ce genre d'interprétation a pour effet d'encourager les parents et les professeurs, et même de transformer leur agressivité en préoccupation thérapeutique bienfaisante et efficace. Je termine ces remarques sur l'hyperkinétisme particulier des hyperactifs sans déficit moteur en insistant sur le fait qu'il peut prendre des proportions souvent plus intenses que dans

l'autre forme d'hyperactivité. L'enfant peut en effet manifester une agitation très forte lorsqu'il est mis en présence
d'une façon plus directe et prolongée avec la situation
anxiogène qui est à l'origine de son problème. Il ne peut
plus alors alléger l'intensité de son anxiété par d'autres
moyens d'évasion comme la rêverie ou la fuite. L'agitation devient par conséquent son dernier recours défensif et peut prendre des proportions très sérieuses. Cette
exagération du symptôme se retrouve aussi d'ailleurs
lorsqu'on pénètre trop brusquement dans le mécanisme
d'évasion de l'enfant et qu'on expose ainsi maladroitement l'essentiel de sa défense contre l'anxiété. Il se
retrouve ainsi à la merci de cette dernière sans qu'on
apporte un support suffisant pour diminuer l'insécurité
dans laquelle il se trouve plongé par un contact direct et
cru avec l'étiologie et le mécanisme défensif de sa pathologie. Pour cette raison je tiens à répéter qu'il ne faut
jamais enlever une défense même négative contre l'anxiété
sans au préalable en avoir prévu un remplacement
efficace et positif.

Distractibilité ou incapacité d'attention soutenue

Quand l'hyperactivité socio-affective est en pleine
expression, l'enfant qui en est atteint se trouve presque
complètement incapable de porter attention à ce qui
l'entoure. L'intensité de sa distractibilité prend alors des
proportions considérables puisqu'elle est entretenue par
deux formes très efficaces d'évasion de la réalité. En effet
si on se reporte à l'explication étio-pathogénique de cette
forme d'hyperactivité, on doit se rappeler qu'on a affaire
ici à un enfant qui se sert d'une activité physique
surabondante pour diminuer son anxiété. Aussi longtemps qu'il peut entretenir cette turbulence exagérée, il
n'est pas en contact conscient avec les circonstances
socio-affectives qui lui font peur. Il s'engourdit véritablement dans une frénésie de gestes plus ou moins
significatifs. Il touche à tout ce qui est à sa portée, change
continuellement de tâches scolaires et même de jeux sans
se soucier des résultats de son activité. Rien n'est finalisé

dans ce papillonnage et tout est laissé en vrac, avec pour conséquence inévitable un retard marqué dans les acquisitions académiques en général et plus particulièrement dans celles qui exigent de l'attention et de la concentration. Cette distractibilité, qui prend souvent l'importance d'un mécanisme de défense névrotique, est alors nécessaire à l'enfant pour qu'il ne soit pas submergé par son anxiété. D'un autre côté la société accepte très mal les enfants très agités après l'âge de l'entrée à l'école. Les parents, les professeurs et même les autres enfants s'opposent à cet hyperkinétisme exaspérant par toutes sortes de contraintes et de menaces. L'hyperactif, obligé de s'arrêter et de se calmer, se voit alors forcément plongé dans une sorte de contact involontaire avec ses pensées profondes et tout ce qu'elles comportent de menaces pour son équilibre affectif. Parce qu'il ne peut plus utiliser son mécanisme de défense d'évasion par l'hyperkinétisme, l'enfant entre dans une rêverie profonde. Il est alors soit en contact avec la source socio-affective de son problème, soit perdu dans un monde de fantaisies plus rassurant et qui parfois n'a rien à voir avec les circonstances réelles de sa vie.

Cette fuite dans le rêve constitue souvent les seuls moments de calme physique que ces enfants connaissent. Il s'agit véritablement de courtes périodes de paix dans cette avalanche de mouvements. L'entourage s'en trouve soulagé et même encouragé jusqu'à ce qu'il découvre que ces périodes d'accalmie dans la tempête ne sont en réalité qu'une autre forme aussi néfaste d'évasion et de distraction. En effet aucune acquisition scolaire n'est possible pendant ces périodes de rêverie profonde. Le retard académique s'accentue et provoque encore plus d'inquiétude et d'exaspération chez les adultes responsables de l'enfant. Voilà pourquoi nous parlons d'une double source de distractibilité dans l'hyperactivité de type socio-affectif. Il s'agit d'une forme d'incapacité d'attention plus dommageable que celle qui caractérise l'autre forme d'hyperactivité. Dans cette dernière l'enfant est surtout distrait des activités scolaires et sociales en général par un hyperkinétisme plus constant qui se manifeste sous forme de décharges régulières. La distractibilité peut alors être considérée comme un véritable symptôme rattaché à l'agitation exagérée. Tandis que chez l'hyperactif socio-affectif la distraction fait beaucoup plus partie de l'étiologie même du problème et en constitue le mécanisme principal d'opération. En d'autres mots, c'est parce qu'il veut se distraire d'une réalité intolérable que cet enfant devient hyperactif. Il faut bien comprendre à partir de ces propos que la cible thérapeutique principale dans cette sorte d'hyperactivité ne peut être autre qu'une diminution de l'anxiété chez l'enfant. J'ai d'ailleurs été fréquemment étonné de la rapidité avec laquelle l'hyperkinétisme et la distractibilité diminuent dans cette forme d'hyperactivité lorsqu'on diminue ou enlève les principales causes provoquant l'anxiété. Enfin il convient d'ajouter que nous avons affaire à une forme de distractibilité beaucoup plus finalisée et indépendante des stimuli sensoriels extérieurs. Elle peut donc diminuer considérablement et même disparaître presque entièrement lorsqu'elle n'a plus sa raison d'être en tant que défense.

Excitabilité

Lorsque le syndrome d'hyperactivité provient d'une désorganisation neuro-biochimique et est accompagné d'un défitit moteur évident, il est aussi toujours caractérisé par une hyperexcitabilité sensorielle, source importante de distraction. L'attention s'en trouve affaiblie et le pouvoir de concentration réduit à sa plus simple expression. Cette sorte de distraction primitive et crue n'est en réalité qu'une forme d'excitabilité excessive à l'entourage physique représenté surtout par l'ensemble des stimulations sensorielles qu'il comporte. L'hyperactivité socio-affective, de son côté, présente une séméiologie habituellement beaucoup moins marquée par des déficits neuro-moteurs, et ne comporte pas non plus d'hyperexcitabilité sensorielle. Alors que la forme constitutionnelle du syndrome regroupe toutes les conditions pour entrer dans la catégorie des troubles psycho-moteurs classiques, la forme socio-affective ou réactionnelle se rapproche beaucoup plus de l'entité clinique des désordres de la personnalité. C'est ainsi que l'instable socio-affectif, tout en étant plus sensible que les enfants normaux à un milieu très stimulant sur le plan sensoriel, sera beaucoup plus excité par le contenu socio-affectif projeté par ce même milieu, c'est-à-dire que les couleurs vives, les bruits de toutes sortes et les mouvements perçus dans le milieu ambiant, le laissent plus indifférent que l'ensemble des événements psycho-sociaux. Il s'accroche plus volontiers au déroulement des événements de la classe et même de l'extérieur de l'école. S'il se passe quelque chose d'excitant dans la rue, il peut en suivre le déroulement aux dépens de l'activité scolaire en cours. Tout est bon pour entretenir le besoin intense de rêverie qui lui procure un allègement d'anxiété. C'est d'ailleurs pour cette raison que le groupe social est particulièrement attirant pour cet enfant. Il lui offre une foule d'occasions de distraction à cause des nombreuses interactions psycho-sociales qui s'y produisent continuellement. C'est souvent un lieu de prédilection pour cet enfant qui veut fuir une atmosphère familiale anxiogène devenue intolérable. La musique assourdissante et très rythmée, qui constitue la plupart du temps l'ambiance sonore des regroupements d'enfants et d'adolescents, fournit une occasion idéale d'expression au mécanisme d'évasion. L'hyperactif socio-affectif est donc très friand des activités collectives de toutes sortes. On pourrait même ajouter que le groupe de pairs peut occasionnellement constituer un complément fort utile dans une démarche thérapeutique bien adaptée à cette forme d'hyperactivité. Il n'est pas rare en effet de voir cet enfant très désireux de garder l'appréciation positive de son groupe, obéir beaucoup plus volontiers à ses consignes d'ordre et de calme qu'à celles de ses parents et de ses professeurs. J'ai d'ailleurs fréquemment utilisé avec succès cette influence incontestable des autres enfants dans l'apaisement de la forme d'hyperkinétisme provoqué et défensif caractéristique de ce trouble émotif. Il va sans dire qu'une telle initiative thérapeutique peut être néfaste à l'hyperactif constitutionnel beaucoup moins capable de contrôler par lui-même une agitation

physique entretenue par des décharges cérébrales involontaires. Son hyperkinétisme constant devient vite une
source d'exaspération pour les groupes qui le rejettent
aussi d'emblée à cause de sa maladresse motrice spectaculaire.

Les abondantes stimulations sensorielles fournies
par les groupes de pairs deviennent très vite une source
d'excitation difficilement tolérable pour cet enfant dont
le cerveau est plus facilement éveillé par les stimuli
ambiants. L'hyperactif socio-affectif, moins excitable
sensoriellement, peut ainsi profiter des apports plus
positifs des groupes sans danger de voir empirer son
problème d'hyperkinétisme.

Impulsivité

Lorsque nous avons comparé plus tôt dans ce travail
les formes typiques d'expression de l'impulsivité dans les
deux types d'hyperactivité, nous avons particulièrement
insisté sur le caractère gratuit et spontané que prenait ce
symptôme chez l'hyperactif constitutionnel avec déficit
moteur. Nous avons aussi mentionné le peu de nécessité
habituel de finalité et de provocation extérieure dans
cette sorte d'impulsivité excito-motrice. On retrouve
d'ailleurs cette forme d'impulsivité constitutionnelle dans
la plupart des désordres cérébraux organiques à des
niveaux plus ou moins intenses. Le degré de conscience y
est très bas ainsi que les possibilités de réflexion. C'est
cette impulsivité qui porte les hyperactifs constitutionnels à se jeter sans calcul d'une tâche dans une autre ;
c'est alors un besoin impérieux et presqu'irrésistible,
surgissant brusquement chez ces sujets et les poussant à
des actes irraisonnés et souvent dangereux. Elle prend
dans cette circonstance une forme réflexe et se manifeste
souvent sous forme de riposte disproportionnée par sa
rapidité et son intensité par rapport à l'excitation
causale.

D'un autre côté l'impulsivité de l'hyperactif socio-affectif se présente beaucoup plus comme une manifestation d'immaturité, dont elle est logiquement la conséquence principale. C'est d'ailleurs encore à cause de cette immaturité affective, habituellement transmise par des parents eux-mêmes souffrant d'immaturité, que l'hyperactif socio-affectif utilise le mécanisme de défense fort infantile d'évasion. Il s'agit ici d'une impulsivité plutôt acquise et qui est le résultat d'une déviation affective ou éducative. La dynamique de la personnalité de l'enfant est alors influencée et retenue par une fixation solide aux premiers stades de développement. Comme un enfant beaucoup plus jeune, il obéit à des pulsions instinctives qu'il devrait pouvoir contrôler à son âge. On peut souvent retrouver la même sorte d'impulsivité chez les parents de cet enfant. Ces derniers se défendent souvent contre les déboires de la vie en se lançant dans une frénésie de loisirs compulsifs ou dans d'autres formes d'évasion plus engourdissantes (toxicomanie, alcoolisme social, etc.). Il est évident que cette impulsivité, plus reliée au monde extérieur et à ses stimulations nombreuses, comporte tout de même une certaine capacité de réflexion et d'inhibition qu'on retrouve beaucoup moins dans la forme constitutionnelle d'hyperactivité où les impulsions se traduisent de façon motrice et automatique et en dehors de toute considération psycho-affective. Enfin cette impulsivité à caractère immature et régressif peut être tenace surtout à cause du pouvoir considérable d'évasion qu'un tel assouvissement immédiat des besoins apporte à l'enfant. Elle est certainement responsable de l'image stéréotypée de « manque de sérieux » et « d'irresponsabilité » qu'on attribue volontiers aux enfants hyperactifs.

Présentation d'un cas d'hyperactivité socio-affective

Comme je l'ai fait plus tôt pour l'hyperactivité constitutionnelle, je vais maintenant présenter un cas d'hyperactivité socio-affective sans déficit moteur qui illustre bien l'étiologie particulière et les diverses manifestations symptomatiques propres à cette atteinte. André était âgé de huit ans lorsqu'il me fut référé pour un examen clinique par le directeur de l'école élémentaire qu'il fréquentait depuis déjà trois ans. Il était alors au milieu de sa troisième année académique et le motif de consultation comprenait, outre une hyperactivité débordante, des périodes de rêverie fréquentes ainsi qu'une baisse considérable dans les résultats scolaires en général. Aussitôt des rencontres avec ses professeurs et ses parents sont organisées afin d'obtenir l'histoire scolaire de l'enfant ainsi qu'un inventaire complet de ses comportements sociaux et de son développement général. J'apprends alors que le sujet avait depuis le début de sa scolarisation des résultats très moyens, mais qu'il avait toujours réussi à passer d'une année à l'autre sans aide supplémentaire. On mentionne cependant un manque d'intérêt évident pour l'école ainsi que de la nonchalance et une préférence nette pour le jeu et pour la plupart des activités extra-scolaires. Ses professeurs insistent sur le fait que, sans un changement positif marqué dans les comportements d'André, il lui faudrait reprendre sa troisième année déjà fortement «hypothéquée» à tous les points de vue. Le bilan des comportements sociaux est toutefois plus encourageant puisque le sujet semble accepté d'emblée par ses copains de l'école et du quartier et qu'il prend un plaisir évident aux jeux collectifs. Il passe plus de temps avec son groupe de pairs qu'à la maison. Tout lui est prétexte pour rejoindre ses amis après l'école et on doit lui imposer avec force et sans trop de résultats positifs des périodes de travail scolaire à la maison. Il passe d'ailleurs la majeure partie de ces dernières à rêver et à écouter de la musique. Il n'est pas rare qu'il oublie complètement d'apporter de l'école la liste de ses devoirs quotidiens. Sa chambre est un fouillis sans nom dans lequel sont entassés pêle-mêle ses livres, ses jouets et ses vêtements. Ses déplacements dans la maison se font la plupart du temps à la course et il lui arrive souvent dans sa hâte fébrile de renverser des objets sur son passage. C'est d'ailleurs à la maison que cette turbulence est à son apogée. Il ne peut rester en place plus de quelques minutes à la fois. Le désordre de sa chambre n'a d'égal que celui de la salle de jeux qu'il est d'ailleurs le seul à fréquenter assidûment. Il est aussi impossible pour les autres membres de la famille d'écouter paisiblement un programme de télévision ou de la musique en présence d'André car il bouge continuellement et ne cesse de faire des commentaires à propos de tout et de rien. Il n'est pas aussitôt installé à la table pour manger qu'il demande la permission de se retirer sous le prétexte qu'il n'a plus faim. On découvre alors qu'il a probablement mangé avant le repas. Très souvent il avouera avoir retrouvé son appétit quelque temps avant l'heure du coucher. Toutefois c'est à l'occasion de promenades en automobile que son agitation atteint les proportions les plus considérables et peut même devenir dangereuse. Il ne cesse alors de bouger, de poser toutes sortes de questions sur ce qui se déroule à l'extérieur, et surtout de s'informer sur la distance qui reste à parcourir.

Cet hyperkinétisme, plus constant à la maison ou en présence des parents, est cependant entrecoupé de périodes de rêverie à l'école. Il semble alors en pleine évasion dans un monde intérieur rempli de fantaisies. Les professeurs avouent qu'il est très difficile de le faire sortir de ces moments de torpeur, et que lorsqu'il en sort ce n'est finalement que pour se lancer dans une kyrielle d'activités extérieures à la tâche d'apprentissage en cours. Il se lève fréquemment, se déplace dans la classe, parle à ceux qui l'entourent, et va même jusqu'à les agacer physiquement. Mais ce qui constitue une de ses activités préférées, c'est l'exécution presque continuelle de bouffonneries en dehors de ses périodes de distraction dans la rêverie. Ceci a d'ailleurs pour effet de le rendre très présent à l'attention de la classe, qui réagit soit par une certaine complicité soit par des manifestations nettes d'opposition. Les rejets de la part des autres enfants sont cependant assez rares et il s'attire même beaucoup d'approbation sociale par ses nombreuses réussites sportives. Étant donné que cette poussée intense d'hyperactivité ne dure tout de même que depuis quelques mois, il n'a pas encore eu le temps de détruire une réputation sociale jusqu'alors plutôt positive dans l'esprit de ses copains. Pour cette raison il est toujours accepté et même recherché dans la composition des équipes de jeux ou à l'occasion de rencontres sociales de loisirs. Il excelle aussi dans les sports individuels (ski, tennis, patin, athlétisme) et s'attire ainsi l'admiration de ceux qui l'entourent. Cette hyperexcitabilité, beaucoup plus déclenchée par la présence du groupe que par des stimulations sensorielles, n'a donc pas seulement des avantages néfastes. Elle semble procurer à André une occasion de revalorisation et de fuite de la réalité. Une caractéristique plus négative par contre et sur laquelle tout le monde est d'accord, est l'impulsivité excessive de ce dernier qui le porte à sauter à corps perdu dans toutes les situations de jeux qui se présentent. Tout est préférable au travail scolaire et aux tâches domestiques habituellement demandées aux enfants. Enfin les parents et les professeurs d'André s'accordent sur le fait que toute cette agitation semble cacher maladroitement un fond d'inquiétude profonde et de tristesse à peine déguisée. La provenance de ce mélange dangereux d'hyperkinétisme, d'impulsivité immature, d'excitabilité par le groupe et de distractibilité par la rêverie, apparaît clairement dans l'histoire du développement familial telle que présentée par les parents lors de quelques entrevues. André semble en effet avoir subi pendant les quelques années de sa vie les situations socio-familiales les plus aptes à provoquer l'hyperactivité de type socio-affectif. Mentionnons d'abord l'instabilité importante de son milieu social et l'absence de points de repère solides et fixes dans son entourage géographique et humain.

André n'a pas encore un an lorsque son père, ingénieur professionnel, entraîne sa famille dans un périple européen qui se termine à l'époque du début de sa scolarisation. Pendant ce voyage, la famille change plusieurs fois de milieux géographiques, de groupes d'amis, etc. Cette série de changements sociaux ne s'arrête d'ailleurs pas avec le retour au pays puisqu'André doit fréquenter trois écoles avant l'âge de huit ans, et cela toujours à cause de déménagements fréquents. Il va sans dire que nous avons déjà, dans cette forte instabilité sociale, matière suffisante à l'établissement d'un sentiment d'insécurité.

Cela est encore plus vrai lorsqu'une autre source d'insécurité affective s'ajoute au contexte social immédiat. C'est d'ailleurs ce qui se passe chez notre sujet puisque ses parents décident de se séparer pendant le voyage après une longue période de discussions émotives et de tentatives stériles de réconciliation. André doit évidemment assister à la plupart des scènes provoquées par cette malheureuse désorganisation familiale. Il habite alors avec sa mère et son frère aîné jusqu'à leur retour au Canada. Pendant cette période le père, très affecté par l'échec de son mariage, effectue tout de même des visites fréquentes et régulières à ses enfants. Une certaine sécurité affective est ainsi maintenue, et pendant toute cette période André ne manifeste pas trop d'anxiété. L'atmosphère émotive se complique cependant lorsque le père doit retourner dans son pays pour y reprendre son travail régulier. Les rencontres avec ses enfants sont alors plus rares, et c'est à cette époque qu'apparaissent les premiers signes d'insécurité chez l'enfant. L'attitude très positive de la mère, décidée à maintenir un bon climat affectif dans ce qui reste de la famille, empêche la détérioration de cette insécurité en problème plus sérieux chez le sujet. Elle entretient le plus positivement possible l'image du père chez ses deux garçons et assure ainsi chez eux une identification solide à ce dernier. Ce qui toutefois contribue certainement à apporter plus de complication à la vie affective du sujet, c'est que quelque temps après leur séparation, les parents, chacun de leur côté, s'engagent dans de nouvelles relations affectives. Il y a ainsi dans le contexte socio-affectif de l'enfant deux nouveaux personnages dont il faut tenir compte. La stabilité des nouvelles formations matrimoniales encourage alors André à s'attacher aux deux nouveaux compagnons de ses parents, et ainsi à établir avec eux des liens d'amitié solides. Le retour au pays de la mère et de son conjoint amène tous ces personnages importants dans la vie affective d'André dans le même milieu social. Cette proximité facilite les rencontres et pendant une période d'environ trois ans la vie des deux cellules familiales s'écoule sans trop de bouleversements.

Se présente alors ce qui à mon avis constitue la cause prochaine dans le déclenchement de l'hyperactivité d'André. La nouvelle relation conjugale de sa mère commence à se détériorer sérieusement, et cette dernière insiste alors, pour lui éviter un nouveau drame, pour qu'il aille habiter chez son père. Voilà une nouvelle source d'inquiétude et d'insécurité importante. Il se lance alors dans une période d'hyperactivité intense certainement pour oublier le caractère anxiogène d'un contexte familial encore plus désorganisé. Il m'avoue d'ailleurs lui-même, lors d'une entrevue, que cette agitation qu'il ne comprend pas ne cesse que lors de périodes profondes de rêverie. De plus il se rappelle sans trop de difficultés que ces moments d'évasion dans son monde intérieur sont toujours associés aux mêmes thèmes : « Qu'est-ce qui se passe chez ma mère ? Est-elle en danger ? Est-ce que ma présence est appréciée de mon père et de sa nouvelle compagne ? Est-ce que je dérange leur intimité ? Devrai-je retourner chez ma mère pour la protéger ? Est-ce que j'ai vraiment un milieu familial solide auquel je peux me fier pour l'avenir ? »

Ces nouvelles inquiétudes d'André, ajoutées à un passé socio-affectif particulièrement instable et insécure, constituent une étio-pathogénie typique pour l'éclosion du syndrome d'hyperactivité socio-affective. Surtout si nous considérons le fait que les deux parents ont amplement fait usage du mécanisme d'évasion pour diminuer leur anxiété lors de l'échec de leur mariage. L'enfant a en effet vu son père surtout s'évader à cette époque, soit dans l'alcoolisme, soit dans des périodes intenses de loisir ou de travail compulsifs. Cette forme infantile de défense, fort contagieuse dans un milieu familial, a été fortement introjectée par André à cause de son jeune âge. Les parents sont les premiers à avouer l'utilisation malheureuse de ce mécanisme d'évasion et demandent avec insistance quels seraient les moyens à prendre pour s'attaquer sérieusement à l'hyperactivité de leur fils.

Après avoir complété cette histoire sociale par un examen psychologique et un bilan psychomoteur complet, j'ai suggéré aux parents et aux professeurs d'André un programme thérapeutique sur lequel je reviendrai en détail dans le dernier chapitre de cet ouvrage consacré exclusivement au traitement de l'hyperactivité. Qu'il suffise cependant pour l'instant de mentionner que l'action thérapeutique suggérée dans ce cas particulier fut basée sur une participation active des parents et de l'école. Elle fut dirigée aussi bien vers la diminution des divers symptômes de l'hyperactivité, que vers le changement et l'amélioration des circonstances socio-affectives de son étiologie. Heureusement les parents et le milieu scolaire collaborèrent au meilleur de leurs possibilités et le traitement, principalement basé sur le conditionnement opérant et la réorganisation familiale, produisit des résultats fort appréciables au bout d'environ une année. André, conscient du caractère négatif de sa défense contre l'anxiété, apprit à contrôler de plus en plus son hyperactivité et à faire face à ses problèmes émotifs d'une façon plus positive et constructive.

Je tiens à préciser avant de terminer ce chapitre que, malgré sa ressemblance avec les désordres purement socio-affectifs de la psychiatrie infantile classique, le cas que je viens de présenter n'en est pas moins un trouble psychomoteur dans la force de l'expression. Je veux dire par là que toute tentative thérapeutique uniquement dirigée vers l'étiologie essentiellement socio-affective du problème, ne pourrait aboutir qu'à une amélioration négligeable et surtout très lente. Malgré l'absence de déficit moteur, l'aspect physique de l'hyperactivité socio-affective lui confère un aspect psychosomatique dont il faut absolument tenir compte au même titre que dans l'hyperactivité constitutionnelle. Nous sommes en effet devant deux expressions différentes d'une même pathologie. La double polarité étio-pathogénique que je viens de décrire dans ce chapitre ne doit pas faire perdre de vue que c'est l'hyperkinétisme ou l'agitation exagérée qui domine l'image clinique, et que c'est elle qui doit constituer la cible principale de l'attention thérapeutique. La constatation d'une étiologie plutôt organique que socio-affective du syndrome ne doit en aucun cas empêcher l'organisation immédiate d'un traitement orienté vers une diminution des symptômes. Dans la forme socio-affective, les troubles de la personnalité prévalent et donnent une teinte particulière aux autres symptômes. Il s'agit d'une manifestation plus caractérielle avec arriération affective et très peu de modification de la motricité. Dans l'autre forme, les troubles moteurs prévalent et les désordres de la personnalité sont moins importants.

Bibliographie du chapitre II

CRUSE, D.B. (1962). The effects of distraction upon the performance of brain-injured and familial retarded children. In E. Trapp and P. Himelstein, eds., Readings on the Exceptional child. New York: Appleton — Centery-Crafts, pp. 492–499.

DOUGLAS V. (1972). Stop, look and listen: the problem of sustained attention and impulse control in hyperactive and normal children. *Canadian Journal of Behavioral Sciences*, 4: 249–282.

DRAKE, D.M. (1970). Perceptual correlates of impulsive and reflective behavior. *Development Psychology*, 2: 202–214.

HUESSEY, H. (1967). Study of the prevalence and therapy of the choreiform syndrome of hyperkinesis in rural Vermont. *Acta Paedo psychiatrica*, 34: 130–135.

HUTT, D., JACKSON, P. et LEVEL, M. (1966). Behavioral parameters and drug effects: a study of the hyperactive.

OTT, John N. (1976). Influence of fluorescent lights on hyperactivity and learning disabilities. Environmental Health and Light Research Institute. Sarasota Florida. *Journal of Learning Disabilities*. Aug. Sept. Vol. 9: 417–422.

PALKES, H. et STEWART, M. (1972). Intellectual ability and performance of hyperactive children. *American Journal of Orthopsychiatry*, 42: 35–39.

PATTERSON, G., JAMES, R., WHITTER, J. et WRIGHT, M. (1965). A behavior modification technique for the hyperactive child. *Behavior Research and therapy*, 2: 217–226.

PRECHTL, H.F.R. et STEMMER, C. (1962). The choreiform syndrome in children. *Developmental medicine and child Neurology*, 4: 119–127.

SPRAGUE, R. et TOPPE, L. (1966). Relationship between activity level and delay of reinforcement in the retarded. *Journal of Experimental child psychology*, 3: 390-397.

WENDER, P. (1971). Minimal brain dysfunction in children. New York: Wiley-Interscience.

CHAPITRE III

Techniques de diagnostic

L'abondance de détails apportés au chapitre précédent à la description systématique des deux manifestations d'hyperactivité que je préconise ne peut faire autrement que de faciliter l'élaboration d'un bon diagnostic différentiel de cette pathologie infantile. Il n'en reste pas moins vrai qu'avant d'instituer quelque forme de thérapie que ce soit, il est indispensable de procéder à une enquête exploratrice approfondie des circonstances générales qui entourent le problème. Il est nécessaire d'abord d'établir avec certitude que la pathologie dominante de l'enfant entre bien dans le cadre séméiologique du syndrome hyperactif; puis dans un second temps, il est nécessaire également de préciser à quelle forme d'hyperactivité on a affaire. La première tâche est souvent difficile car même si l'ensemble du tableau clinique donne parfois l'impression d'un syndrome bien spécifique auquel il est possible de rattacher une étiopathogénie précise, la réalité de chaque cas particulier n'est jamais aussi simple et limpide. En effet les manifestations symptomatiques à la fois intellectuelles, affectives, neuro-motrices et psychomotrices, peuvent se retrouver aussi dans de multiples troubles de l'enfance. C'est un fait bien connu que la déficience mentale est souvent accompagnée d'agitation et d'impulsivité. Certaines psychoses infantiles ont même des périodes d'hyperactivité difficiles à contrôler. On confond aussi fréquemment l'enthousiasme fébrile du jeune enfant en pleine exploration avec le syndrome d'hyperactivité. Or, la meilleure façon d'éviter ces confusions c'est de ne jamais se contenter d'une évaluation rapide et superficielle quand on se trouve en face d'un problème d'hyperactivité. La hâte à diagnostiquer cette pathologie, la plupart du temps fort spectaculaire et évidente, constitue certainement la principale explication du grand nombre d'échecs dans les tentatives actuelles de traitement.

C'est d'ailleurs aussi à cause de cette propension à reconnaître trop rapidement l'existence du syndrome hyperactif aussitôt qu'on est mis en présence d'agitation chez les enfants, qu'on s'est si peu arrêté jusqu'à maintenant à reconnaître l'existence de manifestations différentes du problème. C'est surtout à combler cette dernière lacune d'évaluation que sera consacré le présent chapitre. La formule de diagnostic, énoncée en détail dans les pages qui suivent, devrait permettre aux divers intervenants intéressés, non seulement à reconnaître avec assurance l'existence du syndrome d'hyperactivité, mais surtout à faire précisément la distinction entre ses manifestations constitutionnelle et socio-affective chez l'enfant.

Mais qui sont vraiment les intervenants à qui cette partie du traité est destinée? La nature multi-dimensionnelle bien connue des troubles psychomoteurs ne peut faire autrement que d'orienter la réponse à cette question. En effet les troubles psychomoteurs, dans leur ensemble, oscillent entre le neurologique et le psychiatrique, et mobilisent ainsi tous les professionnels de la santé concernés par ces sphères et l'organisme. C'est ainsi que l'évaluation diagnostique idéale dans un cas d'hyperactivité devrait être conduite par une équipe multidisciplinaire composée d'un neurologue, d'un psychiatre ou d'un psychologue clinicien, d'un orthopédagogue, d'un psychomotricien, d'un travailleur social etc. Or on sait que la plupart de ces professions ont leurs techniques propres d'examen. Pour cette raison j'ai choisi de suggérer au lecteur une formule d'évaluation qui a non seulement l'avantage d'être utilisée par chacun de ces spécialistes sans nuire à leurs examens propres, mais qui pourrait même y faire figure de complément utile. Je dois cependant avouer que les orthopédagoques et les psychomotriciens y trouveront probablement un intérêt particulier surtout à cause du manque de techniques d'évaluation systématisées dans ces professions. Enfin je crois que les médecins omnipraticiens et les professeurs du secteur régulier pourraient utiliser avantageusement la batterie d'examens suggérée dans un but de dépistage et de référence. Il va sans dire que même si elle est principalement destinée à l'identification précise du syndrome d'hyperactivité, elle peut être aussi utilisée dans la reconnaissance d'autres types de désordres psychiatriques. L'enquête prendra trois aspects différents qui apporteront chacun un type approprié d'informations. Nous commencerons par l'élaboration d'un guide d'entrevue avec les parents, qui sera suivi de conseils sur une technique d'entrevue avec l'enfant lui-même. La dernière partie prendra la forme d'un bilan psychomoteur destiné principalement à distinguer l'hyperactivité constitutionnelle avec déficit moteur d'avec l'hyperactivité réactionnelle ou socio-affective. Toutes les fois qu'il sera possible, des références seront faites aux deux cas présentés au chapitre précédent. (*Bernard: hyperactivité constitutionnelle avec déficit moteur; André: hyperactivité socio-affective*).

A) *Entrevue avec les parents*

Certains cliniciens préfèrent rencontrer l'enfant en premier dans le but de se faire une opinion vraiment personnelle de son état général. Personnellement je crois que la première rencontre avec l'enfant a plus de chance d'être efficace après l'obtention d'une histoire détaillée des comportements actuels et du développement de ce dernier, ainsi qu'un compte-rendu extensif de l'histoire de la famille. Il est important, pour arriver à cette fin, de rencontrer si possible les deux parents. Je profite d'ailleurs toujours de cette circonstance pour suggérer aux parents une bonne façon de faire comprendre à leur enfant la raison d'une rencontre avec un spécialiste. Il n'est pas nécessaire d'insister sur l'importance de recueillir des informations précises et complètes sur la famille des enfants hyperactifs pour établir un diagnostic sûr. Qu'il suffise de garder à l'esprit que l'étiologie du désordre peut fort bien provenir de la famille, comme c'est habituellement le cas dans l'hyperactivité socio-affective. Il est donc impossible de comprendre la dynamique profonde qui soustend l'organisation pathologique de ces enfants sans une bonne compréhension des forces et des lacunes de l'unité familiale. La réalisation d'un traitement efficace à partir d'une participation de la famille exige elle aussi une connaissance profonde de l'influence que le problème de l'enfant peut avoir sur celle-ci : comment les parents et les autres enfants acceptent-ils l'hyper-activité d'un membre de la cellule. C'est en tenant compte de cette réalité que Rutter donne les conseils suivants à ceux qui, comme je le suggère fortement, utilisent le guide d'entrevue avec les parents qu'il a publié en 1970 (Rutter et al., 1970). D'après lui, il y a deux aspects fondamentaux dans une entrevue clinique avec les parents :

1. L'obtention d'informations spécifiques et factuelles concernant les événements importants de la vie de l'enfant, ainsi que ses comportements les plus caractéristiques.

2. L'observation attentive des sentiments, émotions et attitudes concernant ces événements et les personnes qui y sont reliées. Il est très important que l'examinateur garde en tête tout au long de l'entrevue qu'il doit recueillir scrupuleusement les émotions qui accompagnent les événements rap-portés par les parents. Il a besoin de savoir d'abord « ce qui se passe » dans la famille. Mais il lui est aussi indispensable, pour une meilleure compré-hension du problème, de savoir comment les divers personnages vivent ces événements, et quelles sont

les émotions provoquées par ceux-ci. Or ces deux types d'informations ne s'obtiennent pas de la même façon. Les sentiments et les émotions sont difficilement recueillies par des questions directes. Il est beaucoup plus facile de rejoindre ces derniers en portant attention à la façon de dire les choses qu'à ce qui est dit en réalité. L'observation des intonations de la voix, des mimiques faciales, des gestes et surtout des changements de contractions musculaires, constitue une source très importante d'informations sur les sentiments et les émotions vécues lors de l'entrevue. Et lorsqu'on est dans l'incertitude au sujet des sentiments des parents, il faut alors poser des questions plus directes : « Comment vivez-vous cette situation ? Est-ce que ce comportement vous affecte ? »

Quant aux informations plus factuelles sur le développement et les comportements actuels de l'enfant, il est nécessaire d'avoir recours à un questionnaire plus systématique. Des questions directes sur les habitudes familiales et sociales de l'enfant peuvent alors être posées. Il ne faut d'ailleurs pas s'en tenir à inventorier simplement ce qui concerne le sujet principal de préoccupation des parents, c'est-à-dire l'hyperactivité et les problèmes scolaires de l'enfant. Au contraire, il faut tourner autour du problème en abordant tous les principaux aspects de la vie de l'enfant. Les parents sont habituellement rassurés par le caractère impersonnel d'un questionnaire systématisé, et se laissent ainsi plus facilement aller à démontrer leurs véritables sentiments devant le problème de leur enfant.

Bien qu'il ne faille pas minimiser l'importance de la cellule familiale dans la vie de l'enfant, il convient de réaliser que ce dernier peut entretenir des relations fort importantes en dehors de celle-ci. On doit demander aux parents de parler de ces relations entretenues avec des amis, des voisins, des professeurs ou autres adultes. Il n'est pas rare que l'étiologie du problème soit reliée à des personnes en dehors de la famille. Il faut donner une attention particulière aux relations souvent très révélatrices que l'enfant entretient avec les autres enfants de son milieu social ou de l'école. Les relations avec les pairs constituent toujours une même abondance d'informations au sujet de la capacité de l'enfant d'âge scolaire à s'ajuster à son milieu.

Guide d'entrevue aux parents

Dans l'entrevue proposée par Rutter, le champ de l'exploration auprès des parents est divisé en six secteurs principaux :

— l'origine de la consultation ;
— les motifs de la consultation ;
— l'inventaire des symptômes et des comportements actuels ;
— les caractéristiques de tempérament et de personnalité ;
— l'histoire du développement de l'enfant ;
— l'histoire familiale.

L'interviewer doit utiliser ce questionnaire en se rappelant qu'il a été construit comme un guide. Il doit donc être adapté à chaque circonstance d'entrevue et non pas subir une application rigide et uniforme. C'est un instrument d'enquête qui se veut malléable et qui doit surtout servir à répondre aux trois questions primordiales qu'on se pose logiquement devant un enfant supposément hyperactif :

— S'agit-il vraiment du syndrome hyperactif ?
— À quelle forme d'hyperactivité avons-nous affaire ?
— Quelle en est l'étiologie ou d'où provient-elle ?

Malgré le rayon d'action considérable couvert par ce questionnaire, l'interviewer doit le considérer cependant comme une première étape dans son enquête. Il devra attendre les résultats de l'entrevue avec l'enfant ainsi que les données fournies par les divers examens cliniques et psychométriques avant de poser un diagnostic final. À cause de mon orientation personnelle, je crois qu'il est illogique et imprudent de proposer un diagnostic d'hyperactivité sans bilan psychomoteur. La question qui m'apparaît primordiale est évidemment de savoir à quelle forme d'hyperactivité l'enfant est soumis. Cette information doit être recherchée très sérieusement par l'examinateur, car elle conditionne l'établissement d'un traitement approprié et efficace.

1. *Origine de la consultation*

L'interviewer s'enquiert des motifs qui ont amené les parents à consulter à ce moment particulier. Il est important de bien préciser qui a eu l'idée d'une consultation, de quelle façon elle a surgi et pour quelle raison. Si la demande a été faite par quelqu'un d'autre que les parents, on doit leur demander s'ils acceptent la référence et s'ils en sentent eux-mêmes la nécessité.

Bernard :   Consultation faite par les parents à la suggestion du neurologue et de l'orthopédagogue de l'école.

André :   Consultation faite par les parents à la suggestion du directeur de l'école.

2. *Motifs de la consultation*

L'entrevue avec les parents commence habituellement par les questions classiques : « Qu'est-ce qui ne va pas ? Pourquoi sentez-vous le besoin de consulter ? C'est à cette occasion qu'il est possible de savoir les raisons de l'inquiétude des parents au sujet de leur enfant. Pour obtenir les informations les plus authentiques à ce point de l'enquête, il convient de laisser les parents s'exprimer librement et dans leur langage propre. Quand les parents ont suffisamment exposé le motif principal de leur préoccupation, il est conseillé de poser alors une question supplémentaire : « Croyez-vous qu'il y a d'autres difficultés ? » Cette partie de l'entrevue permet à l'interviewer de sonder plus profondément les sentiments et les attitudes des parents. Il est bien évident que dans le cas d'une référence pour hyperactivité, les commentaires de parents tournent autour de l'agitation motrice, de la distractibilité, de l'impulsivité et de l'excitabilité. S'il arrive cependant que ces aspects de la personnalité de l'enfant ne soient pas spontanément mentionnés par ces derniers, il est nécessaire alors de procéder à un inventaire plus systématique en ce qui les concerne. Voici un exemple de questions adaptées à la situation et aptes à fournir les informations nécessaires à cette partie importante de l'enquête, puisqu'elle se rapporte à l'existence même des symptômes habituels de l'hyperactivité.

Niveau d'activité

Est-ce qu'il bouge beaucoup plus que ses frères et sœurs? Est-il plus actif que ses pairs? Par exemple, est-il capable de rester assis pendant toute la durée : d'un repas?, d'une période scolaire?, d'un programme de télévision?, d'un voyage en auto? Est-il capable de rester calme dans la salle d'attente d'un médecin ou d'un dentiste? Use-t-il rapidement ses souliers, ses vêtements? Court-il partout dans la maison? Est-ce qu'il laisse tout en désordre dans sa chambre? Joue-t-il avec ses mains, ses cheveux? Est-ce qu'il renverse les choses sur son passage (vaisselle, meubles, jouets, etc.)? Est-ce qu'il parle trop? Monopolise-t-il la conversation? Parle-t-il trop fort ou trop souvent? Voilà une série de questions qui permettent d'apprécier le degré d'hyperkinétisme chez l'enfant. C'est habituellement le principal motif de consultation et celui qui apporte le plus de réactions négatives de la part de l'entourage. Rappelons-nous qu'il est indispensable d'apprécier le début et la constance de ce symptôme, car il ne se présente pas de la même façon dans les deux formes d'hyperactivité.

Bernard : Hyperkinétisme constant, aussi fort à la maison qu'à l'école. Depuis la naissance. Beaucoup plus fort que chez son frère. Effet positif des tranquillisants. Agitation accompagnée de maladresse évidente dans les jeux et activités scolaires. Brise souvent des objets autour de lui.

André : Hyperkinétisme plus marqué à la maison en présence des parents. Périodes d'agitation intense mais plus brèves à l'école. Alternance avec de longues périodes de distraction. Désordre dans sa chambre. Incapable de rester assis aux repas, devant la télévision. Recherche constante d'activités ludiques en dehors de la maison. Ne reste jamais en place pendant les devoirs et les repas.

Distractibilité

A-t-il de la difficulté à poursuivre une activité? Est-ce qu'il fait du rêve éveillé (daydream)? Est-il capable d'attention soutenue? Peut-il écouter une histoire jusqu'au bout? Peut-il regarder tout un programme de télévision? Est-il facilement dérangé dans l'exécution d'un projet par ce qui se passe autour de lui? Peut-il respecter les consignes qu'on lui impose dans les jeux et le travail scolaire?

Bernard: Incapable de rester à la tâche scolaire plus de quelques secondes (trente secondes au maximum). Continuellement distrait par stimuli sensoriels de l'entourage (bruit de la classe, de la rue, etc.). Excité par le mouvement autour de lui. Pas de période de rêverie. Ne peut suivre les consignes des tâches scolaires et des jeux.

André: Longues et fréquentes périodes de rêverie faisant contraste avec l'agitation motrice. Peut rester à une tâche et respecter certaines consignes surtout dans les jeux. Pas plus sensible aux stimuli extérieurs que les autres enfants. Agité à la maison et rêveur à l'école.

Impulsivité

Son comportement est-il imprévisible ou inattendu? Se lance-t-il subitement sans réflexion dans des activités qui peuvent être dangereuses? Traverse-t-il les rues sans regarder? S'emporte-t-il rapidement pour un rien? Doit-on obéir rapidement à ses demandes pour éviter une

crise ? Est-il capable d'attendre ou de remettre la satisfaction d'un désir ?

Bernard :   Se lance dans toutes sortes d'activités sans
préparation ou sans réfléchir. A évité de
justesse plusieurs accidents depuis sa naissance. Se lance dans les rues sans regarder.

André :   A de la difficulté à remettre la satisfaction
d'un désir. Doit obéir sur le champ à ses
besoins. Se comporte dans ce sens de façon
infantile. Pas nécessairement imprudent dans
ses déplacements. Regarde avant de traverser
les rues. Pas d'histoire d'accidents par impru-
dence. Recherche continuelle d'occasions de
jeux.

Excitabilité

Est-il facilement bouleversé ou inquiété pour des
raisons négligeables ? A-t-il un faible niveau de tolérance
à la frustration ? Est-il irritable ou irascible ? Devient-il
surexcité ou survolté en présence de groupes d'enfants ?
Est-il surexcité par une situation nouvelle ? Est-il dérangé
par une ambiance très stimulante sur le plan sensoriel ?
Peut-il se concentrer dans le bruit ? Est-il agacé par la
lumière artificielle ?

Bernard :   Très sensible aux endroits stimulants sur le
plan sensoriel (cirques, centres de loisirs,
centres d'achats, classes fortement décorées
et éclairées). Bouleversé par les changements.
Pas nécessairement excité par les groupes.
Plutôt inhibé par ces derniers.

André :   Surtout excité par les groupes de pairs dont il
raffole. Pas dérangé par les endroits très
stimulants sur le plan sensoriel. Recherche
fébrile de reconnaissance par le groupe.
Recherche de situations nouvelles ou surpre-
nantes.

Notons qu'il est très important de demander aux parents d'illuster clairement par des exemples les informations fournies au sujet des symptômes cardinaux du syndrome hyperactif. On doit de plus s'informer de la première occurrence de ces comportements anormaux. À quel moment les parents ont-ils été vraiment inquiétés par ceux-ci ? Dans quelles circonstances se manifestent-ils avec le plus d'intensité ? Sont-ils reliés à des situations ou à des personnes précises ? Il faut de plus savoir ce que les parents ont fait devant l'éclosion de ces désordres. Comment ont-ils réagi à l'époque ? Comment réagissent-ils maintenant ? Ont-ils essayé quelque chose pour atténuer l'intensité des symptômes ? Avec quel succès ? Enfin après une étude détaillée du principal motif de consultation, il est maintenant temps de passer à une exploration aussi systématique des comportements récents de l'enfant et des aspects différents de sa personnalité.

3. *Inventaire des symptômes et des comportements actuels*

Scolarisation

Combien d'écoles le sujet a-t-il fréquentées pendant sa vie ? Quel genre d'écoles ? A-t-il eu suffisamment d'échecs pour devoir reprendre une année ? A-t-il été suspendu ou renvoyé ? Est-il considéré comme lent dans l'acquisition scolaire ? Présente-t-il des troubles d'apprentissage particuliers ? Que pense-t-il de l'école ? A-t-il déjà fait « l'école buissonnière » ? A-t-il besoin de rééducation ?

Bernard : Rejeté par plusieurs garderies à cause de l'hyperactivité, menace de rejet de la maternelle au moment de la consultation, maladresse manuelle mentionnée par ses professeurs. Continuellement en mouvement dans la classe.

André : Changements d'écoles fréquents à cause des voyages des parents : deux maternelles et trois écoles élémentaires différentes jusqu'au moment de la consultation. A été expulsé une fois pour indiscipline et nonchalance (rêverie).

N'a jamais repris une année complète. A subi fréquemment des échecs de matières exigeant de la concentration et de l'attention. A eu besoin, dans la dernière année, de cours de rattrapage en mathématiques. Résultats scolaires généraux déplorables durant les deux années qui ont précédé la consultation. Mention d'hyperactivité, de manque d'intérêt et de rêveries fréquentes dans les rapports scolaires.

Comportements agressifs et anti-sociaux

Le sujet s'engage-t-il fréquemment dans des batailles? A-t-il déjà blessé quelqu'un? Peut-il le faire? Est-il cruel avec les animaux? A-t-il déjà mis le feu quelque part? Est-il destructif avec les objets qui l'entourent? A-t-il déjà eu des problèmes avec l'alcool ou la drogue? A-t-il déjà eu des contacts avec la police ou la cour juvénile? A-t-il manifesté du remords après avoir été pris?

Bernard: Aucune mention d'agressivité anormale ou de comportements anti-sociaux sauf quelques légères manifestations de rudesse avec ses copains à la suite de rejets.

André: Agressivité habituellement sous contrôle sauf pour quelques brèves crises d'affect (larmes) à la suite de frustrations. Petits larcins à la maison et à l'école. Manifeste beaucoup de regret après avoir été découvert. Contacts précoces avec la drogue à l'intérieur de groupes de pairs à l'école. Manifeste encore beaucoup de remords après avoir été surpris par la police et menacé de passer en cour juvénile.

État affectif

Quelle est son humeur habituelle? Est-il dépressif ou excité sans aucune raison particulière? Fait-il des crises de larmes? Dort-il bien? A-t-il bon appétit? A-t-il déjà parlé de suicide? Que pense-t-il de lui-même? Semble-t-il conscient de son problème? En souffre-t-il manifestement?

Bernard: Sommeil normal. Affecté par les rejets de ses copains. Conscient de son problème d'hyperactivité. Se compare désavantageusement à son frère avec qui il est quelquefois agressif. Courtes périodes dépressives surtout après les échecs dans le domaine moteur et spécialement dans les sports.

André: Sommeil affecté par des cauchemars d'insécurité. Rêve souvent qu'il perd un parent ou qu'il reste seul. Appétit normal. Fréquentes périodes dépressives écourtées par de l'agitation considérable. Conscient de son problème, mais n'accepte pas d'en parler. Sentiment de dévalorisation déjà évident.

Symptômes névrotiques

Il convient ici de rechercher la présence des symptômes habituels des névroses classiques (phobie, hystérie, obsession, etc.). A-t-il exagérément peur de quelque chose? Comment réagit-il quand il a peur? S'inquiète-t-il pour un rien? A-t-il des idées obsédantes dont il ne peut se débarrasser? Est-il soumis à des habitudes ridicules ou à des rituels?

Bernard: Aucune manifestation névrotique.

André: Utilisation habituelle du mécanisme d'évasion. Présence exagérée d'anxiété sous forme d'insécurité. Immaturité affective évidente.

Symptômes psychotiques

L'interviewer doit enquêter au sujet du contact avec la réalité et de l'existence d'hallucinations ou de fabulations chez l'enfant. Est-ce que, par exemple, il se sent persécuté? Croit-il qu'on parle de lui à son insu? Qu'on l'espionne? Qu'on lui veuille du mal? A-t-il des perceptions étranges au sujet de son corps? A-t-il déjà mentionné qu'il entendait des voix? Croit-il qu'il possède des pouvoirs étranges que les autres ne possèdent pas?

Bernard: Contact normal avec la réalité. Aucune présence de comportements délirants.

André: Idem.

Comportement sexuel

Comment le sujet se comporte-t-il avec les membres du sexe opposé? Y a-t-il des problèmes de masturbation? Les parents ont-ils procédé à une éducation sexuelle? Comment l'école se comporte-t-elle à cet égard? Si nécessaire, s'enquérir sur le développement de la puberté et les réactions de l'enfant à un retard possible.

Bernard: Éducation sexuelle semble avoir lieu à la maison. Aucune préoccupation au sujet de masturbation exagérée. Contact normal avec autre sexe.

André: Bonne éducation sexuelle dans la famille et à l'école. Pas d'inquiétude de la part des parents au sujet de masturbation exagérée. Intérêt précoce pour l'autre sexe. Semble se plaire particulièrement en présence des filles.

Symptômes neurologiques

Demander aux parents si le sujet a déjà eu à subir un examen neurologique. En quelle année? À la suite de quel événement (maladie, accident)? Si un rapport existe, il est nécessaire de l'inclure dans le dossier et d'en tenir compte dans l'élaboration du diagnostic.

Bernard: Examen neurologique à l'âge de quatre ans à cause des comportements hyperactifs et de la grande maladresse des gestes volontaires. Diagnostic de «dysfonction cérébrale minime», aucune anormalité aux examens neurologiques classiques. Pas de lésion perceptible.

Mention de débilité motrice et d'hyperkinésie dans le rapport. Prescription de Ritalin maintenue jusqu'au moment de la consultation avec moi dix-huit mois plus tard.

André : Aucune histoire de problème neurologique.

Relation avec les pairs

Comment le sujet s'entend-il avec les enfants de son âge? A-t-il de nombreux copains? Conserve-t-il facilement ses amis? Est-il rejeté par ceux-ci? Pourquoi? Appartient-il à des groupes organisés? Participe-t-il à des sports collectifs? Est-il un solitaire? Se fait-il bousculer par les autres enfants? Pourquoi?

Bernard : Très facilement rejeté par ses pairs à cause surtout de son agitation et de sa maladresse. Ne participe pas aux sports collectifs. N'est jamais choisi spontanément dans les équipes. Réagit à cette situation par des comportements agressifs et de la dévalorisation de lui-même. Participe toutefois avec le père à des sports individuels malheureusement sans succès notables. Manifeste des tendances à l'isolement. Se fait occasionnellement bousculer au retour de l'école.

André : Très sociable et facilement accepté par ses pairs. S'engage habituellement dans des relations d'amitié profonde. Donne une importance intense à la conservation de ces liens. Participe d'emblée aux sports collectifs dans lesquels il excelle, et semble y rechercher une compensation pour les pauvres rendements académiques. Facilement le «boute-en-train» du groupe. Très facilement entraîné et influencé par les meneurs du groupe.

Relations avec les adultes

Comment s'entend-il avec son père et sa mère? Est-il un enfant avec lequel il est facile de vivre? En comparaison avec ses frères et sœurs, a-t-il été facile ou difficile à élever? Invite-t-il ses parents facilement? De quelle façon? Quels seraient les changements de comportements souhaités par les parents? Comment se conduit-il avec les autres adultes de l'entourage? Avec ses professeurs? Est-il attaché à certains d'entre eux? Comment le démontre-t-il?

Bernard: Le sujet recherche la présence des adultes. Très attaché à ses parents qui s'occupent d'ailleurs très sérieusement de lui. Semble vouloir se faire accepter par les adultes (professeurs, thérapeutes, etc.) avec lesquels il entre en contact. Préfère la présence des adultes à celle des enfants. Très docile lors des divers examens.

André: S'identifie fortement à son frère dont il recherche constamment la présence. S'oppose plus facilement à sa mère malgré un attachement très profond. Contredit facilement ses professeurs mais sans malice. S'attache à certains d'entre eux et accepte alors d'améliorer son rendement scolaire sous leur supervision. Le manque d'intérêt de la part d'un adulte l'affecte visiblement et augmente l'intensité de ses symptômes d'hyperactivité.

Santé physique en général

Qu'est-ce que les parents pensent de la santé physique de leur enfant? À ce point de l'entrevue, il est important de savoir si l'état actuel de santé physique du sujet nécessite un examen médical. Est-il prêt pour subir les quelques tests que nécessite l'examen psychomoteur. Il est à recommander de remettre à plus tard la rencontre avec l'enfant dans le cas de malaises ou d'indispositions même légères.

4. Caractéristiques de tempérament et de personnalité

Il est toujours nécessaire d'être bien informé au sujet de la personnalité d'un enfant en difficulté et surtout lorsqu'il est possible que le problème ait une étiologie socio-affective. Il est préférable de confier cette responsabilité à un professionnel (psychologue ou psychiatre). Rutter suggère toutefois dans son entrevue aux parents quelques domaines d'investigation pouvant très bien servir de complément à cette enquête. L'interviewer peut y puiser des informations utiles au sujet de l'état de la personnalité de l'enfant avant le déclenchement de ses comportements déviants. Il peut aussi se faire une idée sur les réactions actuelles de celui-ci quand il se trouve dans des situations qui ne concernent pas directement son hyperactivité.

Rencontre avec des étrangers

Comment le sujet réagit-il lorsqu'il rencontre pour la première fois des enfants ou même des adultes ? Parle-t-il spontanément à des étrangers ? Se lie-t-il facilement d'amitié ? Est-il plutôt timide ou inhibé dans cette situation ? S'adapte-t-il rapidement à des gens nouveaux ?

Bernard :   Semble très inhibé par la présence d'enfants nouveaux à l'école ou dans le quartier. Se tient plutôt avec des enfants plus jeunes que lui. Toutefois s'adapte très vite à de nouveaux adultes et recherche leur affection de façon évidente. Devient quelquefois agressif lorsqu'on l'invite à participer à un sport collectif dans lequel il doit être en compétition.

André :   Très à l'aise en présence des enfants et des adultes nouveaux. Entre facilement en relation et recherche ouvertement leur approbation. Semble même plus à l'aise avec certains étrangers qu'avec ses parents. Raconte spontanément sa vie intime au premier venu.

Situations nouvelles

Comment se comporte-t-il dans une situation nouvelle (école, endroit de vacances, visites à des parents, etc.) ? Aime-t-il explorer ?

Bernard : Inhibé par une situation non familière. Semble alors perdre tous ses moyens. A alors tendance à s'isoler.

André : Aime le changement. S'adapte très vite aux nouvelles écoles et surtout aux nouveaux endroits de vacances. Raffole des voyages dans lesquels il semble vraiment s'exprimer au maximum.

Expression des émotions

Selon quelle intensité exprime-t-il ses émotions ? Quand il est désappointé ou déçu, a-t-il tendance à pleurnicher, ou se met-il alors à crier ? Quand au contraire il est heureux, le démontre-t-il alors par un simple sourire ou par des cris de joie et beaucoup d'excitation ? Était-il considéré comme un enfant heureux ou malheureux avant le début des présentes difficultés ? Comment réagit-il à la frustration et à la punition ?

Bernard : Exprime vigoureusement son désappointement et sa joie surtout en présence des adultes de son entourage immédiat (parents, professeurs). La présence des autres enfants l'inhibe et il devient dans cette situation beaucoup plus réservé. Il réagit cependant assez agressivement à la punition.

André : Exprime très facilement ses sentiments négatifs ou positifs. Il est cependant beaucoup plus renfermé sur lui-même en présence des figures parentales depuis le début des manifestations récentes d'hyperactivité. Il est humilié par les échecs scolaires et devient très facilement ému quand on en parle. Les réprimandes de ses parents provoquent alors des crises de larmes fréquentes.

Réactions affectives

Est-il un enfant affectueux ou distant ? Comment exprime-t-il son affection pour quelqu'un ? Ses liens d'amitié sont-ils profonds ? Se fait-il facilement des amis ?

Bernard : Très affectueux avec ses parents et ses professeurs. N'a pas vraiment d'amis de son âge. Se lie plus facilement avec les enfants plus jeunes pour les jeux. Ces relations demeurent cependant très superficielles.

André : Très affectueux avec les adultes et les enfants. Semble immédiatement affecté par la froideur et l'indifférence. Se lance alors dans toutes sortes de démonstrations pour retrouver l'affection perdue. La discipline est facilement interprétée comme une diminution d'affection.

Régularité des fonctions corporelles

Est-il régulier dans ses habitudes de sommeil et d'alimentation ? Se réveille-t-il fréquemment la nuit ? A-t-il bon appétit ? Est-il régulier dans ses habitudes d'élimination ?

Bernard : S'endort épuisé à tous les soirs et ne se réveille pas la nuit. Très peu d'appétit. Se lève fréquemment de table et préfère se nourrir de friandises entre les repas. Pas de problème d'élimination.

André : Mauvaises habitudes alimentaires. Mange très peu et préfère les friandises (« junk food »). Se réveille souvent la nuit en plein cauchemar d'anxiété. Ne mange que quelques sortes de nourriture et toujours les mêmes.

Histoire du développement de l'enfant

Histoire pré et péri-natale

Combien y a-t-il eu de grossesses précédant la naissance du sujet ? Y a-t-il eu des fausses couches ? Est-ce que la mère a eu des problèmes de santé physique ou mentale pendant la grossesse ? S'agit-il d'un enfant prématuré, à terme ou post-maturé ? Le poids à la naissance ? Y a-t-il eu des complications à l'accouchement ?

Bernard :   Prématurité d'un mois. Deuxième de la famille. Accouchement normal. Aucune fausse couche préalable. Mère en bonne santé durant la grossesse.

André :   Naissance normale à terme. Troisième enfant de la famille. Aucune fausse couche préalable. Mère en santé durant la grossesse.

Histoire néo-natale et enfance

L'enfant a-t-il été nourri au sein ou à la bouteille ? Y a-t-il eu des problèmes d'alimentation ou de sommeil ? Était-il un bébé actif ou amorphe ?

Bernard :   Nourri au biberon. Beaucoup de coliques. Dort toujours. Très amorphe. Agitation considérable commence vers un an et demi. Contrôle anal et urétral encore incomplet à cinq ans. Plus lent que son frère en tout.

André :   Nourri au sein. Pas de problème de sommeil ou d'alimentation. Enfant actif et éveillé dès les premiers mois.

Étapes importantes du développement

À quel âge s'est-il assis pour la première fois sans support ? Apparition de la marche, du premier mot avec signification ? Contrôles sphinctériens anal et urétral de jour et de nuit ? Était-il plus lent ou plus rapide que ses frères et sœurs dans ces divers développements ?

Bernard :   Assis sans aide vers douze mois. Marche à dix-huit mois. Démarche toujours maladroite à trois ans. Premières associations de mots vers trois ans. Augmentation de l'hyperactivité vers trois ans.

André :   Assis sans aide à cinq mois. Marche à onze mois. Premier mot à quatorze mois. Première association de mots à deux ans. Contrôle anal et urétral acquis complètement à trois ans. Séquence de développement égale à ses frères dans tous les domaines. Pas de comportement hyperactif durant la petite enfance (début à cinq ans).

Histoire médicale de l'enfant

Liste des hospitalisations, des opérations chirurgicales et des maladies sérieuses. Comment l'enfant y a-t-il réagi? Porter une attention particulière aux accidents cérébraux, aux convulsions, aux allergies et infections des yeux et des oreilles, ainsi qu'aux troubles de langage, d'entendement et de vision.

Bernard : Aucune hospitalisation d'importance sauf pour un examen neurologique vers l'âge de cinq ans. Prescription de Ritalin à cinq ans. Maladies habituelles de l'enfance: rougeole, varicelle, légère infection des oreilles à trois ans.

André : Aucune hospitalisation. Maladies habituelles de l'enfance: rougeole, oreillons, grippes, infection des yeux et des oreilles sans complication.

Autres expériences de la petite enfance

L'enfant a-t-il perdu un parent, un frère, une sœur ou un ami? Comment a-t-il réagi à cette perte? Quel âge avait-il? A-t-il dû subir des séparations prolongées d'avec ses parents? Demander des détails au sujet de chaque séparation: l'âge de l'enfant, la durée et la raison de la séparation. Y a-t-il eu remplacement adéquat?

Bernard : Aucun deuil ou séparation significative d'avec les parents.

André : Perte d'une petite sœur dans un accident alors qu'il avait un an et demi. Trop jeune pour comprendre l'événement. Doit subir séparation prolongée d'avec son père dès l'âge de quatre ans et demi à cause de séparation conjugale. Début d'hyperactivité associé à cet événement. Forte réaction émotive de l'enfant devant l'absence du père malgré tous les efforts de compensation de la mère. Augmentation d'hyperactivité après chaque visite du père.

6. *Histoire familiale*

Une histoire détaillée de la famille de l'enfant est non seulement très révélatrice, mais nettement indispensable à l'élaboration d'un bon diagnostic différentiel d'hyperactivité. La meilleure façon de se faire une opinion sérieuse des attitudes et des comportements actuels des parents vis-à-vis leurs enfants est de connaître comment ceux-ci se comportaient pendant leur enfance, et comment ils ont été eux-mêmes élevés. L'existence d'hyperactivité chez les parents immédiats ou éloignés peut apporter des lumières considérables dans la compréhension de l'étiologie du problème. Mais là où la connaissance de l'historique familial devient le plus utile, c'est dans la différenciation entre la présence de l'une ou de l'autre forme d'hyperactivité. Les circonstances familiales sont en effet fort différentes dans les deux manifestations du problème. Je suis même de plus en plus convaincu qu'il existe une certaine stéréotypie chez les parents des hyperactifs surtout socio-affectifs. Une description encore plus détaillée et précise des caractéristiques propres aux parents de ces enfants devrait d'ailleurs faciliter grandement, dans un avenir rapproché, l'établissement d'un diagnostic différentiel plus sûr.

On peut aborder cette partie de l'enquête auprès des parents en la divisant en trois aspects principaux :

— structure de la famille et organisation du foyer ;
— histoire des maladies de la famille ;
— dynamique familiale.

Il va sans dire qu'il n'est pas nécessaire de couvrir tous ces aspects de l'histoire familiale lors de la première entrevue. Mais pour obtenir une meilleure spontanéité dans les informations recueillies, il est préférable d'essayer de concentrer dans la première rencontre la recherche de la dynamique et des interrelations familiales. Les questions concernant ce domaine sont toujours perçues avec beaucoup d'émotion par les parents. Ils y voient facilement une allusion à leur responsabilité personnelle dans l'établissement et le maintien du problème chez leurs enfants. Cette portion de l'examen doit donc se faire avec beaucoup de délicatesse et de neutralité*.

Structure de la famille et organisation du foyer

Est-ce que la famille vit dans une maison unifamiliale ou dans un appartement? Dans combien de pièces? Où le sujet dort-il? Y a-t-il suffisamment d'espace pour le jeu? Depuis combien de temps la famille habite-t-elle dans cet endroit? Quel genre de voisinage? Quel est le support matériel de la famille? Quel genre de revenu? Y a-t-il des problèmes financiers considérables? S'informer au sujet des déménagements et de leur influence apparente sur le sujet.

Obtenir des informations précises au sujet de chaque membre de la famille, ainsi que de toute personne vivant sur les lieux. Il est bon de noter pour chacune les nom, âge, sexe, religion et occupation. Quelle est la relation de ces dernières avec le sujet?

Quelle est l'occupation et l'histoire maritale de chacun des parents? En quel état sont actuellement ces relations maritales? Y a-t-il des disputes devant l'enfant? Quelle était l'occupation des grands-parents? Obtenir une description du milieu familial des grands-parents ainsi que de leurs techniques d'éducation. Sont-ils toujours vivants? L'enfant a-t-il toujours des contacts avec eux ou avec des

---

* (Dans le but de maintenir l'anonymat dans les deux cas présentés (Bernard et André), les informations dans cette partie de l'enquête seront réduites à l'essentiel pour la compréhension de la dynamique du problème.)

oncles et des tantes ? Quel genre de relations ? Leur est-il particulièrement attaché ?

Bernard :　Les parents s'entendent bien et habitent la même maison unifamiliale depuis la naissance de leurs deux fils. Le sujet a sa propre chambre et partage avec son frère aîné une salle de jeux. Aucun autre membre de la famille ne partage ce milieu. Les grands-parents ne visitent la famille que rarement et semblent de peu d'influence sur celle-ci. Le sujet a une relation amicale avec son frère aîné vis-à-vis duquel il se dévalorise considérablement.

André :　Habite présentement chez son père après avoir habité avec sa mère depuis le divorce (six ans). Pendant cette période, il y a eu de nombreux changements d'habitations, de villes, et même de pays. Le milieu physique a cependant toujours été suffisant. Le sujet a souvent partagé sa chambre avec son frère aîné avec lequel il a une relation d'admiration et d'amitié. Les lieux n'ont jamais été partagés par les grands-parents ou d'autres membres de la famille. Le sujet a cependant dû partager le foyer avec les nouveaux conjoints du père et de la mère.

Histoire des maladies de la famille

Est-ce qu'un autre membre de la famille a déjà souffert d'hyperactivité, de problèmes de développement, de troubles neurologiques ou de problèmes émotifs ? Par « autres membres de la famille », l'interviewer doit bien préciser qu'il veut dire aussi les cousins, les oncles et les tantes et les grands-parents. Pour faciliter son enquête, il peut s'enquérir de l'existence des désordres suivants au cours de la vie de ces derniers :*

---

* L'existence des désordres énumérés dans les familles des deux cas types (Bernard et André) sera soulignée par les initiales des enfants (B et A).

— Hyperactivité (sous forme de syndrome). *A*: (utilisation du mécanisme d'évasion par le père, mais sans syndrome hyperactif dans l'enfance.)
— Problèmes d'apprentissage.
— Troubles du langage.
— Retard intellectuel.
— Épilepsie ou autres formes de convulsions.
— Autres troubles neurologiques diagnostiqués.
— Problèmes de comportement à l'école.
— Nervosité. *B*: (mère).
— Dépression nerveuse (breakdown).
— Dépression. *A*: (mère).
— Manie dépressive.
— Schizophrénie.
— Problèmes avec l'alcool. *A*: (père et mère ont utilisé périodiquement l'alcool à la suite de drames dans leur vie.)
— Problèmes avec la drogue.
— Comportement anti-social.
— Dossier judiciaire.
— Prison, cour juvénile.
— Hystérie (sous forme de plaintes constantes de malaises physiques).
— Suicide (réussi).
— Suicide (envisagé).
— Agressivité exagérée.
— Traitements psychiatriques (internes ou externes).
— Troubles psychomoteurs.
— Traitements par chocs.
— Prescriptions de médicaments psychotropes.
— Tranquillisants.

Chaque réponse positive doit être explorée longuement et analysée en vue d'être associée soit à l'étiologie du problème de l'enfant ou simplement à sa persistance.

Dynamique familiale

Cette partie de l'entrevue fournit à l'interviewer l'occasion d'inventorier la qualité de la relation du sujet avec les autres membres de la famille. C'est ici qu'il est aussi possible d'observer la nature des interactions entre les deux parents. Il n'est donc pas nécessaire d'insister sur l'importance que prennent les informations recueillies à ce moment de l'enquête sur la compréhension de l'étiologie du problème. Quand ils se sentent à l'aise et libres de s'exprimer, il n'est pas rare que les parents exposent spontanément les raisons qui ont provoqué l'éclosion d'une hyperactivité socio-affective défensive. Bien qu'une rencontre en présence des deux parents soit nécessaire à la perception de l'interaction émotive à l'intérieur du couple, il est souvent indispensable, pour sauvegarder la spontanéité des aveux, de les voir séparément. La délicatesse du sujet entraîne souvent des blocages chez l'un ou l'autre des parents. L'interviewer doit porter une attention particulière aux attitudes et aux mimiques fort révélatrices dans une situation qui implique aussi profondément la responsabilité de chacun. Il est donc aussi important de noter «comment» se disent les choses que «ce qui se dit».

On peut commencer par demander aux parents d'évaluer la qualité de leur relation affective. Est-ce qu'ils s'entendent bien ensemble? Qu'est-ce qu'ils apprécient le plus dans leur relation? Le moins? Comment passent-ils leurs soirées? Leurs «weekends»? Est-ce que le père aide à la maison? La mère travaille-t-elle à l'extérieur? Y a-t-il des domaines particuliers de conflits ou d'insatisfactions dans le couple?

Est-ce que l'enfant ressemble plus au père qu'à la mère? À qui semble-t-il s'être le plus identifié? Auquel des deux parents se confie-t-il le plus souvent? À qui semble-t-il être le plus attaché? Quel est celui qui a le rôle de discipliner l'enfant? Combien de temps chaque parent passe-t-il avec l'enfant pendant une semaine typique? L'enfant s'entend-il bien avec ses frères et sœurs? Est-il plus attaché à l'un ou à l'autre? Manifeste-t-il de la jalousie vis-à-vis d'eux? Se sent-il dévalorisé par leurs comportements ou leur présence?

Quelle est la place de l'enfant à l'intérieur de la famille? Est-ce qu'il participe aux activités habituelles?

Est-il rejeté ou intégré? Est-il une occasion d'embarras pour le reste de la famille? A-t-il tendance à s'isoler?

Quelles sont les méthodes de discipline utilisée dans la famille? Sont-elles efficaces? Comment réagit l'enfant à celles-ci? Est-ce qu'on lui permet de sortir seul? Peut-il fréquenter librement ses amis en dehors du milieu familial?

Bernard: Les parents s'entendent bien ensemble. Le père aide à la maison et accompagne régulièrement ses garçons à des cours de natation, patin, etc. L'identification du sujet semble cependant se faire à la mère. La discipline vient des deux parents. Elle consiste en isolement lorsque les parents sont impatientés par l'hyperactivité, ce qui arrive très souvent. Les récompenses sont rarement utilisées. Le sujet se dévalorise nettement vis-à-vis de son frère aîné. Son autonomie est très pauvre à l'intérieur de la famille. Il faut tout faire pour lui dans les moindres détails. On ne tolère pas qu'il sorte seul par crainte des accidents dus à sa maladresse et à sa distraction.

André: Les parents sont séparés depuis les premières années du sujet. Il ne les a donc presque jamais vus ensemble. Les quelques rencontres entre les deux semblent exciter fortement le sujet. Il n'a jamais accepté le nouveau conjoint de la mère qui semble le dévaloriser considérablement. Quant à la compagne du père, la relation est plus amicale et le sujet s'y sent plus à l'aise. Malgré tout, il a passé presque toute son enfance à participer aux conflits affectifs divers de son père et de sa mère. Il manifeste souvent verbalement sa crainte de perdre l'un des deux définitivement, malgré les efforts constants de ces derniers pour lui rappeler la solidité de leur présence.

La discipline vient surtout de la mère qui utilise les visites chez le père comme renforcement dans les moments difficiles. Les deux parents avouent n'avoir pas pu s'empêcher de «choyer» exagérément l'enfant à cause des circonstances. L'affection et la discipline viennent donc de deux directions sans trop d'entente mutuelle. Le sujet est très attaché à son frère aîné qu'il idéalise littéralement. L'augmentation des symptômes d'hyperactivité coïncide avec le départ de ce dernier pour des études à l'extérieur. Vers cette époque, les deux parents ont aussi perdu leurs conjoints, ce qui rétrécissait encore davantage le cercle familial du sujet.

B) *Rencontre avec le sujet*

Lorsque les informations recueillies chez les parents sont abondantes et répondent adéquatement aux interrogations mentionnées plus tôt, il est temps de se faire une opinion plus personnelle de l'enfant et de son problème. Et puisque la doléance soumise par les parents ou les professeurs suggère la possibilité d'hyperactivité chez ce dernier, il convient de structurer la rencontre avec lui de telle sorte qu'il soit vraiment possible de détecter l'existence réelle de cette entité clinique. Pour arriver à ce but, je suggère une méthode d'enquête que j'emploie avec de bons résultats depuis les dernières années pour diagnostiquer l'hyperactivité chez les enfants, aussi bien que pour inventorier et préciser la nature d'autres troubles psychomoteurs ou psychiatriques.

Cette technique est basée sur l'utilisation de deux types différents d'entrevues qui permettent d'obtenir des informations sur l'enfant examiné, et dont la complémentarité est indispensable à l'établissement d'un diagnostic vraiment différentiel. Le premier type se présente sous la forme d'une entrevue libre dans laquelle toutefois un certain nombre d'aspects du comportement de l'enfant doivent être touchés. Dans l'autre, il s'agit d'un examen clinique beaucoup plus structuré auquel s'ajoutent même quelques tests psychométriques. Les données précises obtenues dans l'examen structuré et systématique ne font alors que confirmer les informations souvent plus spontanées et émotives de l'entrevue libre. Puisque l'hyperactivité fait partie des désordres psychomoteurs, la partie plus structurée de la rencontre avec l'enfant prend la forme d'un «bilan psychomoteur».

Entrevue libre avec l'enfant

Considérant la richesse des apports de Rutter et Graham (1968) dans la technique d'entrevue avec les enfants, j'ai décidé d'ajouter à ma méthode d'entrevue certains aspects modifiés de leur investigation clinique. Je crois aussi utile de référer le lecteur à un film de trente-huit minutes produit par Tafia (1971) contenant des extraits d'entrevues avec quatre enfants.

Avant d'entreprendre une entrevue avec un enfant chez lequel on soupçonne un désordre de l'activité, il est bon de garder à l'esprit quelques réalités malheureusement trop souvent négligées dans les circonstances. C'est ainsi qu'il est indispensable de se rappeler qu'il est tout à fait probable que l'enfant examiné puisse par la suite être l'objet d'un traitement prolongé avec l'examinateur. La relation doit donc dès le début être très cordiale et humaine. L'enfant doit se sentir le plus vite possible à l'aise en présence de quelqu'un qui lui veut du bien et qui le respecte en tant que personne. Il ne doit à aucun moment croire qu'on va le «juger» ou le «changer» ou faire quoi que ce soit pour le «jouer». Dans presque tous les cas, l'enfant n'est pas venu consulter de lui-même. Il a été amené à l'évaluation par ses parents à cause d'inquiétudes que ces derniers entretiennent à son sujet. De là une certaine attitude défensive tout à fait compréhensible de sa part. Il sait qu'on s'inquiète à son sujet ou qu'on n'est pas satisfait de certains de ses comportements, mais il n'est pas tout à fait sûr de quoi il s'agit vraiment. Pour cette dernière raison surtout, il est recommandable d'entreprendre l'entrevue en «*évitant de parler directement du problème*». Il convient beaucoup plus à ce moment de s'appliquer à mettre l'enfant à l'aise, de l'aider à se détendre et à parler librement. C'est d'ailleurs l'occasion idéale d'apprécier sa capacité d'entrer en relation avec un adulte étranger ainsi que l'état de son humeur et l'organisation de sa pensée. Ces premiers moments d'interaction avec l'examinateur peuvent être aussi utilisés pour évaluer la qualité de son langage et l'existence de maniérismes particuliers. Les préoccupations spontanées de l'enfant doivent alors être soigneusement notées, qu'elles soient verbales et libres ou même émises sous le couvert de l'évasion ou de l'appréhension. Pour permettre une telle ambiance émotive, il est préférable de diriger la conversation vers des aspects légers et attrayants de sa vie. « À quoi préfères-tu jouer ? Quel est ton loisir préféré ? » On doit l'encourager à parler des événements récents et populaires. S'il manifeste spontanément un intérêt particulier, il est bon de l'exploiter à fond afin de lui prouver qu'on s'intéresse à ce qu'il aime. « Qu'est-ce qu'il fait après l'école ? Que fait-il durant les "weekends" ? Qu'est-ce qu'il apprécie le plus à l'école ? Y a-t-il quelque chose qu'il n'aime pas de l'école ou de ses professeurs ? Quels sont ses espoirs ou ses rêves pour le futur ? Que veut-il faire quand il sera grand ? »

L'interviewer doit réagir naturellement et avec un intérêt évident pour ce qu'il dit. Il peut même manifester de l'enthousiasme ou une certaine préoccupation devant ses difficultés. Le but est d'installer une atmosphère détendue et familière dans laquelle l'enfant est plus spontanément porté à exprimer toute la gamme de ses émotions véritables. Il va sans dire que d'attaquer immédiatement le problème ne fait que mettre l'enfant en état de défense. Il se retire alors dans une attitude qui n'a rien à voir avec son comportement habituel, et il devient dans la circonstance impossible de recueillir les informations nécessaires à l'établissement d'un bon diagnostic. Sans compter que les relations positives indispensables à la poursuite d'un traitement deviennent de plus en plus difficiles à réaliser. Il n'est pas rare de voir certains enfants préalablement décrits par les parents et les professeurs comme des hyperactifs à tout rompre, se comporter dans le bureau d'un interviewer maladroit avec le flegme et le calme de véritables petits «gentlemen». Surtout dans le cas d'une première rencontre avec un enfant hyperactif, j'ai toujours cru bon de permettre le plus possible l'expression de mes émotions véritables en réaction à ses joies et à ses inquiétudes. Une telle attitude de ma part permet habituellement l'expression des réactions émotives véritables et significatives de l'enfant. La situation d'examen perd ainsi une partie de son caractère étrange et ressemble un peu plus à l'atmosphère plus familière de la maison et de l'école.

Il faut aussi, au début d'une entrevue diagnostique, se souvenir qu'elle est destinée à apporter un complément d'informations à un ensemble de données souvent considérables obtenues d'autres sources (entrevue avec les parents, examens médical, neurologique, psychologique, etc.). Elle doit donc, pour vraiment remplir ce rôle de complément d'informations, se restreindre à répondre aux trois questions déjà mentionnées au début de ce chapitre : « L'enfant est-il vraiment hyperactif ? De quelle forme d'hyperactivité souffre-t-il ? Quelle en est l'étiologie possible ? »

Les informations recueillies auprès des parents et des professeurs répondent déjà assez bien à la première interrogation. Certains enfants instables à la maison et à l'école sont d'ailleurs capables de rester calmes lors de rencontres d'investigation en présence d'une personne nouvelle. C'est surtout le cas chez les hyperactifs socio-affectifs qui réagissent à une situation donnée. Les hyperactifs constitutionnels avec déficit moteur se comportent la plupart du temps de la même façon en situation d'examen que dans l'ensemble des endroits qu'ils fréquentent. Après un certain moment de calme, causé surtout par le caractère nouveau de la situation, ils ne tardent pas à subir leur agitation coutumière. Il y a, dans cette différence d'expression des symptômes, un élément dont il faut tenir compte sérieusement dans l'élaboration du diagnostic différentiel à l'intérieur du syndrome hyperactif.

Ce qui nous amène à la deuxième question : « À quel type d'hyperactivité a-t-on affaire ? » L'entrevue avec les parents, lorsqu'elle est bien menée, apporte aussi des lumières considérables à la solution de ce problème. C'est ainsi que lorsque ces derniers apportent des confirmations évidentes des succès sportifs de leur enfant instable, il est difficile pour l'interviewer de ne pas opter pour une hyperactivité d'origine plutôt socio-affective. Toutefois, malgré l'apparente évidence de ces données, il faut attendre les résultats du bilan psychomoteur avant de conclure et de suggérer un traitement approprié au type d'hyperactivité envisagé. Quant à l'étiologie, dont une bonne compréhension peut favoriser l'établissement du diagnostic, elle est en grande partie suggérée au cours de l'entrevue avec les adultes responsables de l'enfant (surtout dans le cas d'hyperactivité socio-affective). Il faut toutefois souvent attendre les résultats de l'entrevue avec l'enfant et de l'enquête habituellement très précieuse du psychologue clinicien, avant d'être suffisamment sûr de l'étiopathogénie de certains cas d'hyperactivité réactionnelle, les conclusions des examens neurologiques étant plus aptes à préciser les causes possibles de l'hyperactivité constitutionnelle.

Après quelque temps (environ quinze minutes) consacré à cette « mise en train » réconfortante avec l'enfant, l'examinateur peut passer à un genre de questions plus directement reliées au but de la rencontre. C'est ainsi qu'il peut considérer si le moment est propice pour parler de la raison qui a motivé la consultation. Quelquefois l'enfant aura déjà abordé spontanément le sujet. Il convient alors de clarifier sa perception propre de la démarche parentale. Pourquoi l'a-t-on amené en consultation ? Qui en a eu l'idée ? Quels sont les sujets principaux d'insatisfaction ou d'inquiétude des parents et des professeurs à son sujet ? Que lui reproche-t-on ? Approuve-t-il cette démarche ? En espère-t-il quelque chose ? On peut lui demander alors s'il y a quelque chose dans sa vie qui le préoccupe personnellement, qui l'inquiète ou lui fait peur. «Aimerais-tu que certaines choses changent chez toi, chez tes parents, chez tes professeurs, à l'école?» Voilà une question que je ne manque jamais d'utiliser dans mes rencontres exploratrices avec les enfants. Quand ils sentent une réelle préoccupation à les aider, les enfants répondent abondamment à cette question et révèlent souvent sans inhibition leurs inquiétudes et leurs souhaits de changement.

Même s'ils ne sont pas toujours abordés dans l'entrevue initiale, certains «aspects problèmes» de la vie des enfants doivent être touchés afin d'accumuler suffisamment de matériel pour un diagnostic honnête. Mais cette partie de l'entrevue avec l'enfant ne doit avoir de systématique que l'ensemble des domaines à explorer. L'interviewer doit donc se comporter tout naturellement et témoigner encore plus visiblement sa préoccupation au bien-être de l'enfant, même s'il doit s'engager dans un secteur plus rigide de son enquête. Je suggère, pour réaliser cette tâche sans trop risquer d'escamoter des aspects indispensables à l'exploration diagnostique, l'utilisation d'un guide questionnaire compris dans l'entrevue psychiatrique de Rutter. Ce guide, composé de quelque vingt-cinq points à inventorier, ne doit être considéré que comme un «canevas» d'enquête. On doit s'en servir très librement, et surtout sans que l'enfant puisse percevoir en aucun moment son caractère systématique. C'est ainsi qu'il est recommandé de passer d'une partie à l'autre de son contenu, selon les circonstances de l'entrevue et les dispositions de communication de l'enfant. Même si chaque point suggéré est indispensable à l'enquête, il est nécessaire de modifier la phraséologie des questions et d'adapter chacune d'elles aux caractéristiques personnelles de l'enfant examiné. Les questions peuvent ainsi prendre un ordre et une sémantique différents pour chaque sujet selon ses dispositions propres.

Les données recueillies ainsi de façon tout à fait informelle et libre peuvent être beaucoup plus avanta-

geusement résumées et interprétées lorsqu'on les enre-
gistre systématiquement sur une feuille de protocole telle
que celle suggérée par Rutter et al*.

Ces sujets d'exploration, qui couvrent une partie
importante de l'état mental présent de l'enfant, peuvent
être abordés par des questions appropriées ou simplement par l'observation attentive de l'enfant pendant
l'entrevue.

Guide de questionnaire

	Aucun 1	Léger 2	Marqué 3	Inconnu 0
1. *Appréhension en en-trant dans le bureau*	1	2 ⒷⒶ	3	0
2. *Appréhension au su-jet d'autres choses*	1 ⒷⒶ	2	3	0
3. *Expression d'anxiété*	1	2 Ⓑ	3 Ⓐ	0
4. *Expression triste ou misérable*	1 ⒷⒶ	2	3	0
5. *Expression de sur-prise ou d'incompré-hension à l'entrevue*	1 ⒷⒶ	2	3	0
6. *Fébrilité*	1 ⒷⒶ	2	3	0
7. *Relations adéquates avec les pairs* (telles que décrites par le sujet)	1 Ⓑ	2	3 Ⓐ	0

---

* Des références aux cas de Bernard et André sont représentées dans
  ce protocole par les initiales des sujets.

	Aucun 1	Léger 2	Marqué 3	Inconnu 0
8. *Préoccupé par des sujets anxiogènes* (on ne tient compte ici que des remarques spontanées du sujet)	1 Ⓑ	2	3 Ⓐ	0
9. *Préoccupé par des sujets déprimants* (on ne tient compte ici que des remarques spontanées du sujet)	1 Ⓐ	2	3 Ⓑ	0
10. *Préoccupé par des sujets agressifs* (on ne tient compte ici que des remarques spontanées du sujet)	1 ⒶⒷ	2	3	0
11. *Expression de larmes*	1 ⒶⒷ	2	3	0
12. *Tension musculaire* (mâchoires serrées, assis sur le bord de la chaise, s'agrippe aux bras de la chaise ou au bord de la table, se serre les mains ensemble)	1 Ⓐ	2	3 Ⓑ	0
13. *Maniérismes* (mouvements stéréotypés incluant: tics, grimaces, manipulations de parties du corps (doigts, mèche de cheveux, etc.), se ronger les ongles,				

	Aucun 1	Léger 2	Marqué 3	Inconnu 0
se balancer sur sa chaise, sauter sur place, se toucher le nez ou les oreilles, taper les doigts sur la table, se lever, spasmes respiratoires, tousser, etc.)	1 (A)	2	3 (B)	0

14. *Hyperkinétisme ou intensité de l'agitation physique*

1. Définitivement *hypo-actif*. Très peu de mouvements spontanés.
2. *Normal :* l'enfant reste assis sur sa chaise tout au long de l'entrevue jusqu'à ce qu'on lui demande de bouger.

(A) 3. *Tendance légère* à l'hyperkinétisme. L'enfant se lève de sa chaise spontanément au moins une fois alors qu'il devrait être assis.
4. *Définitivement hyperkinétique.* Se lève plusieurs fois de sa chaise et se promène dans la pièce alors qu'on lui demande de rester assis.

(B) 5. *Très hyperkinétique.* Non seulement se lève souvent de sa chaise et se promène dans la pièce, mais a un « tempo » d'activité très rapide.

15. *Agitation corporelle* (Fidgetiness)
(À l'exclusion des tics)

(A) 1. Ne se tortille pas sur place.
2. Bouge ses bras et se tortille occasionnellement mais reste tranquille la plupart du temps.

Ⓑ 3. Se tortille, bouge son corps et ne reste pas en place pendant presque toute l'entrevue.

0. Inconnu.

16. *Capacité d'attention soutenue et de persistance à la tâche*

1. Persiste à la tâche jusqu'à ce qu'elle soit complétée. L'enfant peut être occasionnellement distrait mais il revient spontanément à la tâche.

Ⓐ 2. Doit être *occasionnellement rappelé à la tâche,* mais obéit facilement.

Ⓑ 3. Doit être *continuellement rappelé à la tâche* tout au long de celle-ci.

4. Inconnu.

17. *Distractibilité*

Ⓐ 1. N'est pas distrait par les stimuli réguliers de la situation d'examen. Momentanément distrait par des stimuli inhabituels à la situation. Revient à la tâche seul.

2. *Occasionnellement distrait* par les stimuli habituels de la situation. Distrait de façon répétée par stimuli inhabituels.

Ⓑ 3. *Continuellement distrait* par les stimuli habituels de la situation. Très distrait par tout ce qui se passe d'irrégulier dans la pièce et en dehors de celle-ci.

4. Inconnu.

18. *Irritabilité.* Tendance à réagir agressivement ou explosivement.

Ⓐ Ⓑ 1. *Niveau normal* d'irritabilité.

2. *S'irrite occasionnellement* pendant l'entrevue. Surtout en relation avec la tâche d'examen ou à cause d'allusions à des situations chargées d'émotivité de sa vie.

3. *Définitivement irrité* durant l'entrevue. Sans relation nécessaire à la tâche ou au contenu des questions.

4. *Très irritable* tout au long de l'entrevue. Crises de colère, crie agressivement, très ouvertement hostile à la situation.

19. *Anxiété apparente.* Manifestation d'insécurité et de crainte non déguisée. Se servir aussi, pour évaluer le niveau d'anxiété, des remarques du sujet, de l'observation de sa tension musculaire, de tremblements et de son degré de préoccupation devant la mention de certains aspects de sa vie.

Ⓑ   1. *Très peu* ou pas d'anxiété.

2. *Un peu* d'anxiété.

Ⓐ   3. *Anxiété marquée* et très facilement provoquée.

4. Inconnu.

20. *Niveau d'expression des émotions.* L'enfant est-il capable d'exprimer adéquatement ses émotions pendant l'entrevue.

Ⓐ Ⓑ   1. L'enfant exprime *normalement* ses émotions durant l'entrevue. Il démontre une gamme considérable de réactions émotives positives et négatives selon les situations évoquées par l'interviewer.

2. *Réponse émotive limitée.* Évidence nette de réponse émotive appropriée mais expression de restrictions à s'impliquer émotivement devant certains sujets.

3. *Restriction émotive prononcée* à la situation d'examen. Il est difficile pour l'interviewer de pénétrer l'émotivité du sujet et de savoir ce qu'il ressent.

21. *Qualité de la relation avec l'examinateur (interviewer).*

Ⓐ Ⓑ   1. *Bon rapport* facilement établi et maintenu.

2. Difficulté à établir et à maintenir un bon rapport.
3. *Aucune* possibilité d'établir un rapport de communication. Démonstration nette de retrait de la situation d'entrevue. Expression de négativisme, de belligérance, etc.

22. *Qualité de l'humeur générale.* Basée sur l'expression faciale, le ton larmoyant, la préoccupation par des sujets déprimants, l'apathie ou la mélancolie.

1. *Aucune* attitude dépressive ; l'humeur générale est élevée.

(A) 2. Humeur générale *normale* ou près de la normale, mais le sujet semble triste à la mention de certains sujets comme le manque d'amis ou les faibles résultats scolaires.

(B) 3. *Généralement déprimé* durant toute l'entrevue.
4. Inconnu.

23. *Désinhibition.*

(B) 1. Le sujet fait preuve d'une *réserve appropriée* à une rencontre avec un adulte nouveau.

(A) 2. Le sujet traite l'interviewer *d'une façon amicale* sans trop de réserve. Plutôt désinhibé dans la situation d'entrevue.

3. Le sujet traite l'interviewer *comme un ami* de longue date du même âge que lui. Manifestations d'amitié exagérées pour une situation d'entrevue. Fait des remarques familières au sujet de l'ameublement ou des vêtements de l'examinateur.

4. *Aucun respect* pour l'interviewer ou la situation d'entrevue. Organise la séance selon ses propres intérêts sans se préoccuper des demandes de l'adulte.

Manque de respect et de sympathie pour la situation d'entrevue.

5. Inconnu.

24. *Commentaires spontanés*

(A)   1. Au moins quatre commentaires sponta-
        nés durant l'entrevue.
(B)   2. Une à trois remarques spontanées.
        3. Aucun commentaire spontané.
        4. Inconnu.

25. *Qualité du langage*

(A) B   1. Normal.
        2. Défauts d'articulation seulement.
        3. Défauts d'exécution (aphasie, écholalie, retard de parole, bégaiement).
        4. Défauts d'articulation et d'exécution du langage.
        5. Inconnu.

26. *Compréhension du langage*

(A)(B) 1. Normale.
        2. Légèrement anormale.
        3. Anormalité prononcée.
        4. Inconnu.

27. *Capacité de sourire*

(A)   1. Sourit de façon appropriée à la circon-
        stance.
(B)   2. Sourit occasionnellement.
        3. Pas ou très peu de sourire. Attitude triste et malheureuse.
        4. Inconnu.

L'examinateur ne doit pas hésiter à avoir recours à d'autres séances afin de pouvoir se prononcer sur la grande majorité des aspects énumérés dans le guide. Avant de passer au bilan psychomoteur, qui constitue l'instrument d'exploration le plus approprié à l'établissement du diagnostif différentiel entre les deux types d'hyperactivité, l'interviewer doit s'employer à sonder les perceptions que se fait l'enfant de son problème d'hyperactivité. En est-il conscient ? En est-il malheureux ou indifférent ? Sent-il le besoin de s'améliorer ? Il est aussi nécessaire d'évaluer déjà au niveau de l'entrevue avec l'enfant ses chances de bien réagir à un traitement. Et une bonne façon de réaliser ce but, c'est d'explorer l'intensité de sa souffrance personnelle vis-à-vis de son problème. Qu'est-ce que l'hyperactivité lui fait perdre sur le plan scolaire, social, familial ? A-t-il l'air d'en souffrir suffisamment pour avoir la motivation de participer positivement à un traitement ? Voilà quelques inter-rogations auxquelles on trouve habituellement des réponses à partir des questions suivantes : « As-tu beau-coup d'amis ? Dans le quartier ? À l'école ? Te sens-tu souvent seul ? Participes-tu à des batailles ? Est-ce qu'on t'agace ou te bouscule dans la cour de l'école ou ailleurs ? Es-tu mis de côté plus souvent qu'à ton tour par les camarades ? T'entends-tu bien avec tes frères et sœurs ? Si tu te chicanes avec eux, est-ce que c'est sérieux ou pour rire ? »

Après ces quelques questions concernant ses inter-relations sociales, il convient de s'informer au sujet de son anxiété, de ses inquiétudes, de ses appréhensions, de la possibilité de cauchemars ou de peurs irrationnelles. On doit lui demander s'il y a vraiment quelque chose qui le met en colère ou le rend triste. Par exemple, on peut lui poser les questions suivantes : « La plupart des. gens s'inquiètent au sujet de quelque chose. Qu'est-ce qui t'inquiète le plus toi-même ? Y a-t-il un sujet d'inquiétude dont tu ne peux te débarrasser ? Est-ce qu'il t'arrive de rester éveillé la nuit en pensant à quelque chose ? Est-ce qu'il t'arrive d'entendre des choses épeurantes la nuit ? As-tu des pensées qui te font peur ? »

Lorsqu'on obtient des réponses satisfaisantes à ces questions, on peut poursuivre en lui demandant s'il lui arrive d'en « avoir assez » quelquefois. « Est-ce que tu te sens vraiment malheureux ou triste dans certaines cir-constances ? Lesquelles ? Y a-t-il des choses qui te font vraiment peur ? Est-ce que tu te sens assez malheureux parfois pour avoir envie de t'en aller tout seul ou d'aller te cacher quelque part ? Te sens-tu souvent comme cela ?

Qu'est-ce qui te décourage le plus à l'école ou à la maison?» On peut alors poursuivre cette ligne de pensée et lui demander ce qu'il aime le moins et le plus à la maison et à l'école. «Y a-t-il quelque chose que tu voudrais changer à la maison? À l'école? Aimes-tu les règlements de la maison? Sont-ils justes? Est-ce que tu es traité comme tes frères et sœurs?» C'est ainsi qu'on peut aussi lui demander ce qu'il aime le plus et le moins faire à la maison et à l'école. «Qu'est-ce que tu trouves le plus facile et le plus difficile à réaliser à l'école? Aimes-tu tes professeurs? Est-ce qu'ils t'aiment eux-mêmes? Pourquoi?» On peut aussi lui demander s'il croit être aussi doué que les autres élèves de sa classe. «Combien d'entre eux sont meilleurs que toi? Combien sont moins bons que toi?» Il faut enfin ne jamais terminer une entrevue destinée à explorer l'existence d'hyperactivité sans demander à l'enfant s'il croit «bouger trop ou plus» que les autres à la maison et à l'école. «As-tu de la difficulté à rester assis pendant la classe? Parles-tu plus que les autres? Pourquoi? As-tu de la difficulté à te concentrer sur un travail donné? Pourquoi?»

Il va sans dire que l'interviewer doit expliquer à l'enfant toutes les questions qu'il ne comprend pas. Il arrive parfois que l'enfant est trop jeune pour être soumis à une entrevue basée sur une communication verbale constante. Il est préférable dans ce cas d'essayer d'explorer son psychisme par l'intermédiaire d'une situation de jeu. On doit alors choisir des jeux et des jouets bien adaptés à l'âge, au sexe et aux caractéristiques sociales de l'enfant. Une sélection limitée de jouets (papiers, crayons, poupée, balle, auto, etc.) est préférable à l'abondance qu'on retrouve dans certaines salles de thérapie. Il faut surtout éviter de provoquer trop d'excitation chez le sujet pendant la situation d'entrevue. J'ai souvent recours dans cette circonstance au «dessin du bonhomme» ou de la famille pour mettre un sujet à l'aise. La grande majorité des enfants réagissent très positivement à une consigne de dessin libre. Il est d'ailleurs possible et recommandable d'utiliser ces productions graphiques pour évaluer la qualité de son exécution manuelle et sa persistance dans une tâche motrice simple. On peut enfin utiliser cette activité calmante et familière pour la plupart des enfants comme une transition appropriée à l'examen psychomoteur qui suit.

Bilan psychomoteur

Après la rencontre avec les parents et l'entrevue libre avec l'enfant, l'examinateur possède habituellement suffisamment d'informations pour répondre à la première question qu'on doit se poser dans l'établissement d'un diagnostic différentiel d'hyperactivité; c'est-à-dire «les principaux symptômes du syndrome hyperactif constituent-ils la partie essentielle des problèmes actuels de l'enfant?» Dans la plupart des cas, les parents sont capables d'apporter une description utilisable du degré d'hyperkinétisme de leur enfant, ainsi que de l'intensité de sa distractibilité et de son impulsivité. Il faut cependant quelquefois rechercher un supplément d'information chez les professeurs pour préciser la nature de son incapacité d'attention ainsi que de son excitabilité aux stimulations sensorielles ou sociales. Cependant il est encore impossible à ce point de l'enquête de se prononcer avec suffisamment de certitude sur la sorte d'hyperactivité vécue par le sujet. Bien que les symptômes cardinaux de l'hyperactivité ne s'expriment pas de la même façon dans les deux formes du syndrome, il faut attendre les résultats d'un examen de la neuro-motricité pour établir un diagnostic vraiment différentiel apte à orienter un traitement efficace. Il est évident que les contacts établis avec l'enfant lors de l'entrevue libre nous ont déjà suggéré des indices au sujet de son allure psychomotrice générale. Dans certains cas, sa démarche pataude et raide en entrant dans le bureau d'examen nous porte naturellement à penser à une hyperactivité avec déficit moteur. Cette impression devient d'ailleurs plus forte lorsqu'il est incapable de se détendre pendant l'entrevue et que ses moindres mouvements se font dans un contexte rétréci et sans souplesse. Mais il faut résister à la tentation d'établir un diagnostic hâtif parce que de notre décision peut dépendre la qualité de l'amélioration des symptômes de l'enfant. L'émotivité provoquée par la rencontre avec un étranger dans une situation d'examen à caractère médical peut facilement provoquer suffisamment de tension musculaire passagère pour donner au sujet une apparente maladresse qu'il ne faut pas confondre avec un déficit moteur chronique. Et puisque je crois que la différence principale entre les deux types d'hyperactivité réside dans la présence dans l'un des deux d'un déficit neuro-moteur évident, il n'en est que plus indispensable de compléter la rencontre diagnostique avec l'enfant par un examen systématique de cet aspect de son développement. On ne doit jamais conclure à une hyperactivité constitutionnelle à partir d'une simple impression de difficulté de réalisation motrice chez un enfant. Un examen individuel approfondi est souvent la seule façon d'arriver à distinguer avec certitude un retard moteur véritable de la gaucherie apparente provoquée par l'agitation constante et l'absence d'apprentissage moteur de certains enfants instables socio-affectifs. Ces derniers n'ont tout simplement pas le temps, à cause de leur distraction et de l'intensité de leur hyperkinésie, d'acquérir les gestes nécessaires aux réalisations motrices requises dans l'apprentissage et même dans les jeux. Les parents et les professeurs sont souvent confondus par cette apparente maladresse qui n'est souvent en réalité qu'une simple ignorance des praxies habituelles de la vie. Un bilan psychomoteur sérieux peut rendre presque inexistante cette possibilité de confusion très préjudiciable à l'établissement du diagnostic.

L'examen des fonctions neuro-motrices proposé dans les pages suivantes est particulièrement adapté à la recherche d'un déficit moteur significatif chez l'enfant hyperactif. Il doit de plus permettre à un examinateur ne faisant pas nécessairement partie de la profession médicale de reconnaître la présence de ce qu'on appelle régulièrement «les signes légers d'organicité», puisque ces derniers forment avec le retard moteur la caractéristique essentielle de l'hyperactivité constitutionnelle. En conséquence de cette vocation spécialisée, le bilan sera épuré de certains examens neurologiques et moteurs qu'on utilise normalement dans le diagnostic des désordres neurologiques classiques et de certains autres troubles psychomoteurs comme la débilité motrice, l'inhibition psychomotrice, les tics et les dyspraxies, etc. Bien entendu, comme pour tout bilan, l'examinateur se propose d'exposer les possibilités neuro-motrices du sujet, mais justement parce qu'il doit faire une distinction précise entre deux expressions différentes d'une pathologie, l'accent de l'examen doit porter sur l'existence des stigmates classiques de la débilité motrice parmi la symptomatologie hyperactive présentée. La séquence d'examen qui me permet actuellement d'évaluer avec précision les possibilités neuro-motrices des enfants hyperactifs est composée de deux parties principales : une évaluation clinique de l'appareil neuro-moteur et un inventaire psychométrique de la motricité en général.

I. *Examen de l'appareil neuro-moteur*

Cette première partie du bilan psychomoteur s'adresse particulièrement à l'exploration du « tonus de fond » et du « tonus induit » de l'enfant. C'est à ce moment que l'examinateur doit s'appliquer à évaluer la disponibilité de l'appareil neuro-musculaire du sujet aussi bien au repos dans un état de passivité (tonus de fond), que dans l'action induite volontairement ou involontairement (tonus induit). La connaissance de l'état permanent de tension musculaire d'un enfant à un âge donné de son développement est indispensable à l'évaluation de ses capacités motrices manuelles et corporelles. Sans possibilités suffisantes de décontraction de ses muscles, il est très difficile pour lui de réaliser l'ensemble des gestes habituels de la vie. Ces derniers exigent en effet un synchronisme parfait des divers articulations et segments du corps pour leur réalisation. Sans cette action coordonnée de plusieurs groupes musculaires, la fluidité des mouvements est irréalisable. Et cette « coopération » entre les muscles et les articulations n'est rendue possible au cours du développement humain que par la capacité de décontraction et de contraction musculaires. Cette synergie fonctionnelle des mouvements, qui dépend essentiellement du mûrissement normal du système nerveux central est donc rendue très difficile et même impossible lorsque, pour une raison ou une autre, un retard se présente dans le cours de cette maturation. Les dysfonctions neuro-biochimiques que Wender soupçonne dans le systène nerveux central de «certains» enfants hyperactifs pourraient fort bien occasionner cette pauvreté de maturation qui rend leur dissolution musculaire presque irréalisable. La maladresse des mouvements volontaires n'est à mon avis que la conséquence de cette incapacité de décontraction des muscles. La coordination musculaire dépend essentiellement de cette disponibilité de l'appareil neuro-musculaire qu'on peut mesurer en examinant l'état du tonus permanent et du tonus induit. Puisqu'il s'agit ici d'évaluer des variations de tension musculaire dans les divers segments du sujet, il sera difficile de quantifier précisément les résultats obtenus. C'est pour cette raison que cette première partie du bilan psychomoteur prend la forme d'un examen purement clinique. La qualité et la précision des mesures obtenues dépendent donc de l'expérience clinique de l'examinateur et surtout de sa préoccupation à respecter les consignes forcément peu systématisées des divers examens. On est loin de la précision caractéristique de certains tests psychométriques. Raison de plus pour que chaque examinateur essaie d'introduire le plus possible de continuité et de stéréotypie dans sa technique d'examen.

A) *Tonus de fond*

Si le lecteur se reporte au deuxième chapitre de cet ouvrage consacré à la description des deux types d'hyperactivité, il pourra renouveler à son esprit que la «paratonie» est présentée comme étant le symptôme le plus important dans un cas de débilité motrice. Cette «impossibilité de réaliser volontairement la résolution musculaire» est à la base de tout déficit moteur d'importance. La préhension manuelle et la marche, naturelles à la majorité des enfants, deviennent presque irréalisables chez les sujets paratoniques. Comment est-il possible en effet d'ouvrir la main et de replier les doigts sur un objet alors que tous les muscles concernés par ces mouvements ne peuvent obéir aux diverses commandes de contraction et de décontraction transmises pour leur réalisation par le cerveau. Il en est de même pour la synergie musculaire complexe exigée dans la marche. La démarche pataude et embourbée du débile moteur constitue probablement le meilleur exemple de l'influence de la paratonie sur la motricité globale.

Or on sait déjà que le développement du tonus permanent dépend de la maturation du système nerveux central, lui-même conditionné par le facteur immuable et endogène qu'est la myélinisation. Ce n'est que lorsque les nombreux neurones du cerveau sont myélinisés et que les centres sous-corticaux sont mis sous contrôle par le cortex, que se produit la disparition graduelle de la motricité primitive et archaïque des premiers moments de la vie. La raideur ou hypertonie du nouveau-né disparaît en même temps que les réflexes archaïques et le mode de réaction anarchique de cette première période de motricité très peu diversifiée. Le nouveau-né est ainsi hypertonique jusqu'à trois mois, puis cette hypertonie physiologique ou normale diminue progressivement de trois à douze mois. À un an, le nourrisson est plus hypotonique que l'adulte. Il a acquis pour le reste de la vie déjà à cet âge la capacité de détendre volontairement et involontairement l'ensemble de sa musculature. Bien entendu, cette capacité de résolution musculaire augmente et se raffine avec l'âge. C'est pour cette raison que l'examen de la disponibilité du tonus de fond doit se faire dans un contexte génétique. À partir de trois ans, on peut dire que le tonus est semblable à celui de l'adulte et permet la même variété de mouvements. Lorsqu'on évalue la neuro-motricité d'un enfant de plus de trois ans, on doit donc s'attendre, dans une circonstance normale, à une disponibilité qui se rapproche de celle de l'adulte. La première préoccupation d'un examen neuro-moteur est naturellement d'étudier la possibilité physiologique de relâchement musculaire. Cette exploration doit se faire sur l'ensemble du corps et dans les positions les plus naturelles de la vie courante. On doit ainsi examiner la capacité de décontraction de l'enfant couché, debout et à l'occasion d'activités simples comme la marche et la course.

1. *Dans la position couchée*

Après avoir bien expliqué à l'enfant ce qu'on attend de lui, c'est-à-dire qu'on veut voir s'il est capable de se décontracter les membres (bras et jambes), de les rendre «lourds» ou «mous», on procède à une vérification de cette capacité de décontraction en soulevant délicatement certains segments de son corps et en les laissant tomber. On appelle ce contrôle de disponibilité musculaire «levée de segments». Il est important, pour bien apprécier cette fonction, que l'enfant se sente le plus à l'aide possible avant et pendant l'épreuve. Il faut agir avec beaucoup de douceur et sans brusquerie dans les manipulations de contrôle. La palpation des muscles peut déjà apporter des informations valables au début de l'exploration. Il faut de plus éviter de confondre la paratonie de fond permanente et pathologique de certains enfants, avec certaines réactions de surprise et de malaise provoquées par le caractère nouveau et surprenant de la situation d'examen. Ajuriaguerra parle même de plusieurs sortes de paratonie qu'il est intéressant de se rappeler avant une appréciation de la capacité de décontraction. Il distingue ainsi la paratonie normale des nourrissons d'avec la paratonie tardive et continuelle de certains enfants qui présentent des troubles de la maturation neuro-musculaire allant de pair avec un retard de l'ensemble du développement moteur et vécus comme une contrainte. Mais il s'applique surtout à distinguer cette dernière forme d'impossibilité chronique de dissolution musculaire d'avec une paratonie dite de «prestance» dans laquelle on retrouve ce rétréci individuel des contacts affectifs plus émouvants. La motricité est alors vécue comme une lutte, avec le raidissement de la surprise, de la défense globale ou du sursaut. Ces réactions de raidissement généralisé à l'occasion de certaines situations peuvent durer assez longtemps, mais disparaissent toujours et ne doivent en aucune façon être confondues avec la paratonie plus permanente et durable. C'est surtout pour cette raison qu'il faut bien préparer l'enfant à l'examen et souvent reprendre plusieurs fois l'exploration avant de se prononcer définitivement.

a) *Bras*

L'examinateur peut commencer par exercer le contrôle au niveau du bras. Deux manipulations sont recommandées à cette occasion. La première évalue le degré de décontraction du bras entier et s'exécute en soulevant le bras au niveau du coude et en l'éloignant légèrement du corps. La lourdeur du membre et la qualité de sa chute quand on le laisse tomber après quelques moments, indiquent l'intensité de la décontraction. L'exercice est répété sur le membre opposé. L'autre type de manipulation mesure le degré de décontraction des groupes de

muscles qui entourent l'articulation du coude. Elle consiste à saisir le poignet fermement et à le soulever d'environ quinze degrés du sol. La décontraction est alors indiquée par la flexion de l'articulation du coude et conséquemment par la chute de l'avant-bras quand on laisse tomber le membre. Il va sans dire que la paratonie ou l'impossibilité de décontraction volontaire des muscles concernés se constate par la raideur du bras entier et surtout par l'absence de flexion au niveau du coude. La paratonie est encore plus intense lorsque le bras reste soulevé quand on l'abandonne pour provoquer une chute.

b) *Jambes*

Le contrôle de la capacité de décontraction au niveau des jambes consiste à soulever chaque jambe en la saisissant avec les deux mains au niveau du creux poplité et en la soulevant de quelques degrés (quinze à

vingt). Lorsque la flexion se fait facilement au niveau du genou et que le talon traîne sur le sol, on peut conclure à une bonne capacité de décontraction. La paratonie est soulignée par l'absence de flexion au niveau du genou et surtout par la pauvreté de la chute vers le sol. J'ai vu des cas où la crispation des jambes était suffisamment forte pour empêcher celles-ci de retomber vers le sol lorsque je les laissais tomber. Il n'est pas rare non plus que la contraction soit assez intense pour être accompagnée de tremblement. La paratonie est alors très intense et la plupart du temps augmentée par de l'anxiété chez le sujet.

c) *Tête*

La capacité de décontraction des muscles du cou peut être appréciée en position couchée en imprimant avec les mains placées de chaque côté de la tête un mouvement de balancement latéral. La souplesse de la rotation témoigne de la capacité de détente de ce groupe important de muscles.

Bernard: Difficulté importante de décontraction au niveau des bras, des jambes et du cou malgré une évidente acceptation de la situation d'examen. La paratonie est particulièrement intense au niveau des jambes. Aucune flexion au niveau des genoux après plusieurs contrôles.

André: Décontraction facile et complète à tous les niveaux. Aucune paratonie.

2. *Dans la position debout*

Après l'inventaire de la possibilité de détente musculaire en position couchée, on indique à l'enfant qu'on désire voir s'il peut se décontracter aussi quand il est debout. On lui demande alors de laisser tomber ses bras le long de son corps comme s'il s'agissait de « cordes » ou de « pièces d'étoffe » (guenilles). On peut utiliser aussi les expressions de « bras mous ou flasques ». La passivité des membres peut alors être évaluée par le test du « ballant de segments ». Il s'agit d'un contrôle de décontraction qui est basé sur la capacité de flexion des diverses articulations des membres distaux. En effet, si les groupes de muscles qui entourent les articulations des épaules, des coudes, des poignets et des genoux permettent une flexion facile et souple, il est alors possible d'imprimer un mouvement de balancement aux segments reliés par ces articulations. La possibilité de balancement devient alors l'indice de la décontraction et met clairement en évidence l'absence de raideur au niveau du membre mobilisé par l'examinateur. Lorsque ce dernier imprime une impulsion de balancement au niveau d'un segment (bras, avant-bras, main), la paratonie se manifeste d'abord par l'absence de flexion au niveau de l'articulation adjacente, ainsi que par l'absence de balancement libre du segment. Il y a alors une impossibilité de relâcher volontairement les muscles impliqués par le mouvement. À la place du relâchement désiré s'installe plutôt une contracture souvent d'autant plus irréductible que le sujet fait plus d'effort pour la vaincre.

Chez l'enfant, à la naissance, le ballant d'un membre ou segment de membre est nul. Il existe, par contre, un ballant de la tête et du bassin sur la colonne. Le ballant de membre reste nul pendant les deux premiers mois et, vers le troisième, apparaissent les ébauches d'une certaine passivité. À l'âge de neuf mois, on obtient le ballant facilement chez tous les enfants, au moins en ce qui concerne les segments distaux (bras, jambes). Dès que la mobilité volontaire apparaît, les enfants présentent des réactions de raidissement lors de la mobilisation. Plus tard, le ballant peut être diminué par une opposition globale de raidissement à tout déplacement. La possibilité de faire balancer un segment de membre ne dépend donc pas seulement d'une évolution génétique. Lorsqu'on exécute le test du « ballant de segment », il faut se rappeler que la qualité du balancement ne dépend pas uniquement des capacités neuro-motrices du sujet, mais aussi du développement de sa personnalité et de sa maturation émotivo-affective. Le balancement est ainsi appauvri, et même rendu impossible chez un enfant très ému par la situation d'examen ou par d'autres circonstances de sa vie présente. Il s'agit alors de paratonie de prestance qui ne représente aucune valeur dans l'étude du tonus permanent. Cette disponibilité de l'appareil neuro-musculaire s'apprécie à trois niveaux des bras et aux genoux.

a) *Au niveau des épaules*

Une fois que l'enfant a bien compris qu'il doit se laisser faire et laisser pendre ses bras passivement le long de son corps, l'examinateur placé de préférence derrière lui le saisit fermement au niveau des épaules et imprime à son torse un mouvement de rotation de quelques degrés sur l'axe central du corps. Ce mouvement de va-et-vient provoque normalement un balancement dans les deux bras qui ressemble au tracé d'un pendule. Si le degré de décontraction est suffisant, le balancement ira en diminuant graduellement jusqu'à l'immobilité complète. La paratonie est caractérisée dans cet exercice par l'absence de balancement, et surtout lorsque les bras ne font que suivre avec raideur l'angle de rotation du corps. Il ne faut pas confondre la réussite à ce contrôle indiquée par un bon balancement décroissant avec le balancement conservant toujours la même amplitude de l'enfant qui veut bien faire et « participe » trop activement à l'exercice. Il peut fort bien s'agir dans ce cas d'une paratonie déguisée par un mouvement d'imitation.

b) *Au niveau des coudes*

Un mouvement de faucille est imprimé au bras saisi au-dessus du coude. L'avant-bras subit alors une impulsion de balancement qui dépend de la détente des muscles qui entourent le coude et permettent sa flexion. La paratonie est illustrée ici par l'absence de balancement de l'avant-bras dans un geste de « fauchement ». Le membre reste rigide et aucune flexion ne se produit au niveau du coude.

c) *Au niveau des poignets*

La possibilité de décontraction au niveau de la main et du poignet peut être évaluée lorsque l'examinateur tient l'avant-bras du sujet au-dessus du poignet et secoue ainsi légèrement la main dans un mouvement de va-et-vient. La bonne disponibilité musculaire de cette région est représentée alors par un balancement libre de la main. Quand, au contraire, la main reste immobilisée dans l'axe du bras, on doit conclure à de la paratonie. Cette dernière forme d'incapacité de décontraction volontaire est fréquemment présente en l'occurrence d'un retard de motricité fine ou manuelle et de troubles de l'exécution de l'écriture (dysgraphie).

d) *Au niveau des genoux*

On demande à l'enfant assis sur une table de laisser pendre passivement ses jambes. On imprime alors aux jambes, au niveau des talons, une impulsion légère. Un mouvement de balancement doit être la conséquence normale de ce geste. La décontraction des muscles qui entourent les genoux et qui permettent les flexions nécessaires à la marche peut être alors facilement appréciée. Un retour immédiat de la jambe à sa position initiale (sans balancement) constitue l'indice le plus fréquent de paratonie. L'incapacité de détente est cependant encore plus évident lorsque la jambe reste en l'air après l'impulsion. La paratonie est tellement sévère chez certains enfants débiles moteurs profonds qu'il est presque impossible de plier leurs membres à partir des manipulations décrites plus haut.

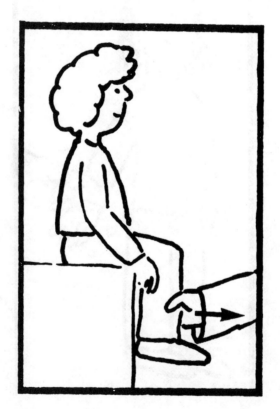

Bernard: Bien qu'il semble très à l'aise dans la situation d'examen et manifeste ouvertement son désir de participer aux exercices suggérés, il est impossible d'imprimer un balancement libre aux membres de Bernard, et cela à tous les niveaux de contrôle. À cause de son désir évident de plaire à l'adulte, il provoque à l'occasion des mouvements de balancement que l'examinateur doit interrompre lui-même. Cette participation rend d'ailleurs son incapacité de décontraction volontaire encore plus évidente. On doit conclure à une paratonie considérable.

André: Un ballant souple et naturel est présenté à tous les niveaux de contrôle. Aucun indice de paratonie présent.

B) *Tonus induit*

Après avoir exploré soigneusement l'état permanent de l'appareil neuro-musculaire du sujet, il convient maintenant d'évaluer l'effet ou l'influence du mouvement sur ce même tonus de fond. «Qu'arrive-t-il au tonus musculaire lorsqu'un mouvement quelconque est initié par l'enfant?» Cette partie de l'examen neuro-moteur consiste à étudier la disponibilité des membres devant l'induction d'un geste. Obéissent-ils facilement pour une exécution adéquate ou sont-ils plutôt contrariés et bloqués par des modifications inappropriées de tension? La maladresse des hyperactifs constitutionnels n'est pas uniquement provoquée et entretenue par une paratonie persistante, mais dépend aussi de certaines impossibilités de réalisation au niveau du tonus induit. Or ces difficultés d'exécution des gestes habituels de la vie peuvent se présenter sous plusieurs formes et investir des parties diverses de l'organisme. J'ai donc choisi de les explorer en insistant particulièrement sur les domaines de l'exécution motrice les plus fortement influencés par les variations du tonus. C'est ainsi que le premier aspect touché par l'examen sera la capacité de dissociation des mouvements. L'appréciation des syncinésies toniques et tonico-cinétiques est le moyen habituellement utilisé pour explorer cette fonction primordiale de la motricité en général. Sans une bonne dissociation entre les gestes des différentes parties du corps, aucune coordination n'est possible. Et justement, l'examen portera en deuxième lieu sur les possibilités de coordination motrice du sujet. Enfin, une difficulté au niveau du tonus induit peut aussi se manifester par une impossibilité à retenir le geste ou à maintenir une stabilité motrice suffisante. Et puisque cette anomalie concerne plus directement l'hyperactif et sa capacité de rétention motrice, j'ai décidé d'en inclure l'observation dans l'examen neuro-moteur.

1. *Étude de la dissociation motrice* (Recherche de syncinésies)

Pour bien comprendre le bien-fondé des techniques suggérées dans cette portion de l'examen, le lecteur aurait tout avantage à revenir à la description des syncinésies et de leur évolution apportée au deuxième chapitre de cet ouvrage. Il y retrouverait l'insistance de Dupré sur l'importance des syncinésies comme signe d'un retard de développement moteur. Toute modification survenue dans une partie du corps, cou, membres, entraîne solidairement un changement de l'état tonique des autres parties, une modification du tonus induit qui empêche la réalisation du mouvement esquissé. Du point de vue clinique, il convient de distinguer deux sortes de syncinésies : la *syncinésie de diffusion tonique* ou de *raidissement généralisé*, et la *syncinésie de diffusion tonico-cinétique* ou d'*imitation du mouvement*. Les études génétiques permettent de mettre en évidence que les deux formes de syncinésies n'ont pas la même signification. Les syncinésies tonico-cinétiques ou imitatives du mouvement semblent en étroite liaison avec les stades génétiques successifs et leur présence peut être considérée comme normale jusqu'à douze ans. À partir de cet âge, les enfants ne présentent pratiquement plus ce type de syncinésies décroissantes. C'est leur présence après l'âge de douze ans, ou leur caractère exagéré, qui peuvent devenir significatifs dans la recherche de débilité motrice ou du déficit moteur typique de l'hyperactif constitutionnel. Elles ne sont donc pas pathologiques en elles-mêmes puisqu'elles s'observent chez les sujets normaux. Elles acquièrent une valeur dans le syndrome de débilité motrice ou dans l'hyperactivité constitutionnelle lorsqu'elles sont intenses, lorsqu'elles apparaissent trop rapidement et lorsqu'elles s'étalent trop largement. Dans ces conditions, elles constituent un véritable empêchement à toute coordination des mouvements des divers membres entre eux. Les syncinésies toniques, par contre, semblent en partie indépendantes du facteur évolution, existant à tous les âges chez un certain nombre de sujets. Il paraît en outre démontré que très fréquemment «les syncinésies toniques sont associées à la paratonie». Tous les hyperactifs constitutionnels avec déficit moteur de ma recherche démontraient cette association étroite entre paratonie et syncinésie tonique ou de raidissement généralisé. Leur présence simultanée chez un enfant hyperactif devient à mon avis l'indice principal d'un déficit moteur considérable et me porte à classifier cet enfant dans la forme constitutionnelle de l'atteinte. Ces syncinésies axiales considérées comme des signes neurologiques légers (soft signs) amènent des tensions toniques qui paralysent littéralement le mouvement. L'examinateur doit donc s'appliquer surtout à rechercher l'existence simple des syncinésies toniques, l'exagération et la rigidité des syncinésies d'imitation comme stigmates significatifs d'un déficit moteur d'importance. Cette enquête peut être réalisée de deux façons: le test de *diadococinésie*, communément appelé «test des marionnettes», et une appréciation de la capacité de dissociation dans le mouvement naturel.

a) *Test de diadococinésie* (marionnettes)

Ce test très simple, d'envergure internationale, consiste à provoquer chez le sujet des mouvement syncinétiques en lui donnant la consigne d'un geste très facile à reproduire. L'examinateur demande à l'enfant placé face à lui de replier son avant-bras sur son bras, le coude

près de son corps, de sorte que sa main soit à la hauteur de son épaule, et de faire tourner sa main ouverte avec vigueur. La main en mouvement de rotation doit rester dans le plan du corps et les doigts doivent être en extension et collés les uns aux autres. Il est recommandé que l'examinateur exécute le mouvement lui-même pour mieux illustrer la consigne. Si le sujet ne semble pas comprendre les instructions ou s'il prend une position erronée, on peut même l'aider en le plaçant soi-même et en imprimant les premiers mouvements de rotation de la main. La consigne doit être exécutée consécutivement par les deux mains et peut être répétée au gré de l'examinateur. Pendant l'exécution de ce mouvement volontaire, l'examinateur observe les réactions dans le corps entier du sujet, et particulièrement dans son membre opposé. Cette observation doit être suffisamment discrète et déguisée pour ne pas rendre l'enfant conscient des mouvements recherchés par l'examinateur. Le même exercice, surtout lorsqu'il est exécuté avec vigueur, peut entraîner solidairement des modifications dans l'axe du corps (tête, tronc, jambes) et dans le membre opposé. Il est donc possible d'observer en même temps chez le sujet l'expression des deux sortes de syncinésies tonique et tonico-cinétique.

La syncinésie *tonico-cinétique*, qui est en réalité une imitation, peut être observée en recherchant dans la main opposée la reproduction du geste demandé au sujet. Il s'agit alors d'un mouvement parasite qui peut prendre l'ampleur et l'intensité du mouvement volontaire. Les enfants normaux de six, sept ou huit ans, forment un groupe qui se caractérise par des syncinésies d'imitation importantes. Entre neuf et dix ans, ces mouvements parasites diminuent en intensité, et il est rare de les retrouver après douze ans. Leur diminution est progressive et physiologiquement normale. Chez le débile moteur, le mouvement reproduit est souvent plus ample que le mouvement désiré ou intentionnel. Il est rigide et saccadé, et entraîne souvent l'avant-bras dans son élan. Il ne diminue pas aussi progressivement avec l'âge et il n'est pas rare de le retrouver dans toute son intensité après douze ans et davantage. Il ne faut donc pas s'inquiéter d'une imitation syncinétique souple chez les enfants de moins de douze ans.

Il n'en est pas de même de la *syncinésie tonique* qui n'est pas une imitation, mais une augmentation souvent généralisée du tonus provoqué par un mouvement volontaire simple. On sait déjà que cette forme de syncinésie ne se retrouve que chez un petit nombre de sujets, qu'elle accompagne habituellement la paratonie et qu'elle constitue ainsi un des principaux stigmates de la débilité motrice. Le mouvement intentionnel de rotation de la main provoque dans l'axe du corps et dans le membre opposé une augmentation de tension musculaire qui se manifeste par un raidissement apparent et quelquefois même spectaculaire. Au niveau de la tête, la hausse subite de tension provoque une ouverture plus grande des yeux et une sortie légère de la langue sous forme de grimace. Le tronc peut se bomber ou s'arquer sous l'effort; et il n'est pas rare de voir la diffusion tonique atteindre les jambes qui se raidissent. Dans les cas les plus évidents, on voit alors les talons se soulever légèrement. La main opposée ne subit pas de mouvements d'imitation, mais se raidit en même temps que le bras. On peut voir alors le bras se replier et quitter le corps.

L'augmentation tonique généralisée provoquée par le mouvement volontaire simple devient alors très évident. Et il est facile de comprendre pourquoi les syncinésies toniques associées à la paratonie constituent la base de la maladresse des mouvements volontaires. Les syncinésies toniques imposent une véritable paralysie passagère chez l'enfant et bloquent toute possibilité de coordination des gestes des divers membres entre eux. L'hyperactif paratonique et syncinétique ne subit donc pas les mêmes contraintes de réalisation motrice que l'hyperactif socio-affectif capable de détente musculaire et de coordination motrice.

b) *Étude de la capacité de dissociation dans le mouvement naturel*

Pour compléter l'inventaire des syncinésies d'imitation exagérées et surtout des syncinésies toniques chez le sujet, il est utile d'observer ses réactions lors de consignes motrices plus complexes et plus naturelles. La plupart des gestes de la vie peuvent mettre en évidence ces mouvements parasites, mais j'ai retenu certaines situations motrices vraiment propices à leur diffusion. Nous demandons, par exemple, au sujet d'écrire au tableau debout. Cette consigne comporte suffisamment de difficulté pour déclencher les syncinésies d'imitation dans la main opposée et, s'il y a lieu, des raidissements toniques dans l'axe et dans le bras opposé. Dans le cas de syncinésie tonique particulièrement, on voit le corps se courber et le bras opposé se raidir comme s'il levait un poids considérable. Cette tâche facile devient dans les circonstances un véritable exploit vite exténuant. Il en est de même lorsque l'enfant très syncinétique doit écrire à son pupitre. Le raidissement tonique le porte à se recourber sur la table; et ses jambes semblent alors supporter le poids de son corps même s'il est assis. Encore une fois, la tâche devient très fatigante et pénible pour l'enfant.

Une autre façon de bien percevoir les syncinésies consiste à demander à l'enfant de faire tourner un cerceau avec un de ses bras pendant qu'on le tient par l'autre bras. Les mouvements syncinétiques d'imitation sont alors facilement perceptibles dans le membre tenu par l'examinateur. Lorsque la diffusion tonico-cinétique est exagérée, les mouvements perçus sont saccadés et amples. Pour sa part, la syncinésie tonique se manifeste par un raidissement très perceptible du membre opposé.

On peut aussi demander à l'enfant de lancer la balle. Il est possible de constater alors, dans les cas de débilité motrice nette, une imitation presque exacte du mouvement de lancer dans le bras opposé. Le sujet lance littéralement la balle avec les deux bras. Ce mouvement tout à fait parasite de l'un des bras peut être expliqué par une action combinée des deux types de syncinésies. Enfin, toutes les tâches motrices exécutées par les membres d'un côté du corps peuvent être utilisées pour apprécier l'intensité des syncinésies. Il est d'ailleurs prudent, avant de se prononcer sur cet aspect très important de l'examen neuro-moteur, de vérifier sur un bon nombre d'exercices l'existence de ces symptômes classiques de la débilité motrice.

Bernard : Au test de diadococinésie, Bernard diffuse des syncinésies toniques très importantes aussi bien dans l'axe du corps (langue sortie, yeux largement ouverts, tronc bombé et courbé) que par un raidissement très apparent du bras opposé. L'intensité de ce raidissement tonique semble empêcher la diffusion de syncinésies d'imitation. Aux exercices d'écriture au tableau et à la table, il démontre la même raideur dans l'axe et le bras opposé. Quant au cerceau, la paratonie associée aux syncinésies toniques l'ont même empêché de bien exécuter le geste. Tout son corps semble figé par la consigne donnée. Il grimace et se raidit sous l'effort.

André : Au test de diadococinésie, le sujet diffuse de légères syncinésies d'imitation dans le bras opposé. Aucune trace de syncinésie axiale.

Quant aux exercices de mouvements natu-
rels, il n'est pas possible d'y déceler de diffusion tonico-cinétique ou tonique évidente. Le
corps semble bien dissocié et prêt à une
bonne coordination motrice.

2. *Étude de la coordination motrice*

Toujours dans le but d'apprécier l'action du mouvement sur l'appareil posturo-moteur, il convient de vérifier
la fonction de coordination entre les diverses parties du
corps impliquées dans les gestes habituels de la vie.
Cette qualité de la motricité peut être mise en lumière par
deux ordres d'épreuves : des examens neurologiques classiques et des exercices simples de coordination dans des
activités de travail manuel ou de jeu.

a) *Épreuves neurologiques*

Deux types d'épreuves sont habituellement utilisées
pour apprécier la coordination motrice.

D'une part, l'épreuve «doigt-nez et doigt-oreille», où l'on apprécie à la fois l'harmonie du mouvement dans son ensemble, la finesse avec laquelle l'index vient aborder le but, et le fait que le trajet est d'une seule venue. La cotation porte à la fois sur les côtés droit et gauche, sur la précision, le tremblement, la décomposition, l'erreur topographique, que l'on devra différencier des erreurs topographiques grossières, liées à la méconnaissance du schéma corporel, et qui sont peu à peu corrigées par l'exercice de l'épreuve. La consigne en est d'ailleurs fort simple. Il s'agit de demander à l'enfant debout d'étendre un bras latéralement et d'amener son index d'abord vers son nez puis vers son oreille. L'exercice est répété des deux côtés du corps. La coordination est ici interrogée dans le déroulement du mouvement, en particulier son «coulé», son harmonie, son «liant»: qualités qui exigent qu'il n'y ait pas de corrections en cours de route, de décomposition du trajet par rectification. Le mouvement doit être suivi et harmonieux. Son déroulement régulier peut être perturbé par l'irruption de contractions parasites, incontrôlables, qui sont à proprement parler des mouvements anormaux d'incoordination: tremblements, secousses cloniques ou choréiques. Faisant partie intégrante de la coordination dans son déroulement, la fonction d'impulsion du geste, d'élan du mouvement, de même que la fonction de freinage qui vient terminer cet élan par un jeu réciproque des muscles agonistes et antagonistes, peuvent également être perturbées.

D'autre part, l'épreuve du «renversement de la main», qui est exécutée le pouce en abduction complète. Ce mouvement, dont la consigne d'exécution est encore ici fort simple, constitue une autre mesure de coordination oculo-manuelle. L'enfant, les bras étendus devant lui, doit renverser ses mains dont les paumes sont d'abord tournées vers le haut. Il doit être capable d'arrêter le mouvement de renversement sur une ligne horizontale imaginaire. On lui montre bien, par une démonstration claire, qu'il lui est demandé d'aboutir à une réponse précise et sans correction. Il est ainsi possible d'évaluer la possibilité et la qualité de freinage dont l'absence se traduit par la main qui se tourne sous la ligne horizontale, indiquant une difficulté à coordonner ensemble des mouvements des mains et des yeux.

b) *Exercices libres de coordination motrice*

Il est recommandé de compléter ces examens neurologiques de coordination par des exercices tirés de la vie courante. Toute activité motrice exigeant de mener simultanément des mouvements intéressant plusieurs segments corporels peut être utilisée efficacement à cet effet. L'examinateur a ici le choix parmi une multitude d'activités utiles à la vie (marche, course, écriture, travail manuel, etc.), ou d'activités ludiques (jeux de ballon, lancer de balle, exercices sur banc suédois, cerceau, etc.). Ce qui compte c'est de choisir une action motrice qui exige une synchronisation des phases du geste, des parties du geste, et même du geste pris isolément. Il faut pouvoir apprécier le « bon accord » entre les muscles et les groupes de muscles dans l'exécution du mouvement.

Bernard : Aussi bien aux épreuves tirées de l'examen neurologique qu'aux exercices libres, Bernard fait preuve d'une grande difficulté de coordination. À l'épreuve « doigt-nez et doigt-oreille », son index aborde le but sans précision et sans finesse. De plus, les trajectoires exécutées comportent plusieurs arrêts et corrections. Au « renversement de la main », les deux côtés se virent nettement sous l'horizontale. Quant aux mesures par les jeux, il fait preuve d'une réelle maladresse, surtout aux jeux de ballon. Il ne peut attraper un ballon lancé vers lui et encore moins le lancer avec force et précision. Sa course est arythmique et pataude et le défavorise dans les sports d'équipe.

André : Excellente coordination aux épreuves neurologiques ainsi que dans les exercices de travail ou de jeu. Ses mouvements se font avec harmonie et précision malgré leur abondance. C'est d'ailleurs ce qui explique en partie ses réussites sportives.

3. *Étude de la stabilité sensibilisée*

Cet examen, basé sur les possibilités de maintenir une position, met en jeu aussi bien la force musculaire que la survenue éventuelle de mouvements anormaux. La classique épreuve du «serment», les bras tendus horizontalement vers le devant, est utilisée. On demande à l'enfant de conserver cette position sans bouger pendant au moins une minute. Il est recommandable d'étirer cette période à deux minutes pour les sujets de plus de six ans. La qualité de la force musculaire dépend alors de la capacité à maintenir les bras à la position originale. Une chute des deux bras peut alors être l'indice d'une fatigabilité excessive, tandis que l'abaissement progressif d'un bras peut traduire l'existence d'un élément déficitaire unilatéral (signe de Barré des membres supérieurs).

Mais ce qui présente ici le plus d'intérêt, c'est la capacité de stabilité de l'enfant. Plus l'hyperactivité est forte, et plus il est difficile de maintenir la position suggérée. L'instabilité se manifeste alors principalement par des mouvements de piétinement sur place. Les mains, les bras, ou parfois tout le tronc, participent à l'activité alternée des membres inférieurs. Dans les cas plus évidents de retard neuro-moteur, on peut même voir apparaître des manifestations claires de syncinésies toniques axiales. La langue se déplace alors latéralement, à l'extérieur de la bouche, d'une commissure labiale à l'autre. L'axe du corps, surtout le tronc, se bombe et se recourbe légèrement dans les cas les plus marqués. Certains enfants plus agités vont même jusqu'à quitter leur place plusieurs fois durant l'épreuve. Enfin il n'est pas rare, dans les grands retards neuro-moteurs, de voir des pertes d'équilibre. Finalement, bien que les neurologues voient dans cet examen l'occasion de localiser certaines lésions cérébrales, il peut être aussi avantageusement utilisé dans le diagnostic différentiel de l'hyperactivité.

Bernard : Quitte sa place plusieurs fois durant l'épreuve. Piétine sur place et abaisse souvent les deux bras. Dans les moments de maintien de la position, on assiste même à l'apparition de syncinésies toniques axiales : mouvements de la langue sortie et incurvation prononcée du tronc.

André : Trouve l'épreuve trop longue, mais ne quitte pas sa place. Bouge quelquefois les bras pour se gratter ou autres gestes inutiles.

II. *Examen psychométrique*

L'examen neuro-moteur réalisé soigneusement apporte dans la plupart des cas suffisamment d'informations sur les capacités neuro-motrices de l'enfant pour qu'on puisse faire un diagnostic différentiel honnête entre les deux types d'hyperactivité. Cependant, le développement des techniques d'analyse factorielle et d'élaboration des tests psychométriques a permis une approche plus quantitative des mesures de la motricité. Il est ainsi possible d'ajouter aux appréciations cliniques des données complémentaires permettant une évaluation plus précise d'une déficience ou d'un retard de développement. Pour cette raison, j'ai l'habitude d'inclure dans mon bilan psychomoteur certaines épreuves psychométriques de mesure de la motricité.

Toutefois, dans le but de ne pas alourdir un examen déjà substantiel, j'ai limité mon bilan depuis les dernières années à un inventaire de la motricité globale ou corporelle. Une autre raison, d'ordre moins pratique mais justifiée par ma recherche, a d'ailleurs appuyé cette décision. J'ai constaté en effet depuis assez longtemps que les enfants hyperactifs obtenaient régulièrement des résultats faibles aux épreuves de motricité fine ou manuelle. Et cela, quelle que soit leur habileté motrice générale. J'en ai déduit que ce comportement était dû à leur grande difficulté de rétention des mouvements. Ce type d'épreuve très peu discriminant a donc été éliminé d'un bilan qui a pour but premier de faire la distinction entre deux types de pathologies à partir du rendement moteur.

Il existe beaucoup d'épreuves permettant de mesurer la motricité globale ou corporelle, mais j'ai retenu celle d'Ozéretsky-Guillemain dont j'ai élaboré une formule abrégée en 1968. C'est une échelle d'âge moteur corporel construite à peu près de la même façon que l'échelle d'âge mental de Binet-Simon. L'âge de développement moteur des enfants entre quatre et quatorze ans y est mesuré par des séries de trois épreuves par niveau d'âge. Ces groupements évaluent, pour chaque âge, trois aspects typiques et importants de la motricité corporelle : l'équilibre statique, l'équilibre dynamique et le rythme. L'utilisation facile et le caractère international de cette épreuve en font un instrument valable malgré la simplicité de sa construction. Elle complète logiquement l'examen neuromoteur en y ajoutant l'aspect quantitatif d'un âge de développement moteur. Une longue utilisation clinique du test révisé d'Ozéretsky-Guillemain m'a démontré que ses résultats sont habituellement en bonnes corrélations avec les diverses étapes de l'examen neuro-moteur suggéré plus tôt. C'est-à-dire qu'un enfant, présentant à cette épreuve un retard d'au moins deux ans dans son développement moteur corporel, dénote au cours de son examen neuro-moteur des signes évidents de paratonie et de syncinésies toniques axiales. Cet examen psychométrique doit évidemment être utilisé par un professionnel formé à l'administration des tests et informé des conditions de construction et d'appréciation de l'instrument. D'ailleurs, dans le but de faciliter son utilisation, j'ai cru utile d'inclure en appendice de cet ouvrage un guide visuel complet du test.

Enfin terminons ce chapitre par un retour sur le diagnostic différentiel des deux sujets qui ont illustré les divers types d'examens suggérés. Les enquêtes familiales et scolaires, ainsi que les entrevues individuelles avec les deux enfants, ne laissent aucun doute sur l'existence des divers symptômes de l'hyperactivité chez Bernard et André. Mais ce n'est qu'à partir des résultats du bilan psychomoteur qu'on peut situer clairement ces derniers dans l'un ou l'autre type d'hyperactivité. Au test d'Ozéretsky-Guillemain, Bernard obtient un âge moteur de deux ans inférieur à son âge chronologique. Si on ajoute ce résultat aux nombreuses lacunes relevées au cours de l'examen neuro-moteur, il ne fait aucun doute dans mon esprit que son hyperactivité est de type constitutionnel avec déficit moteur et devrait recevoir un traitement approprié à cette constatation.

Quant à André, il obtient un âge moteur à l'Ozéretsky-Guillemain supérieur d'une année à son âge chronologique; et on a bien constaté qu'à l'examen neuro-moteur il ne démontre aucun signe de dysfonction cérébrale légère. De plus, les nombreuses informations recueillies auprès de ses parents indiquent que les circonstances de sa vie et la dynamique socio-affective de sa famille ressemblent fortement à celles qu'on retrouve dans l'étiologie de l'hyperactivité socio-affective. En conséquence, je crois qu'on est devant deux exemples typiques d'hyperactivité constitutionnelle et socio-affective. J'ajoute toutefois que, soucieux d'une plus grande précision dans le diagnostic de retard neuro-moteur de Bernard, l'examinateur pourrait élargir sa batterie d'examens psychométriques en y adjoignant certaines épreuves mesurant la latéralité, le schéma corporel ainsi que la spatio-temporalité. Cette précaution deviendra d'ailleurs nécessaire lors de l'élaboration d'un plan de rééducation psychomotrice destiné à diminuer ses nombreuses lacunes neuro-motrices. Une fois le diagnostic différentiel bien établi entre les deux types d'hyperactivité, il convient maintenant de leur appliquer une attention thérapeutique appropriée.

Bibliographie du chapitre III

RUTTER, M. (1972). Relationship between the psychiatric disorders of childhood and adulthood. *Acta Psychiatrica Scandinavica*, 48: 3-21.

RUTTER, M., GRAHAM, P. et YULE, W. (1970). The reliability and validity of the psychiatric assessment of the child. *British Journal of Psychiatry*, 114: 563-580.

RUTTER, M., GRAHAM, P. et YULE, W. (1970). A Neuropsychiatric study in childhood. Lavenham, Suffolk: The Lavenham Press, Ltd.

TAFIA, F. Diagnostic Interview in Child Psychiatry (film). Univ. of Oklahoma, Okla. City.

CHAPITRE IV

Traitement

Au cours des premiers chapitres de cet ouvrage, je me suis efforcé de présenter aux divers intervenants concernés une image aussi complète que possible des deux grandes manifestations du syndrome d'hyperactivité que je préconise, ainsi qu'une technique diagnostique leur permettant dans la pratique de faire nettement la différence entre celles-ci. L'ensemble des informations déjà énoncées devrait permettre aux divers membres d'une équipe multi-disciplinaire bien constituée, d'abord d'éviter les erreurs thérapeutiques malheureusement devenues classiques, puis d'instituer un traitement efficace et bien adapté à chaque demande d'aide. Dans ce dernier volet, il convient maintenant de faire la description d'une approche thérapeutique découlant de toutes les conceptions diagnostiques et séméiologiques. Les techniques de traitement ci-après présentées ont déjà fait l'objet d'expérimentations depuis les dix dernières années à l'Université de Montréal et dans quelques commissions scolaires de la province de Québec. Mais le principal champ de vérification de leur efficacité se situe au niveau de ma pratique clinique, lors de consultations venant de familles référées surtout par des écoles ou des médecins omnipraticiens. C'est surtout à partir de ces demandes d'aide qu'il m'a été possible d'avoir des contacts suffisamment profonds et intimes avec les enfants hyperactifs, leurs familles et leurs professeurs, pour en arriver à corriger et à améliorer une attitude thérapeutique initiale laborieuse et souvent insuffisante. Le résultat de quelques recherches dans le cadre de thèses de maîtrise et de doctorat, ainsi que les nombreuses remises en question nécessitées par la pratique privée, ont contribué à constituer une approche thérapeutique pratique et honnête, utilisable par les divers professionnels habituellement concernés par le problème. De plus, son utilisation a bien démontré qu'elle est facilement comprise et acceptée par les parents et même par les frères et sœurs des enfants traités. Ce qui constitue un avantage précieux, puisque la collaboration étroite des membres de la famille est particulièrement indispensable lorsque le traitement est basé sur une modification en profondeur de comportement par conditionnement opérant.

Mais avant d'aborder en détail la description de ce traitement adapté aux deux sortes d'hyperactivité, il est nécessaire de faire une mise en garde sur les erreurs thérapeutiques les plus répandues concernant ce problème. Deux sortes de critiques peuvent être rappelées à l'attention du lecteur. Elles deviennent d'ailleurs de plus en plus crédibles et logiques à mesure que sortent les résultats d'enquêtes sérieuses destinées à vérifier l'efficacité des diverses formes classiques de traitement. La première critique ou mise en garde s'adresse à l'attitude thérapeutique de l'hyperactivité la plus répandue, puisqu'elle est malheureusement devenue presque «automatique» dans les milieux médicaux à la moindre mention d'agitation chez un enfant. En effet c'est un lieu commun aujourd'hui que d'alléguer que «*les stimulants du système nerveux central constituent la principale médication des enfants hyperactifs*». Cette affirmation est basée sur le fait que l'état d'un bon nombre d'hyperactifs est amélioré par l'administration de stimulants biochimiques. Quand un traitement de ce type fonctionne bien, l'amélioration est rapide et économique puisque l'enfant peut reprendre dans un court délai ses activités sociales et scolaires. Or le danger de cette attitude thérapeutique réside dans le fait qu'elle sur-simplifie un problème diagnostique et thérapeutique devenu fort complexe. Il est maintenant inadmissible de perpétuer l'idée simpliste que tous les enfants hyperactifs peuvent bénéficier d'un traitement par médication stimulante. En effet, trois raisons majeures m'obligent à porter mon intérêt thérapeutique au-delà de l'approche biochimique et à considérer une stratégie d'allure beaucoup plus «béhaviorale» ou destinée à apporter une modification de comportement.

La première raison concerne directement les faiblesses et limitations des médications biochimiques en elles-mêmes, et surtout des stimulants. Commençons par considérer la question suivante: «*Est-ce que les stimulants améliorent l'état des enfants hyperactifs ?*» On doit répondre dans l'affirmative, puisque depuis 1930 plusieurs recherches cliniques américaines et canadiennes en ont donné l'évidence. En effet des études contrôlées plus récentes (Freedman, 1971; Conners et al., 1969; Conner and Eisenberg, 1963; Weiss et al., 1968) confirment à ce sujet les enquêtes cliniques plus anciennes (Bradley and Bowen, 1941; Bender and Cottington, 1942). On y retrouve un quasi-consensus selon lequel seulement une partie du groupe des enfants hyperactifs contrôlés bénéficient d'un traitement par stimulants. Ce groupe varie selon les enquêtes de 70% à 30% de la population étudiée. La plupart des recherches s'entendent pour admettre que la médication agit beaucoup plus sur la capacité d'attention que sur l'hyperkinésie. Elle ne touche pas les comportements plus complexes reliés à la vie socio-affective et aux troubles d'apprentissage faisant souvent partie des symptômes secondaires de l'hyperactivité. C'est donc surtout l'excitabilité, l'attention et l'intérêt pour l'école qui semblent être touchés par la médication. Toutes les difficultés souvent érigées en «patrons de comportements bien structurés» durant la période de l'atteinte d'hyperactivité, ne sont pas affectées par les stimulants. L'enfant est peut-être moins agité et plus attentif, mais sa situation sociale et scolaire ne s'en trouve pas changée de façon satisfaisante.

Mais le problème le plus sérieux qui ressort de ces enquêtes se situe au niveau des effets secondaires et à long terme de ces médications stimulantes. Je cite d'abord la possibilité d'un effet négatif sur la croissance physique, ainsi que le développement d'un comportement de dépendance au médicament, dont l'enfant peut avoir de la difficulté à se défaire. Deux recherches insistent même sur le danger d'un problème d'apprentissage relié au passage de l'état psychique typique produit par la médication (état de sédation et de soumission) à l'état plus normal du sevrage (Solomons, 1973; Millichap, 1973; Wender, 1971).

La deuxième raison qui me porte à favoriser une intervention thérapeutique béhaviorale à un traitement médicamenteux centré sur le sujet seul, c'est le caractère propre du répertoire comportemental de l'enfant hyperactif et le type de réactions qu'il provoque dans le milieu environnant durant le cours de sa vie. L'histoire socio-affective de ces enfants révèle de façon très nette que leur pathologie ne se limite pas uniquement aux symptômes d'hyperkinésie, de distractibilité, d'impulsivité et d'excitabilité. Il est plus réaliste de les considérer comme faisant partie intégrante d'un microcosme d'interactions complexes (la famille) et d'un macrocosme peut-être aussi chargé d'interactions constitué par le milieu social ambiant (quartier et école). L'enfant, la famille et le milieu sont en perpétuelle provocation les uns vis-à-vis les autres, et c'est ainsi qu'est entretenu le syndrome. Devant cette perspective, un traitement pharmacologique ou même béhavioral entièrement centré sur l'enfant ne touche qu'une partie de l'ensemble social concerné par le problème. La famille, les frères et sœurs, ainsi que l'école, ont aussi besoin d'être touchés par le traitement dans son ensemble. Cette participation peut aller d'une simple collaboration aux démarches de modifications entreprises avec l'enfant, à des changements concrets suggérés à certains membres de cet entourage proche et lointain. Les relations d'aide à un enfant hyperactif doivent toujours bénéficier d'une participation active de la famille et de l'école.

Quant à la troisième raison qui me porte à considérer le traitement pharmacologique isolé surtout comme une thérapie d'appoint, elle est encore plus simple et amplement vérifiée par les recherches internationales depuis presque quarante ans. Il s'agit du fait déjà mentionné dans ce travail qu'un échantillon significatif des enfants hyperactifs ne répond pas aux médicaments stimulants ou même tranquillisants (Jacob et al., 1973). Cette constatation seule m'oblige à considérer une autre forme de stratégie thérapeutique au moins pour ce groupe d'enfants dont les symptômes peuvent même être amplifiés par les médications courantes. Cette nécessité est d'autant plus forte qu'on ne peut pas encore identifier avec certitude quels sont les hyperactifs qui répondent bien aux médications. Toutefois certains auteurs cités préalablement ont constaté que les enfants hyperactifs venant de familles désorganisées ou déviantes sur le plan social et santé mentale réagissent très peu aux stimulants (amphétamines). On sait aussi que Dennis P. Cantwell est d'avis qu'un sous-groupe d'enfants hyperactifs caractérisé par l'existence de légères anormalités neurophysiologiques (soft signs), réagit plus souvent de façon positive aux médications stimulantes. Ces affirmations sont d'ailleurs dans le sens de mes conceptions personnelles, puisque j'ai vu beaucoup plus souvent en consultation clinique les enfants que j'appelle hyperactifs constitutionnels réagir positivement aux stimulants, que ceux que j'appelle socio-affectifs. Mais avant d'admettre d'emblée que tous les hyperactifs constitutionnels avec déficit moteur bénéficient régulièrement d'un traitement pharmacologique, j'aimerais pouvoir m'appuyer sur des recherches plus intensives et directement adaptées à la solution de ce problème. Enfin, même avec la certitude que les stimulants diminuent l'hyperkinésie et la distractibilité des hyperactifs constitutionnels surtout, il n'en

reste pas moins vrai que ces enfants souffrent habituellement d'incapacités socio-affectives et de troubles
d'apprentissage non atteints par ces médications chimiques seules. En d'autres mots, même efficaces à diminuer certains symptômes d'un sous-groupe d'enfants
instables, les médications pharmacologiques ne devraient
être considérées que comme un complément de traitement. Quant aux enfants dont l'hyperactivité provient
d'une étiologie socio-affective, il faudrait en toute prudence renoncer pour l'instant à les traiter chimiquement.
Une approche thérapeutique béhaviorale, accompagnée
de psychothérapie et d'attention donnée à la dynamique
familiale, donne d'ailleurs d'excellents résultats dans la
plupart de ces cas.

Enfin l'utilisation systématique de médications par
certains intervenants peut constituer un danger même
dans les cas où les enfants ne subissent pas d'augmentation réactionnelle de leurs symptômes. Ces derniers, ne
réagissant ni positivement ni négativement à une médication donnée, doivent passer pendant des mois et même
des années par une panoplie de produits chimiques
souvent les uns aussi inefficaces que les autres à diminuer leurs problèmes. Pendant ce temps irrécupérable,
les problèmes socio-affectifs de base et les troubles
d'apprentissage très communs chez les deux sortes
d'hyperactifs s'installent de plus en plus solidement
jusqu'à devenir presque imperméables à une thérapie
mieux adaptée au problème. Beaucoup de sujets, traités
pendant des années par des stimulants et des tranquillisants de toutes sortes sans diminution évidente de leurs
symptômes, se retrouvent à l'adolescence avec des stigmates peut-être plus graves que l'hyperactivité de leur
enfance. Bon nombre de ceux-ci souffrent de retard
scolaire, de tendances anti-sociales, de dépression et
même de sentiments d'infériorité et deviennent ainsi de
bons candidats à une vie d'adulte bouleversée. Le traitement systématique et sans discernement par médications est d'ailleurs souvent une forme d'abandon de la
part du thérapeute devant une tâche qui lui paraît trop
lourde et sans trop d'espoir de résultats positifs. Il est

évident que ce sont les améliorations très rapides et souvent spectaculaires de certains cas qui servent de rationalisation au maintien de cette attitude thérapeutique. Il m'arrive même de croire que le refus de certaines personnes à considérer les faiblesses et les dangers d'une application exagérée des traitements biochimiques provient de l'agressivité que les enfants hyperactifs soulèvent souvent autour d'eux par leur turbulence et leur apparent manque de motivation aux tâches scolaires. Il m'est arrivé d'entendre des éducateurs et même des parents mentionner, presque sous forme de menaces, que si tel enfant ne se calmait pas, on aurait recours aux «*pilules*». Il est dommage qu'une thérapeutique, qui pourrait servir très efficacement dans certains cas bien précis de « traitement d'appoint », soit utilisée d'une façon aussi inconsidérée. Il devient donc indispensable que des recherches intensives soient entreprises le plus tôt possible sur l'applicabilité et surtout la rentabilité thérapeutique exacte des divers médicaments classiques de l'hyperactivité. Plus vite nous serons bien informés sur les effets de ces produits chimiques et plus vite diminueront les exagérations et les lacunes de leur emploi malheureusement trop souvent systématisé.

La dernière mise en garde que je veux faire au début de ce chapitre sur le traitement provient directement de mes conceptions sur la classification dualiste de l'hyperactivité, et ainsi ne saurait surprendre le lecteur.

Bien que l'administration imprudente de médications constitue une importante lacune dans la thérapeutique générale de l'hyperactivité, une erreur peut-être plus répandue, et surtout plus ancienne, caractérise encore aujourd'hui cet aspect de la psychiatrie infantile. Il s'agit de la tendance à identifier tous les enfants hyperactifs, et à réagir par la même approche thérapeutique devant tous les cas d'agitation exagérée accompagnée de retard scolaire. C'est la critique qui est devenue la conclusion classique des dernières rencontres internationales sur le sujet. Le monde médical et psycho-pédagogique a beaucoup de difficulté à s'habituer à l'idée qu'il n'y a pas un enfant hyperactif qui soit exactement comme les autres. Il est évident selon le présent ouvrage que j'accepte l'idée de l'existence de quelques catégories d'hyperactifs ; mais à l'intérieur de ces sous-groupes les enfants conservent toujours d'énormes différences individuelles. La thérapie doit s'adapter d'abord à la sorte d'hyperactivité révélée par l'enquête diagnostique, puis s'ajuster à toutes les particularités personnelles motrices, intellectuelles, affectives, sociales et scolaires présentées par le sujet. Le traitement de l'hyperactivité n'a aucune chance de succès s'il n'est pas vraiment « *fait sur mesure* ». Une sérieuse enquête diagnostique peut indiquer avec précision à quel genre d'hyperactivité on a affaire, et ainsi orienter l'attitude thérapeutique. Elle révèle aussi l'intensité des lacunes scolaires, psychosociales et neuromotrices qui devraient être touchées par la thérapie. Elle peut même indiquer le degré de possibilité de participation et de disponibilité des parents et de l'école au traitement. C'est encore dans cette démarche diagnostique en profondeur qu'on peut apprécier le degré d'intensité de l'atteinte et, en conséquence, la durée et l'investissement humain du traitement. Enfin, bien averti des dangers habituels de reconnaissance du problème, et soucieux de tenir compte de ces quelques critiques, le lecteur est maintenant mieux préparé à considérer les quelques options thérapeutiques qui suivent.

Stratégie de traitement

Le caractère polymorphe du syndrome d'hyperactivité, tel que conçu de nos jours, constitue bien la raison principale pour laquelle il est difficile de l'atteindre et d'en diminuer l'intensité à partir d'une option thérapeutique isolée et trop spécialisée. Les recherches de vérification de l'efficacité des traitements les plus utilisés lors des dix dernières années ont démontré qu'il est préférable de s'attaquer à ce problème en utilisant en concomitance plusieurs types d'interventions. C'est ainsi que dans mon approche thérapeutique, l'enfant peut être soumis en même temps à une modification de comportement par conditionnement opérant, à des techniques de relaxation psychosomatique, à une psychothérapie, à une rééducation psychomotrice ainsi qu'à une médication biochimique d'appoint. Cet ensemble est d'ailleurs presque toujours accompagné de quelques mesures de rééducation de problèmes secondaires d'apprentissage scolaire. La répartition et le dosage précis de ces diverses formes d'aide dépendent de la sorte d'hyperactivité rencontrée et de l'intensité de sa manifestation. Les symptômes cardinaux, dans les deux types d'hyperactivité, sont surtout traités à partir d'un mélange de modification de comportement par conditionnement opérant et de relaxation systématique à la maison et à l'école. Dans les cas d'hyperactivité constitutionnelle avec déficit moteur, on ajoute à cette intervention thérapeutique une rééducation psychomotrice appropriée, destinée à amoindrir les divers stigmates neuro-moteurs diagnostiqués. On peut y adjoindre au besoin une forme de rattrapage de l'apprentissage scolaire, ainsi qu'une aide médicamenteuse appropriée dans les cas les plus réfractaires. Dans les cas où l'hyperactivité est d'origine socio-affective, on ajoute plutôt au traitement commun de base une psychothérapie souvent accompagnée d'interventions appropriées auprès des parents, des autres membres de la famille et de l'école. Dans ce dernier cas, des mesures sérieuses de rattrapage académique sont presque toujours nécessaires, tandis que je n'ai pour ma part presque jamais recours aux mesures thérapeutiques médicamenteuses même sous forme de traitement d'appoint.

Traitements de base commun aux deux types d'hyperactivité

Cette partie de ma stratégie thérapeutique sert de pierre angulaire ou de traitement de base dans les deux manifestations du syndrome hyperactif. Elle s'attaque directement aux quatre grands symptômes cardinaux de la maladie et principalement à l'hyperkinésie. Je lui ai depuis déjà plusieurs années donné le nom «d'encadrement conditionné et de relaxation systématique». Son application idéale exige la participation active des parents, du personnel de l'école, ainsi que de quelques membres de l'équipe médico-socio-pédagogique spécialisés dans ce genre d'intervention. Ainsi le concours d'orthopédagogues ou de rééducateurs de psychomotricité devient nécessaire pour l'application des techniques de relaxation. Par contre, les parents et les éducateurs réguliers des secteurs primaire et secondaire peuvent appuyer de façon très satisfaisante l'encadrement par modification conditionnée de comportement. Il leur faut bien entendu subir au préalable un entraînement de base à l'application du conditionnement opérant. Il convient d'ajouter que ce type d'intervention est d'autant plus efficace qu'il est entrepris plus tôt dans la vie de l'enfant. Or, puisqu'on a l'habitude d'attendre quelques années d'échecs scolaires avant de prendre au sérieux l'hyperactivité et de s'en plaindre, il est souhaitable que les éducateurs du primaire apprennent à reconnaître hâtivement le syndrome dès les premiers temps de fréquentation scolaire. Avant cependant de passer à la description détaillée de cette première forme d'intervention, il convient de mentionner qu'il faut insister fortement sur l'application simultanée de l'action d'encadrement béhavioral et de la relaxation. L'effet thérapeutique de l'une sans l'autre est considérablement diminué. L'agitation et l'impulsivité de certains enfants sont souvent tellement prononcées qu'il est difficile, et quelquefois impossible aux parents et aux éducateurs, d'initier la technique assez astreignante de l'encadrement conditionné. C'est d'ailleurs justement pour cette raison que les effets apaisants d'une bonne technique de relaxation deviennent indispensables. Lorsque cette dernière est conduite selon les règles et appliquée régulièrement, elle remplit les mêmes fonctions tranquillisantes que certains produits pharmaceutiques efficaces sans toutefois en comporter les dangers d'effets secondaires négatifs déjà décrits.

Technique d'encadrement par conditionnement opérant

Lorsque j'ai entrepris, il y a environ dix ans, d'élaborer une stratégie thérapeutique pour l'hyperactivité qui

devait être une alternative aux traitements médicamenteux, l'idée de contraindre l'enfant à un cadre disciplinaire ferme à la maison et à l'école pendant une
période indéterminée m'apparut logique et surtout
dépourvue de risque en cas d'échec. À cette époque j'étais
déjà convaincu de l'existence de deux manifestations
différentes de l'hyperactivité et de la nécessité de les
aborder à partir de stratégies thérapeutiques différen-
ciées et bien adaptées à chacune d'elles. J'étais toutefois
d'avis qu'il y avait une base commune à ces traitements
qui exigeait la participation des parents et des éducateurs de l'enfant. Elle était alors présentée à ces derniers
comme une action éducative très active et fort simple de
leur part. Aux parents, on demandait de présenter clairement à l'enfant des exigences disciplinaires précises
auxquelles il devait sans faute se soumettre. Ce cadre
ferme dans lequel l'enfant devait prendre place comportait évidemment un ensemble d'exigences qui étaient
les antithèses des divers symptômes du syndrome hyperactif. Il devait par exemple s'efforcer d'être plus calme,
de ne plus courir partout dans la maison, de rester assis à
table pendant les repas, de bien ranger sa chambre le
matin, etc. On abordait aussi l'impulsivité en lui demandant d'apprendre à patienter et à attendre sans faire de
colère la satisfaction de certains besoins. Quant à la
capacité d'attention, on essayait de l'améliorer en suggé-
rant aux parents d'insister fermement pour que le sujet
termine ses devoirs scolaires avant de passer à d'autres
activités. Passablement les mêmes conseils étaient don-
nés aux éducateurs intéressés à participer authentiquement à cette partie de la stratégie thérapeutique.
Pour appuyer l'application de cet encadrement, on sug-
gérait aux intervenants adultes d'utiliser un système de
motivation à partir d'un renforcement naturel et facilement applicable. Il s'agissait de souligner le respect des
règles établies par de l'affection évidente. Quant aux
incartades et aux retours à l'expression des symptômes
d'hyperactivité, on devait les souligner par une démonstration aussi évidente d'indifférence affective et par
l'annulation de certains privilèges très convoités. De
plus on demandait aux parents et aux professeurs de

ménager l'excitabilité excessive de l'enfant en évitant le plus possible les changements et les surprises dans la cédule journalière. On devait pour la durée du traitement éviter le plus possible la fantaisie et l'inattendu, et faire en sorte qu'il sache à tout moment ce qu'on attendait de lui et ce qu'il devait faire par la suite.

Or cette stratégie d'aide toute expérimentale et fort simple d'application fut l'objet au cours des années de remaniements et d'améliorations considérables. On s'aperçut ainsi en cours de route qu'elle comportait toutes les conditions et les éléments d'une stratégie béhaviorale de modification de comportement par conditionnement opérant.

C'est pour cette raison d'ailleurs que je crois que le lecteur aurait beaucoup de facilité à comprendre les différentes étapes de son application si je les présente dans le cadre de la technologie béhaviorale classique élaborée par B.F. Skinner en 1953, et expérimentée sérieusement depuis lors par quelques générations de ses disciples. Celui-ci a exposé cinq étapes distinctes orientées non seulement vers la solution d'un problème de comportement, mais aussi vers l'établissement d'une approche systématique à l'identification des divers éléments associés au problème et à sa solution. Dans le but de permettre une meilleure compréhension du traitement d'encadrement, j'utiliserai la structure de ces étapes. Mais auparavant, voici un bref exposé des principes les plus fondamentaux de l'apprentissage ayant servi de fondement et de charpente à l'élaboration de la technologie actuelle du conditionnement opérant.

Un des principes les plus fondamentaux de l'apprentissage a été formulé très tôt par Thorndike (1913). Ce principe, communément appelé la « loi de l'effet », affirme que la probabilité d'apparition d'un comportement augmente quand ce comportement est suivi d'un effet plaisant, mais qu'elle diminue quand ce comportement est suivi d'un effet déplaisant. Par ailleurs, s'appuyant partiellement sur la conception connexe de Thorndike, Hull (1943) élabore une théorie qui met surtout une emphase sur les besoins de l'organisme en relation avec diverses récompenses ou renforcements. Mais l'explication probablement la plus opérationnelle provient de la reformulation du principe d'apprentissage proposée par Skinner en 1938. Selon lui, «*si on renforce positivement un comportement, sa probabilité d'apparition augmente, et si on renforce négativement ce comportement, sa probabilité d'apparition diminue*». Skinner vérifia abondamment ce principe en laboratoire, surtout sur des animaux. Le transfert des données obtenues sur l'apprentissage humain ne se fit pas attendre, et de là la naissance de l'approche béhaviorale à la solution de problèmes humains. Il s'agit là d'un des meilleurs exemples de la contribution de la recherche expérimentale en laboratoire à la solution des problèmes humains. C'est la science au service de la clinique et la transmission de données recueillies en laboratoire animal et humain à la pratique thérapeutique. Par la suite, de nombreuses évaluations pratiques ont mis rudement à l'épreuve ce principe de base pour en établir encore plus clairement les mécanismes. Plusieurs recherches ont été effectuées pour vérifier l'efficacité de l'approche béhaviorale dans le traitement de problèmes émotifs et sociaux (Ayllan, 1963; Ayllan and Azrin, 1968; Bandura, 1969; Clément, 1972; Forness, 1970; Jacob, O'Leary and Price, 1973). Enfin passons maintenant à la description détaillée de la technique d'encadrement en utilisant les cinq étapes de modification béhaviorale de comportement de Skinner qu'on pourrait identifier de la façon suivante: 1) *Identification et définition des comportements à établir ou à modifier.* 2) *Analyse des comportements à établir ou à modifier en tenant compte de leur contexte particulier d'environnement.* 3) *Établissement d'un motivateur de changement ou d'un renforcement.* 4) *Choix d'un système de mesure de changement.* 5) *Définition de l'agent de modification ou de traitement.*

1re étape
1re étape
Identification et définition des comportements
à établir ou à modifier

La technique d'encadrement exercée par des agents de changements (parents, éducateurs, professionnels de la santé, pairs, etc.) n'est pas seulement un effort spécial de structuration d'un enfant hyperactif ; il s'agit sans aucun doute d'ajouter de la fermeté dans la vie de l'enfant, mais le but principal de cette action thérapeutique est d'établir des comportements nouveaux et d'en modifier d'autres qui sont devenus nocifs à sa santé. Pour atteindre ce but, il faut commencer par identifier clairement les comportements qu'on voudrait voir s'installer solidement chez l'enfant, aussi bien que ceux qu'on voudrait modifier ou faire disparaître. Nous pourrions parler alors de «comportements cibles».

Cette première tâche n'est pas aussi simple qu'on a tendance à le croire. Il faut surtout éviter la tentation de choisir comme cibles de notre action thérapeutique des caractéristiques comportementales trop globales ou trop vagues, comme la «force du Moi», le «caractère», la «personnalité», ou encore la «volonté». Le conditionnement opérant n'a jamais obtenu des résultats palpables en s'attaquant à ces notions. Il faut au contraire centrer son action sur des comportements clairement définissables et surtout observables. Il est essentiel de pouvoir définir précisément les comportements cibles, et d'avoir la possibilité d'en apprécier l'intensité d'expression de façon nette et quantifiable. Dans le cas des deux sortes d'enfants hyperactifs décrits précédemment, ces comportements cibles deviennent évidemment les diverses manifestations des symptômes cardinaux discutés tout au long de cet ouvrage : l'hyperkinésie, l'impulsivité, l'excitabilité et l'incapacité d'attention soutenue ou distractibilité. Il faut même aller plus en profondeur dans cet effort de «décorticage» des symptômes à attaquer, et identifier les comportements cibles de façon très concrète. Par exemple, les parents et les éducateurs doivent s'entendre avec le thérapeute chargé du cas pour diminuer «l'hyperkinésie» de l'enfant en dirigeant leur action commune d'encadrement vers les manifestations très concrètes de ce symptôme. Les cibles de traitements pourraient alors être listés de la façon suivante : «bouge toujours», «ne reste pas en place», «use très vite ses vêtements», «renverse tout sur la table», «agace continuellement ses camarades en classe et dans la cour», «ne reste pas assis dans l'autobus ou dans l'auto», «pose inlassablement des questions», «parle continuellement», «dort de façon agitée», «touche à tout», etc.

«L'impulsivité» peut être décortiquée de la même façon et se présenter concrètement de la façon suivante : «ne peut retarder l'expression d'un besoin», «traverse la rue sans regarder», «se met dans des situations dangereuses sans discernement», «fait des remarques maladroites dans toutes sortes de situations», «n'accepte pas de frustration», etc.

«L'excitabilité», pour sa part, se manifeste par des comportements aussi concrets et observables que : «fait des crises de colère pour un rien», «se bat facilement avec ses copains pour des raisons injustifiables», «s'excite facilement en groupe», «manifeste trop d'agressivité», etc.

Le même principe de dissection doit s'appliquer à «l'incapacité d'attention soutenue» qui occasionne presque toujours un retard scolaire généralisé. On ne choisit pas de s'attaquer à diminuer la «distractibilité» en général mais plutôt les comportements suivants : «ne persévère pas dans ses tâches surtout scolaires», «ne peut fixer son attention que quelque temps (secondes) sur une tâche domestique ou autre», «perd continuellement ses jouets ou articles de sports», «laisse ses vêtements chez ses copains», «rêve souvent pendant la classe», «passe rapidement d'une activité à l'autre sans terminer», «est incapable de participer attentivement à des jeux de concentration», etc.

Enfin le but de ce premier pas dans le traitement d'encadrement est réalisé lorsqu'un groupe de comportements cibles sont identifiés concrètement pour un enfant donné. Il est alors temps de passer à une autre tâche nécessaire qui consiste à placer ces divers comportements dans leur contexte de temps et d'environnement.

2ᵉ étape
Analyse des comportements à établir ou à
modifier en tenant compte de leur
contexte particulier d'environnement

Ce n'est pas tout de bien identifier les comportements qu'on veut modifier ou installer chez l'enfant traité, il est encore plus important de s'assurer que l'action thérapeutique tienne bien compte de la réalité et soit étroitement adaptée aux circonstances de temps et d'environnement dans lesquelles l'intervention doit se dérouler. L'évaluation extensive des problèmes du sujet fournie par la batterie diagnostique apporte habituellement toutes les informations d'environnement nécessaires au respect de cette exigence. C'est-à-dire que si les divers intervenants thérapeutiques sont bien informés de tout le matériel recueilli lors des diverses enquêtes d'exploration, il leur est difficile de ne pas adapter l'action thérapeutique à la réalité propre de l'enfant.

Il est évident qu'on peut être moins exigeant au sujet de cet élément essentiel du traitement, lorsque ce dernier est exécuté en institution spécialisée. Dans un tel milieu, il est plus facile de contrôler les moments d'intervention ainsi que le personnel impliqué. On peut même aller jusqu'à planifier assez rigoureusement la marche du traitement. Or puisqu'on insiste fermement pour que l'action d'encadrement ait lieu dans le milieu naturel de l'enfant (foyer et école), et qu'il soit mené par les personnes habituelles de son entourage (parents et professeurs), il devient illogique et presque impossible de leur donner un caractère catégorique et rigoureux. La souplesse et l'adaptation continuelle en deviennent les qualités indispensables.

D'abord il faut respecter «l'intensité» de manifestation de chaque comportement inadapté ou exagéré. Tel enfant hyperactif, par exemple, manifeste moins fortement que tel autre de l'agitation ou de la distractibilité. Le dosage des exigences d'encadrement doit être ajusté étroitement à l'importance du symptôme cible. L'enfant peut facilement voir comme une injustice qu'on s'acharne à contrôler un problème qu'il n'a pas ou très peu. Par contre, il accepte assez bien de s'appliquer à contrôler un autre comportement négatif dont il sent vraiment l'intensité et les effets néfastes dans sa famille et à l'école.

Il faut aussi «bien calibrer quantitativement» les exigences de l'encadrement. L'essentiel est de ne pas surcharger l'enfant de demandes de modification. Chaque sujet a sa capacité propre d'endurance à ce type de traitement; il est primordial de la découvrir et de ne pas la dépasser. On lui demande, par exemple, de s'appliquer dans un premier temps à contrôler quelques comportements jugés les plus agaçants pour son entourage (agitation, crises de colère, etc.). Par la suite, s'il y a eu amélioration perceptible pour les adultes et pour lui, on lui suggère de s'attaquer à diminuer d'autres comportements négatifs qui le privent nettement de certains bénéfices personnels. Ainsi on peut alors lui demander de rester plus longtemps à faire ses devoirs à la maison, à persévérer mieux dans certaines petites tâches domestiques, ou à rester plus longtemps attentif à l'école.

Tout aussi essentiel à la réussite d'un bon encadrement, est le fait d'ajuster les exigences de modifications de comportement aux circonstances de temps et d'environnement de la vie de l'enfant. Il est en effet maladroit d'insister fermement pour qu'un enfant s'applique à diminuer son agitation à l'école, alors que c'est surtout à la maison et en présence de ses parents qu'il manifeste de l'hyperkinésie. Dans le même sens, de bien meilleurs résultats sont obtenus dans ce type d'intervention lorsqu'on profite du bon moment pour exiger un effort de la part d'un sujet. Le temps du repos bien mérité, ou des vacances par exemple, est mal choisi pour encadrer fermement un enfant hyperactif. Toutes les

stimulations inhérentes à cette circonstance rendent
dans ce cas certaines exigences illogiques et irréalisables. Il faut laisser alors l'enfant dépenser son trop-
plein d'énergie, et s'attaquer plutôt à d'autres comportements aussi négatifs que l'agitation dans l'hyperactivité. On peut, par exemple, profiter des vacances
pour lui demander de contrôler son impulsivité et son
excitabilité en présence du groupe. Il peut essayer d'apprendre à respecter les règles des jeux et à être plus
prudent dans ses initiatives motrices. Les vacances ne
sont pas non plus l'occasion choisie pour essayer d'établir une meilleure capacité d'attention. Enfin une analyse approfondie et intéressée de l'environnement familial, social et scolaire de l'enfant, permet habituellement
de bien doser le traitement et de le rendre beaucoup plus
personnel. Depuis quelques années, on s'efforce de plus
en plus, à l'occasion d'un traitement béhavioral, de tenir
compte des interactions avec les frères et sœurs, ainsi
qu'avec les pairs des enfants hyperactifs (Clément, 1973 ;
Patterson et al., 1965).

3ᵉ étape
Établissement d'un motivateur de changement ou d'un renforcement

Le caractère de fermeté et de retour temporaire à un
type de discipline auquel les enfants ne sont plus habi-
tués de nos jours, nécessite l'établissement d'un système
efficace de motivation au changement. Il faut bien se
rappeler que j'ai suggéré une étiologie défensive pour
expliquer l'origine de l'hyperactivité socio-affective, ce
qui implique que les symptômes sont utiles à l'enfant et
que leur maintien est renforcé de l'intérieur. Il est par
conséquent indispensable à la réussite du traitement par
encadrement qu'on puisse présenter à l'enfant des motivations à changer qui dépassent celles de ses symptômes.
L'agitation et la distraction, dans ce cas particulier,
doivent être remplacées avantageusement aux yeux de
l'enfant par des moyens aussi efficaces à diminuer son
anxiété. N'oublions surtout pas que l'hyperactivité socio-
affective est une défense négative mais souvent efficace

contre les souffrances souvent intolérables de l'anxiété. L'hyperactif constitutionnel avec déficit moteur est plus facile à motiver vers une diminution de ses symptômes, puisque d'une part il est moins anxieux, et d'autre part il a tout à gagner en les abandonnant.

Le système de motivation que je suggère se présente sous deux formes. La première est intrinsèque et très individuelle pour chaque enfant traité. Elle nécessite une connaissance profonde de l'enfant, et ainsi peut être avantageusement suggérée et entretenue par les parents. Il s'agit tout simplement de trouver, puis de présenter clairement à l'enfant, des raisons attrayantes pour qu'il accepte d'être encadré, et ainsi abandonner ses comportements hyperactifs. En d'autres mots, il faut mettre le doigt sur des bénéfices évidents à la perte de ses symptômes, dont le maintien constitue souvent une défense presque imperméable à l'anxiété. Il faut que l'encadrement, malgré son aspect disciplinaire, lui apparaisse comme un moyen nécessaire pour être plus heureux et plus accepté par son entourage. Une bonne connaissance de la psychologie du développement peut aider considérablement dans cette tâche. Nous savons bien que les enfants ont des besoins socio-affectifs qui varient avec l'âge. C'est ainsi qu'il est assez facile de faire naître un besoin solide de changement chez un enfant entre six et douze ans, en lui démontrant que son hyperactivité lui fait perdre des copains. Le traitement un peu ardu de l'encadrement lui apparaît alors comme un moyen d'obtenir ce qui est très cher aux enfants de cet âge, en l'occurrence, des amis.

Le contact intime avec les enfants hyperactifs nous apprend vite que leur plus grande souffrance est le rejet social. Leur turbulence impulsive surtout les rend infailliblement agaçants pour leurs pairs. Ils sont vite mis de côté et peuvent difficilement participer aux jeux collectifs dont tous les enfants sont si friands après la petite enfance. Ils perdent aussi, malheureusement plus souvent qu'on le croit, l'amitié de leurs parents et de leurs frères et sœurs. Combien de consultations ai-je eues de familles menées au bord de l'éclatement par la présence d'un enfant hyperactif! Les enfants ne veulent plus inviter leurs copains à la maison car le petit frère est trop agaçant. Les parents, pour leur part, sont souvent obligés de modifier leur vie sociale entière à cause de l'agitation incontrôlée de leur enfant. Tout cela soulève presque infailliblement de l'agressivité dans le milieu familial et explique les nombreux rejets d'enfants instables.

Si l'on réussit à convaincre un enfant hyperactif qu'en modifiant certains de ses comportements il peut s'assurer l'amour de ses parents et l'affection de ses copains, on peut exiger beaucoup de lui, même un encadrement temporaire assez rigoureux. Il est alors authentiquement intéressé de l'intérieur; et cela vaut bien des tentatives de motivation venant de l'extérieur. L'important est de trouver de quoi l'enfant se trouve le plus privé par ses symptômes hyperactifs. Dans ce sens chaque cas est personnel et il est indispensable de toucher juste dans le choix de la motivation intrinsèque. Une fois bien présentée, cette dernière peut faire naître chez l'enfant un enthousiasme surprenant à se soumettre même à une technique d'encadrement. Il m'a toujours paru insensé de demander des sacrifices à un enfant sans motiver cette requête à l'aide de bénéfices personnels évidents. Les enfants, surtout lorsqu'ils se sentent rejetés, peuvent faire l'impossible pour obtenir l'affection de leur entourage. Malheureusement cette propension a ses limites, et le rejet trop ressenti et trop prolongé peut aussi faire naître de l'agressivité et de la dévalorisation personnelle. Ceci se produit souvent chez les enfants hyperactifs non traités ou soumis à des traitements insuffisants.

Par contre, il faut se soumettre à une évidence propre à la pathologie qui nous intéresse présentement. En effet les symptômes des deux types d'hyperactivité sont souvent si intenses qu'ils rendent l'établissement d'un ensemble de motivations intrinsèques fort difficile. Les enfants mieux adaptés fonctionnent naturellement à partir de multiples stimulations intérieures. À mesure qu'on pénètre dans la population inadaptée, les motivations intérieures sont plus souvent annulées par l'anxiété et les symptômes. C'est le cas chez l'hyperactif qui a souvent besoin d'une deuxième forme de motivation plus extérieure qu'on appelle renforcement. Il s'agit de s'adapter à l'enfant et de constater après quelque temps d'encadrement si un système de motivation intrinsèque est suffisant pour entretenir le traitement. Dans l'option négative, il convient alors d'appuyer la motivation intrinsèque par un système efficace et rigoureux de renforcement extrinsèque. L'encadrement prend alors beaucoup plus la forme d'un conditionnement opérant. Les comportements désirables sont renforcés positivement, tandis que les comportements indésirables doivent être ignorés ou renforcés négativement, et cela dès que la réponse a été produite. L'importance est de bien choisir le renforcement et les agents de son application. L'aspect primordial de tout système de renforcement repose sur le fait que son succès est directement dépendant du respect des préférences de motivation du sujet. Ainsi on ne peut pas obtenir de modifications importantes de comportement sans le support d'un renforcement personnellement acceptable par le sujet.

Les principes généraux de manipulation des renforcements dans le conditionnement opérant, permettent l'utilisation d'une large variété de renforceurs, à partir des plus primitifs (nourriture) jusqu'à des systèmes plus subtils. Parmi ces derniers, on peut mentionner le principe Premack (1965), le système des jetons (Ayllon and Azrin, 1968), le système de contrôle par les pairs (Clement, 1972), et le système de « self-control » de Simmons and Wikler (1972). Après plusieurs tentatives et beaucoup de désillusions, j'en suis arrivé à un système de renforcement assez simple composé de plusieurs aspects empruntés à des systèmes déjà existants dont l'application intégrale convenait moins à l'hyperactivité.

Il s'agit de l'utilisation concomitante de deux types de renforceurs pour souligner chaque comportement et événement reliés aux exigences précises de l'encadrement. Le premier a été inspiré par la triste réalité que les enfants hyperactifs sont la plupart du temps rejetés par les membres de leur famille, ainsi que par leurs pairs et leurs professeurs. Ce qui fait nécessairement naître en eux un besoin important d'affection et d'acceptation par autrui. J'ai depuis longtemps décidé d'utiliser ce besoin exagéré comme système de renforcement à l'encadrement. C'est-à-dire que je suggère aux parents et aux professeurs engagés volontairement dans la technique d'encadrement de souligner chaque comportement positif de l'enfant (calme, détente, attention soutenue, ordre, patience, etc.) par une démonstration évidente d'affection à son égard. Pour être efficace, ce renforcement doit suivre immédiatement le comportement positif et être observable par l'enfant. Son application est évidemment plus facile à la maison. Elle est toutefois possible à l'école tout en exigeant plus de diplomatie de la part du professeur impliqué. Il lui faut tenir compte des autres enfants et souvent manifester son affection et son acceptation de façon plus discrète et nuancée, ou prendre le risque calculé de la démontrer à un moment plus opportun (récréation, période de repos, etc.). Pour ce qui est des comportements indésirables (symptômes), ils doivent être renforcés par de l'indifférence encore aussi observable par l'enfant. Il ne faut cependant pas confondre indifférence et blâme. Nous avons appris que les enfants hyperactifs réagissent souvent par une augmentation de leurs symptômes aux reproches et aux blâmes, surtout lorsqu'ils sont énoncés violemment à partir d'une réaction d'exaspération. Il s'ensuit ordinairement des scènes qui font souffrir les enfants et que les adultes regrettent amèrement. La perte de contrôle est générale et investit les deux camps d'actions. Je ne veux pas cacher le fait que l'application de cette technique de renforcement est très exigeante pour les agents d'encadrement déjà souvent exaspérés par la frénésie de mouvements de l'enfant. Ceux-ci doivent être conscients de cette difficulté avant d'offrir leur consentement à participer au traitement. Il est souvent souhaitable qu'ils se préparent eux-mêmes à être plus calmes et détendus afin d'être plus efficaces en tant qu'agents de renforcement. J'ajoute que cette forme de renforcement par l'affection peut inclure les autres membres de la famille immédiate (frères, sœurs, grands-parents, etc.). Certains auteurs comme Clément (1972) ont même rapporté des expériences de renforcement dans lesquelles on faisait participer les autres enfants de la classe comme agents renforceurs. Enfin il est important que l'enfant traité de cette façon ne soit pas conscient de la stratégie de renforcement employée. Il peut par contre savoir que plusieurs personnes authentiquement intéressées à son bonheur sont impliquées dans une relation d'aide dont il est l'objet principal.

J'ai toujours privilégié ce type de renforcement naturel surtout parce qu'il ne risque pas de créer chez l'enfant les habitudes mercantiles détestables souvent provoquées par des systèmes de renforcement à base de récompenses concrètes. Malheureusement il faut, dans certains cas plus prononcés d'hyperactivité, avoir recours à ce genre de renforcement souvent fort efficace. On doit à ce moment l'appliquer avec beaucoup de précautions, et surtout l'accompagner d'explications très précises à l'enfant. Ce deuxième type de renforcement est basé sur l'octroi de privilèges concrets et palpables pour souligner les comportements désirables. Le retour aux symptômes hyperactifs ou aux comportements indésirables est pour sa part renforcé par un retrait des privilèges. Contrairement au premier type de renforcement, l'enfant doit être maintenant nettement conscient de la stratégie employée à son égard. Il faut absolument, pour assurer le succès de la relation d'aide, qu'il y ait entente tacite entre l'enfant et les agents de renforcement sur le choix des privilèges octroyés ou retirés. L'enfant doit pouvoir clairement identifier les comportements négatifs ou positifs qui lui font perdre ou gagner des privilèges préférablement choisis avec son consentement. Ces derniers doivent être sélectionnés soigneusement à partir des préférences et habitudes propres de l'enfant. On peut les puiser parmi les objets ou les activités favorites de l'enfant. Ces privilèges peuvent aller de l'utilisation de certains objets valorisés (jouets, articles de sports, vélo) jusqu'à la réalisation de certaines activités hautement appréciées (télévision, sports, voyage, etc.). L'importance est de bien choisir l'objet de renforcement à partir d'une connaissance authentique des habitudes et des goûts de l'enfant.

Les règles du jeu doivent être claires pour le sujet et respectées scrupuleusement par les agents de renforcement. On peut avoir recours à une simple entente verbale pour établir les conditions de privation ou d'octroi des privilèges. Dans certains cas il est toutefois recommandable d'utiliser une « monnaie d'échange », sous forme de jetons ou autres denrées mesurables. On donne par exemple un jeton bleu à chaque comportement indésirables (symptômes). Les comportements désirables, d'autre part, sont soulignés par l'octroi d'un jeton rouge. On établit ensuite une forme d'échange ou de banque de récompenses ou privilèges à partir des jetons rouges possiblement annulés par les jetons bleus. Ceci est un exemple parmi tant d'autres de l'utilisation de comptoirs d'échange pour faciliter l'application du système de renforcement dans une expérience de conditionnement opérant. L'imagination en permet une constellation, aussi efficaces les unes que les autres à condition qu'elles soient comprises par l'enfant.

Enfin pour compléter ces commentaires sur l'application d'une technique d'encadrement comme base de ma stratégie thérapeutique de l'hyperactivité, il me paraît important de parler brièvement de l'utilité des réprimandes verbales et de ses effets sur cette forme de pathologie infantile. Il est bien entendu que la félicitation verbale utilisée pour renforcer un comportement désirable constitue la forme la plus efficace de remarque faite à l'enfant hyperactif. Cependant, cans les cas où les parents ou les professeurs sont capables de se contrôler suffisamment pour réprimander doucement et discrètement l'enfant à l'occasion de comportements indésirables, il peut en ressortir un avantage thérapeutique certain. La réprimande doit alors être dirigée en propre vers l'enfant, et être assez discrète pour ne pas devenir un événement collectif. Elle doit de plus être accompagnée d'explication et être motivée clairement dans l'esprit de l'enfant. Dans ces conditions, la critique ou réprimande verbale devient un autre renforcement utile que je n'hésite pas à recommander aux parents et aux professeurs. Il permet même de rappeler à l'enfant les termes et conditions du contrat d'encadrement destiné à diminuer ses symptômes d'hyperactivité. Par contre, les réprimandes fortes et publiques ne font qu'augmenter les comportements indésirables et ne servent en aucun temps de renforcement utile dans une relation d'aide. Ce type de remarques, souvent modifiées par la colère et l'exaspération, ne fait que provoquer les enfants et augmenter leur agressivité vis-à-vis de l'adulte. Une combinaison de félicitations et de réprimandes douces et expliquées a beaucoup plus d'effets thérapeutiques surtout chez l'enfant hyperactif (O'Leary et al., 1970).

4ᵉ étape
Choix d'un système de mesure de changement

Après avoir choisi et défini les comportements à modifier, analysé l'environnement dans lequel le changement doit avoir lieu, et sélectionné un système de renforcement adéquat, la prochaine étape dans la technique de conditionnement opérant est de considérer une façon de mesurer les changements obtenus. Autrement dit, il faut créer la possibilité d'apprécier concrètement l'efficacité de la démarche thérapeutique entreprise. La condition primordiale à l'élaboration d'un système de mesure d'évolution adéquat est l'établissement au début de l'intervention d'une « ligne de base » des divers comportements à modifier. Il est nécessaire de savoir précisément d'où l'on part pour bien suivre le changement.

Cette « ligne de base » représente l'état pathologique de l'enfant au début de la thérapie d'encadrement. Les comportements cibles doivent d'abord être bien définis et appréciés à leur juste valeur.

Les déviations de chaque côté de cette ligne de démarcation indiquent les succès ou les échecs thérapeutiques. Les comportements indésirables (symptômes) doivent descendre quantitativement sous la ligne de base, tandis que les comportements désirables doivent s'accumuler au-dessus de celle-ci. Les personnes évidemment les mieux placées pour apprécier ces changements sont celles qui passent le plus de temps avec l'enfant, c'est-à-dire les parents et les professeurs. Ces derniers peuvent apprécier à intervalles réguliers les changements dans la symptomatologie hyperactive à partir d'une simple observation subjective et approximative. Ou encore ils peuvent utiliser des techniques de mesure plus précises et raffinées. Pour plus de précision, on peut par exemple utiliser une mesure de la fréquence d'apparition des comportements désirables ou indésirables dans une période donnée. Un compteur manuel et une liste des comportements à changer peuvent faciliter cette tâche et la rendre encore plus précise. Les recherches sur le « niveau d'activité » des hyperactifs utilisent souvent des échelles permettant aux parents et aux professeurs d'enregistrer systématiquement les variations même journalières dans ce domaine. L'échelle d'activité de Werry-Weiss-Peters (1970), ainsi que celles plus récente de Willerman et al. (1973), en constituent des exemples typiques et faciles d'utilisation. Ces appréciations de changement chez l'enfant peuvent devenir encore plus précises par l'utilisation d'« enregistreurs d'événements multiples » et de bandes magnétoscopiques. Les mesures sont toutefois plus modestes et subjectives dans le cadre des relations d'aide de la vie courante. L'appréciation honnête et intéressée des parents et des professeurs suffit à informer efficacement le responsable de la stratégie thérapeutique sur son évolution chronologique. Il peut ainsi suggérer les réajustements souvent nécessaires à l'efficacité de la relation d'aide.

5ᵉ étape
Définition de l'agent de modification ou de traitement

La technfique d'encadrement ne peut être réalisée efficacement par de simples contacts intermittents en milieu clinique avec un agent thérapeutique profession- nel. L'époque de ce type de traitement pour l'hyper- activité est maintenant révolue. Cette réalité est encore plus évidente lorsqu'il s'agit de la réalisation de la stratégie d'encadrement par conditionnement opérant, base essentielle de l'ensemble du traitement. Avec le temps, on doit réaliser qu'on ne peut logiquement négliger les vastes ressources thérapeutiques que peuvent apporter les familles, les pairs et les professeurs des enfants hyperactifs. Le fait qu'on a tenu ces personnes pendant longtemps à l'écart de la stratégie thérapeutique constitue la principale explication des piètres résultats obtenus jusqu'à maintenant lors des diverses initiatives de traitement. L'introduction des techniques béhaviorales de modification de comportement facilite la participation d'un plus grand nombre de personnes ne faisant pas nécessairement partie des équipes psycho-médicales. Une terminologie et des relations d'aide plus simples permettent une participation encore plus hétérogène au traitement. Les agents de changement étant plus nombreux et variés, l'action thérapeutique ne peut faire autrement qu'en devenir plus efficace et rapide. La prolifération des endroits physiques (foyer, école, gymnase, cour de récréation, etc.) où l'action thérapeutique se déroule constitue aussi un facteur important dans sa réussite. Le traitement de l'hyperactivité devient enfin la tâche logique, non seulement d'une équipe professionnelle multi-disciplinaire, mais aussi des nombreux membres de l'entourage familier de l'enfant.

Relaxation systématique

Souvent les deux sortes d'hyperactivité sont vécues de façon tellement excessive qu'elles rendent impossible tout effort d'encadrement conditionné, et même toute tentative de psychothérapie ou autres rééducations plus spécialisées (psychomotricité, parole, dyslexie, etc.), mises à part les médications biochimiques pour les raisons que nous savons. Seule l'application systématique d'une technique de relaxation permet d'avoir une prise sur une telle pathologie et d'ouvrir la voie aux autres thérapies en apportant une sédation et un début d'organisation dans un organisme jusqu'alors presque totalement anarchique. Le contrôle moteur et la détente obtenus par la relaxation servent donc de complément nécessaire à la stratégie thérapeutique principale qu'est l'encadrement. Il est même souhaitable que son apprentissage soit initié quelque temps avant d'entreprendre la modification de comportement par conditionnement opérant. L'enfant est ainsi rendu plus disponible et malléable aux changements suggérés dans cette forme de thérapie tout de même fort exigeante. Dans la mesure où la relaxation a déjà produit ses effets calmants, l'abandon des comportements indésirables est plus facile et précoce. De plus, le contrôle tonique obtenu appuie et assure la poursuite de la stratégie d'encadrement. Je suis même persuadé que l'application efficace d'une thérapie béhaviorale telle que décrite plus tôt est presque irréalisable chez les hyperactifs sans le support d'une technique de relaxation systématiquement vécue.

Mais avant d'aborder la description détaillée d'une telle technique, considérons quelques avantages classiques et évidents associés à l'apprentissage et à la maîtrise de la relaxation par un enfant hyperactif. Nous allons les passer rapidement en revue :

1. *Détente réparatrice*

La dépense extraordinaire d'énergie des enfants hyperactifs occasionne habituellement une telle fatigue qu'ils se sentent facilement découragés devant les tâches habituelles de la vie et à plus forte raison devant la perspective des efforts supplémentaires rattachés à une stratégie d'encadrement. La maîtrise d'une technique de relaxation se présente alors comme une solution bienfaitrice puisqu'elle procure une économie d'énergie certaine. Bien appliquée et efficacement vécue par l'enfant, elle procure des effets récupérants similaires au sommeil. Les sujets bien entraînés en voient leurs capacités d'endormissement et de sommeil profond réparateur augmentées.

2. *Détente et calme dans l'action*

La répétition systématique à tous les jours et pendant des mois des exercices de relaxation a aussi pour effet de conditionner l'enfant à plus de calme et de retenue dans l'action. Le symptôme principal de l'hyperactivité, l'hyperkinésie, est ainsi directement touché et amoindri. L'enfant apprend à freiner ses gestes et à contenir ses mouvements au cours des séances de relaxation journalières. Puis cet apprentissage se transfère petit à petit aux activités de tous les jours. Il s'agit ici d'une forme de conditionnement plus physiologique, qui a l'avantage de s'imprégner solidement dans l'organisme si l'entraînement est exécuté avec persévérance. De plus, l'état de calme naturel obtenu n'a pas le caractère apathique et engourdissant de la détente artificielle procurée par les médicaments tranquillisants et autres. Les capacités intellectuelles et affectives sont laissées intactes. On peut même ajouter que les émotions authentiques et justifiées ne s'en trouvent que plus vives et plus profondément ressenties. Notons enfin que la qualité du contrôle obtenu sur l'agitation et l'impulsivité dépend essentiellement de la régularité et du caractère répétitif des exercices de détente. Bien entendu l'intensité et la gravité du syndrome hyperactif conditionnent aussi la réussite d'une telle entreprise. Je dois cependant admettre que je n'ai encore jamais rencontré un enfant hyperactif qui n'était pas calmé dans une certaine mesure par une application systématisée et assez prolongée (quelques mois) d'une technique de relaxation sérieusement conçue.

3. *Efficience et rendement*

L'état de concentration sur des états physiologiques spécifiques permet à l'enfant d'intensifier ses capacités de concentration psychique, et ainsi d'augmenter son attention dans les tâches d'apprentissage scolaire. Il se produit un transfert inévitable entre ces deux formes de concentration. Beaucoup de professeurs avouent spontanément que leurs élèves sont plus calmes et se concentrent mieux même après des séances de relaxation. collectives. À plus forte raison devons-nous attendre au moins les mêmes effets lorsque la technique est administrée individuellement ou à des petits groupes. Un autre symptôme très embarrassant de l'hyperactivité, la distractibilité, est alors directement atteint et habituellement amoindri, avec le résultat que le retard scolaire souvent considérable peut être diminué. La capacité d'attention soutenue procurée par la relaxation systématique est d'ailleurs la plupart du temps la première expérience véritable de concentration que vivent les enfants hyperactifs. Il n'est pas rare de les entendre l'avouer spontanément et avec beaucoup de reconnaissance. L'expérience est toute nouvelle pour eux et leur procure habituellement beaucoup d'espoir dans leur lutte pour passer au travers de leur problème.

4. *Diminution de la tension*

Enfin la relaxation, en plus d'une meilleure capacité de discipline motrice, de maîtrise de soi et de concentration, constitue une partie importante de la rééducation psychomotrice nécessaire surtout au traitement des hyperactifs constitutionnels avec déficit moteur. En effet, par son action directe sur l'appareil neuro-moteur, elle demeure la meilleure façon de diminuer la paratonie et les syncinésies exagérées qui constituent les stigmates de base du retard moteur considérable de cette forme d'hyperactivité. La libération et la mise en action normale du tonus de fond et du tonus induit sont absolument nécessaires à toute rééducation d'un déficit de la motricité corporelle ou manuelle. Or même si on réussit à atteindre les grands symptômes de cette forme d'hyperactivité par l'encadrement et même certains médicaments, il n'en reste pas moins que les sujets atteints restent handicapés par leur incapacité de réalisation motrice. En d'autres mots, ils sont plus contrôlés et plus calmes, mais encore aussi maladroits et incapables de réaliser les activités scolaires et ludiques les plus modestes. La relaxation bien appliquée, en rendant au tonus musculaire sa fonction naturelle, constitue la base essentielle à une reconstruction de cette inaptitude chronique aux gestes nécessaires de la vie.

Ajoutons qu'un bon nombre de ces enfants subissent, en plus des symptômes principaux de la débilité motrice, des lacunes importantes au niveau du schéma corporel. Elles peuvent aller d'une simple ignorance des parties du corps jusqu'à des troubles plus complexes reliés à la perception et à l'exécution de certaines positions du corps dans l'espace. L'attention considérable que les enfants doivent accorder aux diverses parties de leur corps dans les nombreux exercices d'une relaxation systématisée ne peut faire autrement que de combler de telles lacunes. Bien entendu, pour agir efficacement sur un problème sérieux du schéma corporel, il faut ajouter à la relaxation des exercices dynamiques et de représentation s'adressant de façon encore plus appropriée au problème.

Pour terminer, il convient de souligner que l'ambiance, nécessairement plus chaude et détendue des séances de relaxation, favorise l'établissement souvent difficile du contact chaleureux exigé dans la relation thérapeutique. Il y a dans ce type de traitement plus simple et plus dégagé un contraste heureux avec les exigences parfois rigoureuses de l'encadrement par conditionnement opérant. La complémentarité des deux approches thérapeutiques ne s'en trouve que plus entière et efficace.

Description et déroulement de la technique

On pourrait logiquement répartir les diverses méthodes de relaxation psychosomatique en deux grandes familles : concentrative ou psychique, et physiologique. La première, comme son nom l'indique, est essentiellement basée sur un apprentissage par concentration profonde. Il s'agit d'une expérience très personnelle dans laquelle le sujet apprend graduellement à détendre toutes les parties de son corps en se concentrant le plus profondément possible sur une diminution de tension musculaire dans chacune d'elles. La méthode de relaxation concentrative la plus connue et probablement la plus efficace est le «Training Autogène» de Schultz (1956). Conçue à l'origine pour aider les adultes à se détendre et à prendre un bon contrôle sur leur organisme, elle est divisée en six étapes et son acquisition est basée sur un entraînement autogène de trois mois. Dans le passé, plusieurs tentatives sérieuses d'application aux enfants n'ont servi qu'à démontrer de plus en plus clairement qu'elle est difficilement utilisable avec des enfants plus jeunes que dix ans. En effet, son apprentissage efficace exige une capacité de concentration profonde qu'on retrouve normalement avec l'acquisition de l'intelligence formelle. Les thèmes sur lesquels le sujet doit réfléchir profondément sont légèrement trop abstraits pour convenir aux capacités intellectuelles trop concrètes des enfants en bas de dix ans. De plus l'application du «Training Autogène» exige une supervision professionnelle sérieuse qui n'entre pas dans le cadre des prévisions thérapeutiques générales de l'hyperactivité. Rappelons-nous que l'essentiel du traitement d'encadrement et de relaxation est axé sur une participation active et constante des parents et des professeurs. Il serait par conséquent illogique de songer à former tous ces participants à la supervision efficace d'une technique aussi complexe et délicate que le «Training Autogène» de Schultz. D'autant plus qu'au cours des six étapes de cet entraînement individuel, on doit s'habituer à modifier le fonctionnement actuel de groupes d'organes vitaux de l'organisme. On touche d'abord aux muscles striés locomoteurs, puis à la circulation sanguine et au système cardiaque. Par la suite le sujet s'entraîne à contrôler sa respiration avant d'apprendre à détendre les muscles lisses des organes internes de la digestion. La dernière étape concerne l'irrigation sanguine du cerveau. Il ne convient donc pas que des personnes sans formation médicale adéquate prennent le risque de bouleverser le fonctionnement normal de ces systèmes très délicats. Pour ces raisons je ne suggère pas l'utilisation de cette méthode, tout de même considérée comme la meilleure chez les adultes et les adolescents, dans le cadre d'une thérapeutique générale du syndrome hyperactif des enfants.

L'autre famille de techniques de relaxation est beaucoup moins exigeante au point de vue concentration et peut ainsi être appliquée à des enfants même très jeunes. Elle groupe un ensemble de méthodes concrètes et simples, quoique malheureusement fort onéreuses sur le plan de la chronologie et du personnel impliqué. Le chef de file de cette famille est la « Relaxation Progressive » de Jacobson (1938). Il s'agit d'un entraînement très physiologique et analytique par lequel le sujet apprend à décontracter un par un les divers groupes de muscles de son organisme. Il doit suivre à la lettre les directives d'un superviseur, souvent sur une période de temps fort considérable (une à deux années selon la gravité du cas). C'est une méthode qui doit être appliquée individuellement quoi qu'il soit possible d'organiser de petits groupes en sacrifiant la qualité de la supervision. Malgré ces désavantages surtout économiques, le principe de base de la technique de Jacobson est à retenir. Il consiste en une association étroite entre le vécu d'une contraction et d'une décontraction au niveau des nombreux groupes de muscles impliqués. Le fait de vivre presque simultanément une détente et une crispation musculaire facilite énormément chez les enfants, même très jeunes (deux ou trois ans) la compréhension du contrôle musculaire et de la détente. Enfin je ne peux toutefois pas suggérer l'application intégrale de cette technique à cause des inconvénients de temps et de supervision déjà énoncés.

La méthode que je favorise actuellement, et déjà depuis quelques années, se situe à mi-chemin entre ces deux familles et utilise de façon bien dosée l'essentiel thérapeutique de chacune d'elles, tout en en éliminant la majorité des inconvénients d'application. En quelques mots, elle consiste en un alliage du principe de base de Jacobson (association de contraction-décontraction) et de concentration sur des états musculaires concrets et simples, selon une adaptation du « Training Autogène » de Schultz. Ce qui est très important, c'est que cette méthode est applicable individuellement, ainsi qu'à des petits et moyens groupes d'enfants (de deux à trente). Elle peut aussi être administrée efficacement par les parents et les professeurs à partir d'un entraînement pratique de quelques jours et d'une supervision professionnelle occasionnelle. Ces dernières caractéristiques en font un complément idéal dans l'ensemble de mon approche thérapeutique. Elle permet d'inclure plus de participants efficaces et intéressés dans l'équipe thérapeutique. Cela constitue un avantage considérable, puisque le manque d'effectif humain au traitement de l'hyperactivité constitue probablement la meilleure explication des nombreux échecs thérapeutiques passés. L'hyperactivité est une pathologie infantile tellement exigeante et souvent exaspérante, qu'il faut éviter le plus possible de s'y attaquer seul. Plus l'équipe thérapeutique est importante et variée, plus grandes sont les chances de succès. Or j'ai appris dans le passé que les parents et les professeurs peuvent appliquer très sérieusement ma technique de relaxation en autant qu'elle leur soit bien démontrée. Il leur est ainsi possible de l'associer étroitement à l'encadrement conditionné à l'école et à la maison. L'enfant peut alors bénéficier d'un traitement constant et efficace dans son milieu naturel et sans trop de dérangement dans sa routine de tous les jours. Gardons toujours à l'esprit que les hyperactifs supportent très mal les changements et que la création autour d'eux d'un climat de régularité est un support thérapeutique essentiel. De plus, il semble absurde d'énerver continuellement un enfant par de multiples déplacements dans le but de lui apprendre à se détendre et à se calmer. L'apprentissage de la relaxation dans le milieu naturel et sans dérangement devient par conséquent idéal.

Pour faciliter la description de la méthode de relaxation suggérée, il me semble utile de la replacer dans son bref contexte historique. Un court exposé de son évolution et de son utilisation permettra au lecteur de mieux en apprécier la valeur et les diverses possibilités d'emploi. Sous sa forme presque actuelle, elle fut expérimentée pour la première fois en 1973 sur un petit groupe de déficients mentaux de sept à douze ans de l'hôpital Rivière-des-Prairies de Montréal. Le but de la recherche était de vérifier les effets d'une technique de relaxation simple sur la capacité d'apprentissage de ces enfants. L'équipe d'expérimentation, composée de psychologues cliniciens et d'orthopédagogues de l'Université de Montréal, devait en plus vérifier les possibilités de détente physiologique et psychologique de la méthode, à l'aide de tests neuro-moteurs, de l'électroencéphalogramme, ainsi que des autres instruments habituels de mesure physiologique du polygraphe (cœur, pression artérielle, respiration, sudation, dilatation de la pupille). Les résultats firent conclure d'abord à une nette facilitation de l'apprentissage pendant et après les séances de relaxation. De plus, les diverses données inscrites au polygraphe des modifications physiologiques ainsi qu'à l'électroencéphalogramme indiquèrent un effet généralisé de détente de l'organisme. La relaxation des divers aspects de l'organisme avait surtout lieu pendant les séances mais se prolongeait aussi durant une bonne partie (trente à quarante minutes) de l'heure qui les suivait. Encouragé par ces résultats positifs, j'ai depuis ce temps utilisé la technique en clinique sur des centaines d'enfants souffrant de troubles psychomoteurs et surtout d'hyperactivité. Les effets calmants obtenus sur les deux types d'enfants hyperactifs ne font pour moi aucun doute. Mais ce qui me semble la meilleure qualité de cette méthode de détente fort simple, c'est son action nette sur la diminution de la crispation musculaire (paratonie) qu'on retrouve à l'origine des déficits moteurs importants.

En 1980, j'ai d'ailleurs appliqué systématiquement (deux séances de quinze minutes par jour) la méthode pendant une période de trois mois à un groupe d'adolescents déficients mentaux et nettement débiles moteurs. Le but de l'expérience était de vérifier par la méthode de «test-retest» l'efficacité de ce type de relaxation sur l'amélioration de l'habileté corporelle et manuelle. En fait il s'agissait d'apprécier les capacités de «déparatonisation» de la méthode, et ainsi son aptitude à libérer l'appareil neuro-musculaire des enfants de sa crispation pathologique. Encore une fois des résultats nettement appréciables furent observés, et souvent après une courte application de la méthode. Les éducateurs de l'institution insistèrent même sur ses effets calmants prolongés et durables. Enfin, depuis environ cinq ans, une trentaine d'écoles du secteur primaire régulier de la ville de Montréal utilise cette technique à tous les jours (deux séances de quinze minutes) dans les classes de maternelle et du premier cycle. Cette initiative est destinée principalement à améliorer l'apprentissage des enfants par la création d'une atmosphère plus calme et détendue dans les groupes. On pense aussi certainement à la prévention des troubles psychomoteurs et d'apprentissage. En général les professeurs sont satisfaits des effets des séances de relaxation ; mais ce qui me semble encore plus significatif, c'est que les enfants eux-mêmes en apprécient ouvertement l'application.

Mais il est temps maintenant de parler du déroulement de la technique.

Commençons par l'énumération de quelques contingences purement physiques, dont le respect ne peut que faciliter la réussite de l'expérience. En premier lieu il est bon de savoir que ce type de relaxation peut être administré aussi bien individuellement qu'à des petits (deux à cinq) et moyens (cinq à vingt-cinq) groupes. Le nombre de participants dépend surtout de l'espace disponible. Il faut absolument que les enfants traités puissent s'étendre confortablement sur le dos sans se toucher les uns les autres. Toutefois l'isolement physique des enfants ne constitue pas la seule limite du nombre des participants. Il est aussi important de s'assurer que l'administrateur de la technique puisse vérifier les progrès de détente de chaque enfant, et cela à chacune des séances. Pour cette raison, des groupes dépassant trente sujets deviennent excessifs et peu recommandables. Bien entendu, plus le groupe est limité et plus il est possible de s'occuper activement des enfants pendant le déroulement de la séance.

L'ambiance physique de la séance comporte aussi certaines exigences. Par exemple, il faut s'assurer que les bruits extérieurs soient réduits au maximum. Il ne doit faire ni trop chaud, ni trop froid. Quant à l'éclairage, il est évident qu'on doit aussi essayer de le limiter le plus possible. Il faut de plus que le sujet soit couché sur une surface suffisamment confortable. Je suggère habituellement l'usage de petits matelas de caoutchouc mousse dans les écoles. Les enfants peuvent facilement les mettre près de leur pupitre pendant les séances de relaxation. À la maison, les lits ou les tapis peuvent être utilisés convenablement. On doit surtout éviter de faire étendre les enfants directement sur un plancher dur. Ils en ressentent très vite un malaise qui les empêche de se concentrer sur les consignes présentées.

Une dernière condition très importante à respecter est la fréquence des séances et leur durée. Il est indispensable que les séances soient répétées au moins deux fois par jour pendant toute la durée de l'apprentissage. Une séance vécue ici et là sans continuité n'apporte guère de résultat. Ce type d'entraînement exige une répétition rapprochée des exercices pour être efficace. Il ne faut jamais oublier que la raison principale du traitement est de briser une habitude d'agitation et de crispation musculaire souvent très solidement installée chez l'enfant. Il faut donc essayer de faire en sorte qu'il y ait le moins possible de journées sans exercice durant la semaine. D'ailleurs les séances doivent, au début de l'entraînement, être très courtes pour ne pas ennuyer les enfants. On ne doit pas durant les premières semaines exiger plus de cinq minutes d'exercice. Plus tard les séances peuvent se prolonger jusqu'à quinze minutes ou plus, selon les dispositions du sujet et les circonstances qui prévalent. Plusieurs séances courtes bien exécutées et rapprochées les unes des autres ont beaucoup plus de valeur d'apprentissage qu'une longue période isolée.

Enfin, malgré le respect de ces quelques conditions physiques, la conduite de la technique de relaxation peut être entièrement gâchée par l'attitude crispée, tendue ou nerveuse de certains administrateurs. Les enfants même très jeunes détectent avec beaucoup de facilité la tension et la nervosité des adultes qui les entourent. Le langage tonique n'est-il pas la forme de communication la plus primitive? Or puisque l'application de la technique exige des contacts physiques et des manipulations, il est très facile aux adultes tendus et nerveux d'être ainsi perçus par les enfants. C'est principalement pour cette raison que je suggère depuis longtemps aux personnes responsables d'enseigner la relaxation de commencer par vivre eux-mêmes une technique appropriée.

Instructions et consignes à l'enfant

Pendant les séances de relaxation, l'enfant doit vivre trois types différents d'expériences : respiration contrôlée, contraction-décontraction et concentration sur certains segments du corps (bras et jambes). La synchronisation et la séquence de ces divers vécus doivent être très bien comprises pour que l'exercice soit efficace. C'est précisément pour cette raison que j'ai mis au point une méthode d'instruction précise et facile à réaliser même avec des enfants très jeunes ou très lents sur le plan intellectuel. Elle comprend cinq étapes successives qui peuvent être toutes réalisées lors de la première rencontre avec le sujet ou le groupe. Il s'agit d'instructions verbales favorablement accompagnées de démonstrations visuelles de la part de l'administrateur de la technique.

1. Entrée en matière et motivation

Il est indispensable, avant de donner les consignes d'exécution, de dire à l'enfant pourquoi on lui propose une telle expérience. Il faut, autrement dit, lui donner le goût de vivre la relaxation. Proposer à des enfants hyperactifs de s'empêcher de bouger pendant des périodes de temps qui leur paraissent longues n'est pas une tâche qu'il faut prendre à la légère. S'arrêter pendant quelques minutes leur semble une éternité. Et surtout s'il s'agit de le faire deux fois par jour régulièrement pendant des semaines et des mois. Pour cette raison, les explications assez simples qui parviennent à motiver des enfants normaux plus calmes ne suffisent pas chez les hyperactifs. Ces derniers doivent y voir un bénéfice directement relié à leur problème. C'est ainsi que les hyperactifs socio-affectifs réagissent beaucoup plus positivement aux motivations qui touchent une amélioration de leurs relations avec leurs parents, leurs professeurs et leurs copains. Ils sont aussi sensibles à tout ce qui peut améliorer leur rendement scolaire. Quant aux hyperactifs constitutionnels avec déficit moteur, il est plus facile de les motiver à vivre la relaxation s'ils y voient une façon d'améliorer leur capacité motrice surtout dans les jeux et les sports. On peut aussi les atteindre en leur disant que la relaxation peut les aider à diminuer certains problèmes d'apprentissage. Certains d'entre eux, souffrant d'isolement à cause de leur handicap moteur, réagissent aussi par beaucoup d'enthousiasme si on peut les convaincre que le calme apporté par la relaxation peut les rendre plus attirants et agréables pour leurs pairs. Enfin les enfants sont d'autant plus facilement motivables qu'on adapte bien la sensibilisation à leurs besoins, en tenant compte de leur âge, de leurs problèmes, et de leurs intérêts propres.

2. *Respiration contrôlée*

Après une sérieuse période de motivation, il est temps de passer à la description des exercices eux-mêmes. Après avoir demandé à l'enfant de s'étendre sur le dos et de fermer ses yeux, on lui propose un type de respiration un peu spécial qu'on lui demande immédiatement de pratiquer en imitant une démonstration évidente de l'administrateur. Il doit d'abord faire entrer de l'air «lentement et graduellement» dans ses poumons jusqu'à ce qu'il les sente pleins. Ensuite on lui demande de laisser sortir l'air aussi lentement et graduellement jusqu'à ce qu'il sente ses poumons vides. Un exemple apparent peut être avantageusement donné par l'adulte. Il peut aussi utiliser des exemples concrets comme «le ballon qui se gonfle et qui se dégonfle», etc. Je favorise l'emploi de cette figure à cause de son analogie heureuse avec le système musculaire. «Plus le ballon est gonflé, plus il devient dur; et lorsqu'il se dégonfle, il devient de plus en plus mou» (comme les muscles détendus). L'administrateur doit s'assurer que l'enfant «ne force pas» sa respiration, aussi bien à l'inspiration qu'à l'expiration. Elle doit être contrôlée dans son débit, mais non exagérée sur le plan quantitatif. Pour bien réaliser cette consigne, l'adulte peut prendre exemple sur sa propre capacité pulmonaire et l'adapter à l'âge des enfants.

3. Contraction-décontraction

Une fois l'exercice de respiration contrôlée bien compris et pratiqué par l'enfant, on passe à l'explication de l'action musculaire dualiste de contraction-décontraction. Le sujet doit alors apprendre, dans un premier temps, à raidir les muscles de ses bras et de ses jambes lentement et graduellement «jusqu'à ce qu'ils soient bien durs; puis dans un deuxième temps, à les laisser se détendre encore "lentement et graduellement" jusqu'à ce qu'ils soient bien mous et lourds». Une démonstration de la part de l'examinateur facilite énormément cette partie de la consigne. On peut aussi utiliser des exemples concrets d'objets qui se contractent et se décontractent : corde, bande de caoutchouc, poupée de guénille, etc.

4. Synchronisation de la respiration et des modifications volontaires de tonus musculaire

La prochaine étape de consignes consiste à faire comprendre au sujet qu'il doit coordonner les deux premiers exercices. On commence par lui dire que la contraction va avec l'inspiration d'air, tandis que la décontraction accompagne l'expiration. En d'autres mots, on lui demande de raidir ses muscles en même temps qu'il remplit ses poumons et que, lorsque ces derniers sont tout pleins d'air, ses bras et ses jambes doivent être très durs et raides. C'est alors qu'il doit laisser sortir lentement l'air en même temps qu'il diminue la raideur de ses membres. L'exemple du ballon qui se durcit lorsqu'il est gonflé, et se ramollit lorsqu'il se vide, est habituellement très utile pour illustrer cette explication. On fait alors pratiquer cette consigne de coordination pendant quelques minutes au sujet ou au groupe. L'administrateur en profite alors pour vérifier si ses explications ont été bien comprises. L'exercice synchronisé respiration–contraction ne doit jamais dépasser cinq minutes, afin d'éviter que le sujet ne ressente les petits malaises désagréables (étourdissement léger et céphalée) quelquefois causés par une hyperventilation prolongée. Surtout au tout début de l'expérience de relaxation, on doit s'assurer que l'enfant ne vive que des sensations agréables.

5. *Concentration sur la détente des membres*

Cette étape nécessite très peu d'explications. Il faut tout simplement la faire vivre au sujet à partir de consignes très simples. Après quelques minutes de pratique de relaxation synchronisée, on leur demande tout simplement à la fin d'une expiration–décontraction de « ne plus rien faire » et de « penser profondément à leurs jambes et à leurs bras lourds ». On doit leur faire comprendre qu'ils peuvent à ce moment respirer normalement et se reposer, tout en essayant d'imaginer leurs membres très lourds. Plus le sujet est jeune, plus on doit accompagner cette consigne d'exemples concrets (poupée de chiffon, corde molle et lourde, spaghetti chaud, etc.).

Au cours de cette dernière manœuvre passive, on fait prendre conscience à l'enfant de sa décontraction musculaire en mobilisant ses segments (bras et jambes), ou tout simplement en les palpant doucement. Ces mobilisations très importantes peuvent se faire sous forme de « levée de segment ». Les bras sont soulevés délicatement de quelques centimètres au coude ou au poignet, puis abandonnés dans une chute vers le matelas. La lourdeur du membre et l'intensité de sa chute indique la qualité de la détente musculaire. La flexion au niveau du coude constitue aussi un indice indispensable de décontraction. D'autre part on vérifie la détente des jambes en les soulevant au niveau du genou et en les laissant tomber. La décontraction est alors démontrée par la flexion du genou et par l'intensité de la chute du membre. Ces mobilisations servent à faire prendre conscience des variations de tonus musculaire, et doivent par la suite être utilisées sous forme de « Testing » ou de vérification de progrès à l'occasion de chaque séance. D'ailleurs, lorsqu'il s'adresse à des groupes, l'administrateur peut se faire aider à cette fin par les enfants. Ces derniers n'en saisissent que plus clairement le jeu des augmentations et diminutions de tonus musculaire. Ajoutons enfin que ces mobilisations de segments facilitent et enrichissent le contact entre l'enfant et l'adulte. Certains sujets carencés en profitent de façon évidente et deviennent plus enthousiastes vis-à-vis de l'ensemble du traitement.

Les cinq étapes d'explication et de motivation terminées, le sujet est maintenant prêt à vivre systématiquement la technique de relaxation. Même s'il est prudent de revenir quelquefois sur les motivations, il n'est dorénavant plus nécessaire d'insister sur les explications et les consignes. Les enfants n'ont habituellement besoin que d'une séance d'explication pour tout comprendre. Lorsque la technique est appliquée à l'école à des petits groupes (thérapie) ou à des classes entières (prévention et détente), il est recommandable de situer les séances au milieu de l'avant-midi et de l'après-midi. Elles ne doivent en aucun cas remplacer les récréations ou autres activités privilégiées par les enfants. Les professeurs doivent laisser entendre aux enfants que la relaxation est aussi importante pour eux que les autres apprentissages scolaires.

À la maison, les séances peuvent être placées à des périodes propices et adaptées aux activités de la famille. Le retour de l'école et la période qui précède immédiatement le sommeil sont habituellement des moments bien choisis pour la relaxation. En début de pratique les séances ne doivent pas dépasser dix minutes. Par la suite, et selon les progrès du sujet, on peut les prolonger jusqu'à vingt et trente minutes surtout quand ce dernier en manifeste ouvertement le désir. Après la période des explications, les séances peuvent être divisées en deux parties : respiration et modification de tonus, puis concentration sur la lourdeur. Il convient alors à l'administrateur de la technique de doser la longueur des deux exercices selon l'état et les réactions du sujet au moment de la séance. Plus le sujet est agité et tendu, plus longtemps on doit prolonger les exercices actifs de respiration et de contraction-décontraction. Ces derniers ont un effet sédatif plus puissant. C'est ainsi qu'avec un sujet ou un groupe plus calme et détendu, on peut se contenter de deux ou trois minutes seulement d'exercices actifs et prolonger la période plus passive de concentration. Souvent d'ailleurs, après plusieurs semaines d'entraînement, les séances peuvent être presque entièrement consacrées à une concentration profonde devenue alors suffisante à abaisser l'agitation et le tonus musculaire. L'enfant commence dès lors à prendre un contrôle réel et solide sur son tonus de fond et peut s'engager de façon encourageante vers une diminution de son hyperactivité et de sa maladresse. L'administration régulière et prolongée d'une telle technique, associée au traitement d'encadrement conditionné, ne peut faire autrement que de diminuer de façon souvent spectaculaire les principaux symptômes des deux types d'hyperactivité.

Traitement complémentaire pour l'hyperactivité socio-affective

Pour être vraiment efficace, le traitement de base commun aux deux types d'hyperactivité doit être accompagné et soutenu par un traitement spécifique à chaque manifestation du syndrome. Cette partie apparemment secondaire de la thérapeutique générale est d'ailleurs aussi indispensable que l'encadrement et la relaxation puisqu'elle s'attaque plus directement à l'étiologie du problème. À mon avis, un traitement entièrement dirigé vers les symptômes ne ferait qu'apporter un soulagement temporaire. Dans le cas de l'hyperactivité d'origine socio-affective, les symptômes sont entretenus continuellement par la proximité des causes provocantes. On a attribué en effet, dans un chapitre précédent, cette forme d'hyperactivité à des irrégularités de la vie familiale et à des problèmes de personnalité des parents. Une étiologie socio-affective provoquant l'utilisation névrotique du mécanisme d'évasion a été suggérée. Il n'est pas nécessaire de revenir sur ces hypothèses étiologiques puisqu'elles ont déjà été discutées à fond. Je tiens cependant à dire que si tous les moyens utilisés pour établir un bon diagnostic différentiel indiquent que nous avons affaire à une hyperactivité socio-affective, il faut entreprendre le plus tôt possible les démarches thérapeutiques nécessaires à une diminution efficace de l'emprise de l'étiopathogénie particulière du problème.

Pour arriver à cette fin, il est indispensable que l'équipe thérapeutique s'adjoigne les services de spécialistes des troubles socio-affectifs. Il peut alors s'agir de psychiatres, de psychologues cliniciens, de travailleurs sociaux, etc. L'importance de leur participation devrait alors dépendre des divers mécanismes à toucher lors de la correction de la situation. Lorsque les parents sont directement impliqués, l'accent thérapeutique peut être dirigé vers des modifications du milieu familial ou de certains comportements aberrants chez l'un ou l'autre de ceux-ci. L'utilisation appropriée de psychothérapie individuelle, de couple, ou familiale, peut dans ce cas apporter des résultats très positifs. Bien entendu, l'enfant lui-même doit bénéficier de ces soins professionnels. Une attention particulière doit être accordée à la diminution de l'utilisation du mécanisme d'évasion. Une psychothérapie individuelle permet alors de bien lui faire comprendre la présence chez lui de ce mécanisme négatif, ainsi que la nécessité de sa disparition. Le psychothérapeute doit aussi s'efforcer de le remplacer par des mécanismes de défense plus positifs et plus efficaces. Le support des parents et des professeurs facilite habituellement beaucoup cette tâche. L'enfant doit apprendre principalement à arrêter de fuir devant les exigences de la vie et à faire face honnêtement à ses responsabilités familiales et scolaires. L'encadrement conditionné contribue d'ailleurs déjà à la réalisation de ce but. Mais la psychothérapie rend le changement plus réalisable en apportant à l'enfant une motivation logique et claire à tous les efforts qu'il doit fournir. L'âpreté des exigences de l'encadrement s'en trouve de beaucoup diminuée, puisqu'il sait et accepte pourquoi celles-ci lui sont proposées.

D'autre part les efforts psychothérapeutiques dirigés vers l'enfant peuvent être futiles s'ils ne sont pas supportés par une amélioration de la situation familiale. Il est illogique de s'attaquer à l'utilisation chez l'enfant du mécanisme d'évasion dans l'hyperactivité, si on laisse toute sa force à l'étiologie qui la provoque. Nous croyons en effet que le mécanisme d'évasion à la base des symptômes de l'hyperactivité socio-affective est transmis par identification aux parents. Des recherches récentes soulignent que l'immaturité et l'impulsivité sont souvent présentes chez l'un ou les deux parents de ces enfants. Elles sont accompagnées d'une utilisation abondante du mécanisme d'évasion dans l'alcoolisme ou dans certaines formes d'irrégularités socio-affectives. Il nous paraît en conséquence indispensable que l'approche thérapeutique tienne compte de cette réalité. Bien que la tâche semble souvent énorme, il faut essayer d'abord de rendre les parents conscients de leur problème et de l'effet qu'il produit chez leur enfant. Nous avons vu de nombreux parents s'attaquer à diminuer leurs comportements évasifs et immatures dans le but précis d'aider leur enfant. Il faut qu'ils soient bien supportés et régulièrement rappelés à l'ordre ; mais les efforts apportent la plupart du temps des résultats satisfaisants pour les parents et l'enfant. Une explication très claire de l'origine du mécanisme d'évasion et de ses manifestations courantes doit être fournie aux parents et à l'enfant. On doit de plus abondamment souligner, à l'aide d'exemples concrets, les effets de son utilisation dans la vie, et son rôle néfaste dans les diverses réalisations sociales et scolaires. Si c'est surtout vers la transmission par les parents du mécanisme de défense d'évasion que le psychothérapeute doit diriger ses efforts, il doit aussi garder à l'esprit que l'hyperactivité socio-affective peut être transmise et renforcée par une méthode d'éducation aberrante. N'oublions pas les résultats de l'enquête familiale réalisée récemment sur une population d'enfants hyperactifs de la région de Montréal. Ceux-ci indiquent bien qu'on retrouve dans presque toutes les familles de ces enfants une tendance à renforcer maladroitement la plupart des symptômes de l'hyperactivité. En d'autres termes, ces parents ont l'habitude de tourner leur attention vers leur enfant surtout lors de l'expression des symptômes hyperactifs. Lorsque l'enfant est calme et ordonné, ils l'ignorent littéralement. Cette façon d'encourager involontairement la pathologie doit être bien expliquée aux parents. On doit de plus s'efforcer de leur suggérer des méthodes d'éducation plus saines et plus consistantes. L'irrégularité dans l'octroi des réprimandes et des punitions doit aussi être considérée. L'hyperactivité socio-affective est entretenue dans certaines familles par une inconsistance souvent intolérable par l'enfant. Ce dernier ne sait jamais s'il sera puni ou récompensé pour tel ou tel comportement. Il ne sait jamais non plus si ses parents l'aiment ou le détestent. L'importance des symptômes d'agitation, en particulier, a régulièrement pour effet d'exaspérer ces parents souvent immatures et impulsifs. Une ambivalence affective caractéristique à cette pathologie infantile en découle, et elle provoque chez l'enfant une inquiétude qui entretient et augmente ses symptômes. La violence dans le milieu familial est un facteur souvent présent qu'il ne faut pas négliger. Elle est la cause de nombreuses fugues et même d'abandon du foyer chez les hyperactifs socio-affectifs. Souvent incontrôlable, elle représente probablement la principale cause d'échec thérapeutique. Les tendances dépressives rencontrées assez souvent chez la mère ne sont pas non plus de nature à faciliter la relation d'aide. Il est cependant encourageant de constater que ces quelques lacunes éducatives peuvent être diminuées par des rencontres thérapeutiques bien organisées avec les parents.

Enfin une psychothérapie bien adaptée à l'hyperactivité socio-affective devrait porter une attention particulière à la présence d'un sentiment de dévalorisation chez l'enfant. Et à plus forte raison si le problème dure déjà depuis plusieurs années. Les enquêtes cliniques dans ce sens sont catégoriques, bien qu'elles ne précisent pas dans quelle manifestation précise d'hyperactivité se retrouve le plus souvent cette dévalorisation personnelle. Pour ma part, j'ai l'impression que les deux types d'enfants hyperactifs peuvent souffrir de ce problème quand ils ne bénéficient pas d'un traitement hâtif. Le sentiment de dévalorisation de l'hyperactif constitutionnel est beaucoup plus relié à son déficit moteur. Pour cette raison une rééducation psychomotrice efficace a souvent pour effet de le diminuer considérablement. Quant à l'hyperactif socio-affectif, sa dévalorisation est davantage axée sur la pauvreté souvent intolérable de reconnaissance sociale et même familiale. L'attention thérapeutique doit donc être dirigée en ce sens et ainsi inclure largement la contribution active des divers membres importants du milieu social de l'enfant (parents, professeurs, fratrie, copains, etc.). Elle peut prendre la forme d'une action concentrée de sauvetage.

Il me semble nécessaire de terminer cette partie de mes suggestions thérapeutiques en rappelant au lecteur qu'une autre différence importante entre les deux formes d'hyperactivité est la tendance marquée à la rêverie dans la manifestation socio-affective. Ces enfants ne s'évadent pas uniquement de leur anxiété par de l'agitation, mais ont aussi tendance à se replier fréquemment dans leur monde intérieur. C'est pendant ces longues périodes de repli sur eux-mêmes qu'ils essaient de diminuer une charge d'anxiété souvent énorme reliée à la désorganisation de leur milieu familial. Ils se demandent par exemple ce qui adviendra d'eux-mêmes si leurs parents se séparaient. Ils peuvent aussi chercher fébrilement une façon d'aider leurs parents à régler un problème dont ils sont souvent beaucoup plus conscients qu'on ne le croit. Des enfants ont aussi avoué que leurs nombreuses périodes de rêve éveillé étaient peuplées de fantaisies diverses destinées logiquement à leurs craintes et à leur déception d'eux-mêmes. Quel qu'en soit le contenu, ces rêveries la plupart du temps involontaires et incontrôlables pour l'enfant constituent une menace grave aux acquisitions scolaires. Il faut donc utiliser un moyen efficace pour les diminuer, et même les empêcher. J'ai découvert qu'une bonne façon d'arriver à cette fin consiste simplement à découvrir dans un premier temps le contenu de ces rêves, puis essayer d'apporter à l'enfant des solutions aux interrogations que ceux-ci comportent. Il ne faut surtout pas le laisser seul avec lui-même dans un monde intérieur souvent torturé par l'anxiété. On peut aussi demander aux parents de diminuer ses inquiétudes en le rassurant et en lui démontrant que la situation familiale est plus saine et stable qu'il le pense. Les parents peuvent aussi être incités à ne plus se disputer devant l'enfant, et à faire preuve de comportements moins inquiétants en sa présence. Moins l'enfant a de raisons de s'inquiéter au sujet de la stabilité de la situation familiale, plus vite il pourra se débarrasser d'une grande part de ses rêveries. Il arrive aussi qu'il soit préoccupé par des problèmes qui ne concernent pas ses parents. Il faut procéder dans ce cas de la même façon et essayer de le libérer le plus possible de l'anxiété qui en découle. Les enfants dévoilent heureusement assez facilement les motifs de leurs inquiétudes.

Traitement complémentaire pour l'hyperactivité constitutionnelle avec déficit moteur [1]

Cette forme d'hyperactivité, caractérisée surtout par un déficit important de la motricité en général, ne peut être efficacement diminuée sans l'aide d'une rééducation psychomotrice intensive et bien adaptée. Que l'incapacité de réalisation motrice soit due à une lenteur de réalisation ou à une forme légère de désorganisation neuro-motrice du cerveau, il est indispensable qu'on s'en occupe le plus tôt possible dans la vie de l'enfant. Et cela est encore plus vrai lorsque cette maladresse motrice s'ajoute aux différents symptômes de l'hyperactivité. Ce qu'il faut à tout prix éviter dans ce cas, c'est que les nombreux désavantages sociaux et scolaires occasionnés par le déficit moteur ne créent chez l'enfant un état d'anxiété et d'insécurité tel qu'il en vienne à souffrir en plus d'hyperactivité socio-affective. Son instabilité devient alors très

1. Cette partie a été réalisée avec la collaboration d'Hélène Rousseau M.A. Orthopédagogue.

difficile à soulager puisqu'elle est stimulée par une double étiologie. Un enfant ainsi affligé est incapable des plus simples réalisations scolaires. Il est même fortement handicapé dans l'expression des jeux collectifs si importants chez les enfants de la période de latence (cinq-six à dix-onze ans). Lorsqu'il est laissé sans soins spécialisés jusqu'à l'âge de sept à huit ans, il s'ensuit presque infailliblement un lourd sentiment de dévalorisation, et quelquefois des états dépressifs inquiétants. Le traitement de base par encadrement conditionné et relaxation systématique devient alors extrêmement difficile à amorcer.

C'est pour cette raison que la première rééducation à faire dans cette forme d'hyperactivité doit s'adresser au déficit moteur sous toutes ses manifestations. Il faut s'attaquer au tonus de fond et diminuer la paratonie en insistant particulièrement sur la relaxation. Le tonus induit ou la capacité de coordination et de dissociation des gestes doit aussi être amélioré. Bien entendu le rythme, la structuration spatio-temporelle et le schéma corporel doivent faire partie de l'organisation de cette rééducation psychomotrice. Cette forme d'hyperactivité est souvent accompagnée de troubles d'apprentissage instrumental (dysorthographie, dyslexie) qui proviennent du déficit moteur, et qui sont aggravés par une grande distractibilité sensorielle. De là un retard scolaire généralisé difficile à surmonter sans attention thérapeutique intense. Il ne faut surtout pas, avec ces enfants lourdement handicapés, tomber dans l'erreur classique qui consiste à aborder immédiatement avec eux une rééducation directe de rattrapage scolaire. Ils en sont doublement incapables à cause de leur grande maladresse motrice et des divers symptômes de leur hyperactivité. La rééducation psychomotrice devient alors une préparation idéale à l'ensemble de l'approche thérapeutique générale de leur instabilité.

Il est en effet plus logique d'apprendre à un paratonique à relaxer les grosses masses musculaires des membres et du tronc avant de lui demander une action plus précise sur les petits groupes musculaires qui commandent l'écriture, la lecture ou la parole ; et surtout s'il est incapable de retenir ses mouvements et de se concentrer sur les modèles qu'on lui suggère d'imiter. Il est aussi plus logique de préciser les notions de schéma corporel et de permettre à un enfant de mieux s'orienter dans l'espace, que de lui apprendre à reconnaître un d d'un b. Plus logique aussi de lui objectiver l'espace et le temps en les découpant en un certain nombre de pas ou de gestes, avant d'aborder l'étude du calcul. Piaget ne nous a-t-il pas dit que « le nombre se dégage non des choses mais de notre action sur les choses ». Les enfants hyperactifs sont encore plus dépendants que les autres de cette réalité psychomotrice d'apprentissage, justement à cause de leur agitation et de leur incapacité d'attention soutenue. Souvent les instabilités excessives de tous genres rendent impossible toute psychothérapie ou toute rééducation d'un autre trouble : parole, dyslexie, dysgraphie, etc. Seule la rééducation psychomotrice permet alors d'avoir une prise sur de tels hyperactifs et d'ouvrir la voie aux autres thérapies en apportant une sédation, un début d'organisation, dans un organisme jusqu'alors totalement anarchique.

Objectifs de la rééducation psychomotrice

Les objectifs d'une thérapie psychomotrice d'un enfant hyperactif avec déficit moteur, sont doubles. En effet la thérapie doit améliorer une performance motrice inadéquate, et aussi organiser le geste dans un continuum espace-temps qui puisse devenir pour l'enfant un environnement structuré. L'enfant instable psychomoteur perçoit son environnement comme un ramassis indistinct d'événements, de liens, de moments, qu'il ne peut sérier convenablement. Le milieu dans lequel il évolue ne se définit pas logiquement pour lui, qui ne sait distinguer le début d'un événement de sa fin, tant il est distrait par tous les autres stimuli concurrents.

Un enfant dont la motricité corporelle est adéquate peut trouver dans ses jeux et réalisations motrices la référence nécessaire à l'organisation d'un contexte spatio-temporel structuré. La thérapie psychomotrice d'un enfant hyperactif socio-affectif possédant une motricité générale normale se fonde sur ce principe et va encourager l'enfant à organiser son environnement à partir de représentations qu'il peut se faire d'un vécu corporel compétent.

Par contre, un sujet hyperactif constitutionnel ne peut avoir recours à des performances motrices adéquates pour comprendre puis organiser ce qui lui est extérieur. Ses gestes maladroits, hypertoniques, sa posture paratonique, ses décharges motrices soudaines, lui sont même une source constante de désorganisation. Et pourtant, tout apprentissage moteur doit originer du vécu corporel !

La thérapie psychomotrice qui s'adresse à un enfant hyperactif constitutionnel a donc comme principale problématique d'inscrire un processus d'organisation des conduites perceptivo-motrices sur la base de fonctions neuro-motrices déficientes.

Pour aider à mieux situer les objectifs thérapeutiques, soit une meilleure performance motrice associée à une organisation des conduites perceptivo-motrices adéquates, pour aider aussi à choisir des moyens thérapeutiques appropriés, il faut se rappeler que l'intervention psychomotrice doit permettre à l'enfant de se développer sur le plan affectif et cognitif à travers les activités scolaires aussi bien que ludiques. Ce qui est recherché dans le domaine de l'affectivité est une revalorisation de l'enfant et l'abandon de son sentiment d'échec, tandis que dans le domaine cognitif on se centre plutôt sur la possibilité d'utiliser son vécu corporel et son environnement pour construire un contexte spatio-temporel significatif permettant l'apprentissage.

On peut distinguer trois lignes de force autour desquelles s'organisent les séances de psychomotricité, soit : le lieu, le temps et le matériel. Dans le cas des enfants hyperactifs constitutionnels, les séances peuvent se réaliser en groupes réduits et homogènes (deux-trois enfants).

Toutefois il paraît préférable d'avoir amorcé les rencontres au préalable avec les enfants individuellement, ceci étant un principe général de toutes les thérapies psychomotrices de groupe. En effet, établir une relation thérapeutique entre le clinicien et l'enfant avant les premières rencontres avec tout le groupe, offre l'énorme avantage de permettre des interventions significatives dès ces premières rencontres ; autrement ces interventions sont très souvent annulées par l'excitation et l'hyperkinétisme des premiers moments. De façon concrète, ces séances individuelles sont réalisées comme prolongation logique du diagnostic, lorsque la décision thérapeutique de prise en charge en psychomotricité est arrêtée.

De plus, ces rencontres individuelles préalables servent à expliquer à l'enfant le mobile de l'intervention psychomotrice, permettant ainsi une plus grande implication de sa part dans le processus thérapeutique. Enfin, ces rencontres s'effectuant dans la salle où tout le groupe se réunira, l'enfant a l'occasion d'explorer le matériel à son rythme, sans les contraintes de ses pairs. Notons cependant que, dès ces premières rencontres, il semble nécessaire déjà d'organiser le contexte spatio-temporel des séances de la même façon qu'il le sera avec tout le groupe. Les rencontres auront, dès le début, la forme qu'elles conserveront tout au long du processus thérapeutique. Cette permanence du modèle constitue une part essentielle du cadre de référence dans lequel l'enfant inscrit ses représentations spatio-temporelles ou ses réalisations motrices.

Le lieu choisi pour une thérapie psychomotrice avec des enfants hyperactifs nécessite la présence d'une armoire se fermant et pouvant contenir tout le matériel. L'espace doit être libre de tout objet mobile ; un tableau noir au mur permettra de représenter les activités de la séance en cours. L'endroit choisi reste évidemment le même chaque semaine.

Un endroit particulier doit être défini comme lieu de rencontre, de préférence à proximité du tableau noir ; dans cet endroit, les activités suggérées sont expliquées, discutées, les événements survenus en cours de séance sont repris et interprétés, afin que dans la masse des circonstances spatio-temporelles, un lieu privilégié de rencontre puisse peu à peu se définir, un lieu où le mouvement n'envahit pas tout.

Pour un enfant hyperactif, l'espace n'a pas sa qualité structurante, il est plutôt perçu comme le vaste domaine des expériences motrices. L'exemple de l'enfant qui se rend à l'école sans aucune préoccupation de l'itinéraire au départ de la maison, choisissant sa route au hasard des différentes distractions rencontrées, illustre bien ce phénomène. Si on demande à cet enfant hyperactif le chemin qu'il a parcouru, le plus souvent il nous racontera ce qu'il a fait sur le chemin de l'école, ses jeux, et les personnes rencontrées.

La permanence du lieu choisi pour les séances de psychomotricité, la constance dans la façon d'organiser cet espace, la signification accordée aux différentes subdivisions, favorisent chez l'enfant la distinction entre le geste et son contexte, permettant à l'enfant de se percevoir comme autonome par rapport au milieu. L'espace acquiert ainsi une valeur propre qu'il peut se représenter indépendamment de son contenu, et donc devenir l'objet d'opération cognitive.

La structuration rigoureuse de l'espace, la salle de thérapie, offre au sujet la sécurité d'un lieu où l'on peut se retrouver, où l'on ne risque pas d'être envahi par tous ces stimuli parfois affolants; par ailleurs, réserver un lieu aux activités de représentation (langage, dessin) libère du même coup le reste de l'espace pour les activités motrices qui y sont permises et encouragées, activités motrices qui acquièrent ainsi une valeur positive, n'étant pas seulement le prétexte d'une nouvelle interdiction pour l'enfant.

À travers la présentation du contexte spatial d'une séance de psychomotricité, on peut se rendre compte de la signification complexe de ce domaine, à la fois objet d'identification affective et objet d'opération cognitive. Et pour que cet espace soit objectivé, l'enfant doit le distinguer de son vécu, lui accorder une valeur mesurable, en même temps que lui conserver une signification dans son affect.

Il apparaît donc indispensable d'aménager l'espace environnant l'instable psychomoteur constitutionnel de telle façon qu'il devienne un support à une motricité handicapée ainsi qu'à un ensemble de constructions perceptivo-motrices réalisées intuitivement.

Les considérations qui doivent prévaloir à l'organisation *du temps* d'une séance de psychomotricité avec des sujets instables psychomoteurs constitutionnels tiennent compte de la nature de la motricité de ces enfants ainsi que de leurs difficultés perceptivo-motrices. L'organisation temporelle doit permettre au sujet d'inscrire ses réalisations motrices dans un système tel, qu'il puisse prendre conscience de ses succès moteurs et se les représenter.

Pour répondre à cet objectif, la durée d'une séance doit être évaluée en considérant les limites des enfants auxquels elle s'adresse et leur capacité réduite d'attention et de concentration. Les rencontres doivent aussi fournir à l'enfant une occasion de réussite. Pour ces raisons, elles ne doivent pas se poursuivre indéfiniment et durent habituellement de quarante à soixante minutes, selon la capacité des enfants à demeurer attentifs aux sujets proposés. D'autre part, un trop court moment de rencontre irait renforcer l'impression d'instantanéité ressentie par ces enfants dans leur vécu quotidien, et de ce fait encourager un contact superficiel avec l'événement thérapeutique.

Tel l'enfant en période pré-opératoire au sens piagétien du terme, l'instable psychomoteur constitutionnel de tout âge n'accorde de valeur à la durée d'un événement qu'en fonction de son contenu; il associe dans une relation de causalité la nature de l'événement et sa durée, ne réalisant pas la distinction entre contenant et contenu nécessaire au développement de la fonction cognitive tout autant que du processus de maturation affective. D'autre part, cette éducation de l'appareil instrumental qu'est l'organisation temporelle ne peut être exclusivement reliée à une structuration de l'environnement, mais doit aussi s'inscrire dans une relation thérapeutique significative où le temps et la durée d'une rencontre ont une valeur émotive.

Pour se conformer à ces exigences thérapeutiques, les rencontres auront lieu toujours au même moment de la journée, à des intervalles réguliers qui doivent être scrupuleusement respectés par le thérapeute, signifiant ainsi à l'enfant la valeur qu'il accorde à leurs rencontres. Cette ponctualité devient le support, le véhicule du contenu affectif du contexte temporel.

La technique utilisée pour permettre à l'enfant de réaliser la valeur objective du contexte temporel est la représentation graphique au tableau du déroulement de la séance. Cette représentation graphique faite au début de chaque rencontre sera aussi le prétexte de l'utilisation systématisée du vocabulaire des notions temporelles.

De plus, cette représentation graphique délimite le champ d'activités du groupe, traçant des bornes à l'exploration trop souvent vaine et désorientée des sujets hyperactifs.

Un autre moyen sera aussi utilisé pour organiser le temps à plus long terme et l'on peut lui reconnaître une valeur de structuration instrumentale ainsi qu'un rôle dans le développement du sentiment de compétence de l'enfant. Je propose ici une activité systématique de dessin à la fin de la rencontre, faite par chaque enfant, sur une des activités réalisées au cours de la séance. L'enfant obtient donc un cahier de ses activités hebdomadaires sur lequel il est possible de faire des retours fréquents, rappelant les succès remportés, les difficultés rencontrées ; autrement dit, de réaliser un discours significatif avec l'enfant sur un passé qui lui est propre.

Cet album sera aussi en mesure de témoigner de la thérapie psychomotrice une fois celle-ci terminée, puisqu'on peut l'apporter chez soi et le consulter un peu comme un album de photos. D'ailleurs cette image d'album-photos peut suggérer l'utilisation réelle d'un appareil photographique avec les sujets dont le stade de développement ne permet pas un dessin significatif.

Le choix du *matériel* à utiliser avec les sujets instables psychomoteurs constitutionnels dépend de plusieurs facteurs. Il faut premièrement considérer la qualité hyperactive des activités de ces enfants qui n'ont pas besoin d'un objet offrant des propriétés de mobilité ou de diversité pour les stimuler. L'objet ou le matériel choisi doit au contraire encourager les enfants à s'organiser par rapport à lui. Par exemple, plutôt que d'utiliser un ballon ou des balles de caoutchouc très rebondissantes, on utilisera un ballon de cuir lourd ; tout le matériel de gymnastique favorisant la motricité globale sera privilégié : matelas utilisé pour les sauts en hauteur, trampoline, barres parallèles, espalier ; les tissus, couvertes, rubans, longues cordes, font aussi partie intégrante de la panoplie. Les différents objets doivent supporter chez le sujet ses tentatives de concentrer ses activités sur un thème unique. D'autre part, ils offrent l'avantage de permettre des jeux amusants, où la crainte de l'échec est presque nulle parce que la difficulté motrice est peu significative.

Il ne s'agit pas d'utiliser ce matériel de gymnastique, ou tout autre, selon les règles orthodoxes des performances sportives réglementées, mais bien d'offrir aux enfants un matériel de jeu qui leur permette de dépasser leurs difficultés. Peu importe que la seule réalisation à la trampoline soit d'accepter d'y rester coucher alors qu'un autre enfant ou le moniteur y accomplit quelques sauts ; si cela permet à l'enfant d'éprouver un plaisir moteur et de s'y trouver compétent, l'objectif est atteint. Peu importe que le matelas utilisé habituellement pour les sauts en hauteur serve ici à des roulades ou bonds qui n'ont comme seule valeur celle que les enfants leur accordent ! Pour eux c'est un endroit où ils peuvent enfin expérimenter des réussites motrices, où l'explosion cinétique n'est pas prétexte à un reproche.

Les courants pédagogiques actuels qui favorisent l'expression créatrice doivent reconnaître l'incapacité des sujets instables psychomoteurs constitutionnels à orienter l'exploration de leur environnement pour en diversifier leur utilisation, et doivent adapter leurs techniques aux difficultés de ces enfants. Ainsi l'utilisation d'un matériel trop diversifié et trop mobile s'inscrit dans leur symptomatologie. Ce qui favorise chez un enfant sans problème psychomoteur l'expression créatrice, suscite souvent chez l'instable psychomoteur constitutionnel une augmentation de ses symptômes. Le thérapeute choisira donc d'explorer un seul matériel durant une ou même plusieurs rencontres selon le cas.

La pathologie de l'instable constitutionnel est complexe et plusieurs domaines du comportement psychomoteur sont déficients chez le sujet atteint. Il est donc essentiel d'établir des *objectifs thérapeutiques* limités et définis sur la base des informations recueillies lors du diagnostic. D'autre part, il est illusoire d'espérer pouvoir s'adresser directement à toutes les anomalies décelées chez l'enfant pour reconstruire systématiquement un comportement psychomoteur adéquat comme les pièces d'un « puzzle » que l'on assemblerait.

La thérapie psychomotrice est avant tout unifiante et doit prétendre s'adresser aux dysfonctions des systèmes régulateurs des comportements psychomoteurs ; je pense ici à la qualité tonique du geste qui libère l'exécution motrice, au système de dissociation qui permet l'autonomie des différents segments corporels et favorise leur coordination ainsi qu'au système d'inhibition-activation du mouvement qui organise la succession harmonieuse des différents mouvements en organisant leur début et leur fin.

Chez l'instable constitutionnel, ces trois systèmes de base fonctionnent de façon adéquate et l'on doit s'adresser à chacun par des activités de motricité globale simple, offrant des difficultés réduites. La relaxation sera utilisée pour s'adresser au fond tonique ; des activités de dissociations, d'abord très simples, confrontant les membres supérieurs aux membres inférieurs, organiseront une meilleure coordination ; on aura également recours à des exercices d'arrêts et de départs répétés pour éduquer le système régulateur d'inhibition et d'activation du geste.

Dans la réalisation concrète du plan de traitement, les séances de psychomotricité ont donc à s'organiser autour de trois vecteurs qui sont : l'espace, le temps, le matériel. Les séances auront pour objet de travail, le système régulateur du comportement psychomoteur, soit l'activité tonique, la coordination et le système d'inhibition-activation du geste. Tenant compte de tous ces éléments, il est possible de construire un plan de séance que l'on suivra tout au long du traitement.

Exemple d'une séance de psychomotricité avec des sujets hyperactifs constitutionnels

Protocole de la séance

Le pourquoi des activités

I

Discussion avec le ou les sujets des activités prévues pour la rencontre.

— Cette discussion se fait en dessinant au tableau les activités projetées

Ex. :

rythme jeu de hockey détente dessin

a) La présentation des activités prévues permet de faire participer les enfants à leur choix et de les motiver dans leurs jeux.

b) Cette présentation se fait au tableau pour favoriser la représentation du déroulement de la séance en offrant un support spatial au contexte temporel.

c) Cette représentation graphique de la séance offre de plus des repères qui permettent aux sujets de se situer tout au cours de la séance, favorisant ainsi leur concentration sur les thèmes purs.

II

Activité rythmique :
— Travail en motricité globale de l'activation et inhibition du geste, des cadences rapides et lentes, des temps forts et faibles.

Notes :
1. Ne doit pas comporter de difficultés rythmiques dans son exécution.
2. Toujours déterminer qu'elle sera la consigne d'arrêt avant de débuter une activité.

a) L'activité rythmique, lorsque très simple, supporte l'exploration organisée de l'espace.

b) Cette activité permet aussi aux sujets de se dépenser sans trop de restriction dans une activité de motricité globale telle la course.

c) Le signal sonore de la rythmique supporte l'inhibition du geste.

d) Les activités de rythme, si elles sont simples, constituent des exercices réussis pour les sujets, favorisant la construction d'une image de soi valorisée, si nécessaire au développement harmonieux chez les débiles moteurs.

III

Activité de dissociation et coordination en motricité globale.
Ex. : les jeux, tel le hockey intérieur avec les bâtons et rondelles en matière plastique, permettent, lorsque les règlements sont simplifiés, de travailler la dissociation des membres inférieurs et supérieurs ainsi que leur coordination.

a) Comme les séances se font individuellement ou en groupe de deux ou trois enfants, il n'y a pas de difficulté au niveau du jeu d'équipe. Cependant une certaine socialisation est requise de la part des enfants.

b) Les lancers vers les buts exercent, s'ils sont effectués en position d'arrêt, la dissociation des membres inférieurs vers les membres supérieurs ; et lorsque ces lancers sont effectués pendant la montée vers le but, ils exercent la coordination.

Note:
La seule activité de la mise au jeu permet de travailler plusieurs domaines des performances motrices :
— dissociation des membres inférieurs et des membres supérieurs
— inhibition du mouvement, etc.

c) Dans ce type de jeu, les difficultés relevant du domaine de l'espace, du temps, du schéma corporel sont limitées. Les difficultés d'adaptation tonique sont aussi minimes.

d) Ce jeu est très valorisé par les enfants québécois.

e) Les règlements quant à l'arrêt du jeu sont facilement acceptés parce que les enfants les ont souvent observés à la télévision ou à l'école.

IV

Activité de relaxation.

a) Travaille le tonus de fond.

Note:
Après le jeu de hockey, cette période de détente peut être présentée comme le repos après la période d'activité.

b) Favorise une bonne représentation du schéma corporel.

V

Activité de représentation.
— Dans un album qui est attribué à chacun des enfants, on demande de dessiner une des activités de la séance du jour, à leur choix.

a) C'est le moment d'un retour sur les différentes expériences vécues au cours de la rencontre.

b) Le dessin au choix permet au thérapeute d'identifier l'événement significatif pour l'enfant.

c) Le thérapeute aussi a son album dans lequel il dessine une activité de son choix. C'est une autre façon de transmettre à l'enfant son sentiment devant tel ou tel événement; le dessin permet aussi d'aller au-delà des mots qui sont parfois sans trop de signification pour certains enfants.

d) Les dessins permettent la constitution d'un album auquel on peut se référer plusieurs semaines après l'événement.

e) Cet album constitue un outil important dans la construction d'un système d'organisation temporelle, d'autant plus qu'il est construit d'éléments significatifs pour l'enfant.

f) À la fin d'une thérapie psychomotrice de ce type, l'album peut devenir un objet qui facilite le départ puisqu'on peut l'apporter avec soi et le conserver comme un témoignage concret de sa réussite.

Bibliographie du chapitre IV

AYLLON, T. (1963). Intensive treatment of psychotic behavior by stimulus satiation and food reinforcement. *Behavior Research and Therapy*, 1: 53-61.

AYLLON, T. et AZRIN, N. (1968). *The Token Economy: A motivational system for therapy and rehabilitation*, New York: Appleton-Century Crafts.

BANDURA, A. (1969). Principles of Behavior Modifications. New York: Holt, Rinehart and Winston.

BENDER, L. et COTTINGTON, F. (1942). The use of amphetamine sulfate (Benzedrine) in child psychiatry. *Amer. J. Psychiat.* 99. 116-121.

BRADLEY, C. et BOWEN, M. (1941). Amphetamine (Benzedrine) therapy of children's behavior disorders. *Amer. J. Orthopsychiat.* 11: 92-103.

CLEMENTS, P. (1972). *The Self Management of Behavior* (13-minute segment of film), directed, produced and distributed by Phillip R. Blake, UCLA Neuro-psychiatric Institute, Mental Retardation and Child Psychiatry Media Unit.

CONNERS, C.K. et EISENBERG, L. (1963). The effects of methylphenidate on symptomatology and learning in disturbed children. *Amer. J. Psychiat.* 120: 458-464.

CONNERS, C.K., ROTHSCHILD, G., EISENBERG, L., SCHWARTZ, L. et ROBINSON, E. (1969). Dextroamphetamine sulfate in children with learning disorders: effects on perception, learning and achievement. *Arch. Gen. Psychiat.* 21: 182-190.

FORNESS, S. (1970). Behavioristic approach to classroom management and motivation. *Psychology in the Schools.* 7: 356-363.

FREEDMAN, D.X. (1971). Chairman: Report of the conference on the use of stimulant drugs in the treatment of behaviorally disturbed children. Sponsored by the office of Child Development and the

Office of the Assistant Secretary for Health and Scientific Affairs, Dept. Health, Educ. and Welfare, Washington, D.C. (January 11-12).

HULL, C.L. (1943). *Principles of Behavior.* New York: Appleton-Century — Crafts.

JACOB, O.G., O'LEARY, K.D. et PRICE, G.H. (1973). *Behaviorial Treatment of Hyperactive Children: an alternate to medication.* Unpublished manuscript.

JACOB, R.G., O'LEARY, K.D. et PRICE, G.H. (1973). *Behavioral Treatment of Hyperactive children: an alternate to medication. Unpublished manuscript.*

JACOBSON, E. *The Physiological conception and Treatment of Certain Common Psychoneurosis. Am. J. Psychiatr.,* 1941, 98, 219-226.

JACOBSON, E. *Progressive Relaxation.* University of Chicago Press édit., 1938.

MILLICHAP, J.G. (1973). Drugs in management of minimal brain dysfunction. In F. De la Crux, B. Fox and R. Roberts, eds., *Minimal Brain Dysfunction.* Annals of the New York Academy of Sciences. 205: 321-334.

O'LEARY, D.K., KAUFMAN, K.F., KASS, R.E. et DRABMAN, R.S. (1970). The effects of loud and soft reprimands on the behavior of disruptive Students. *Exceptional Children.* Vol. 37. October, pp. 145-155.

PATTERSON, G.R. et SULLION, M.E. (1965). A behavior modification technique for the hyperactive child. *Behavior Research and Therapy,* 2: 217-226.

SCHULTZ, J.H. (1958). *Das autogenic training. (Konzentrative Sebstentspannung).* Suttgart, Georg Thieme Verlag.

SCHULTZ, J.H. (1965). *Le Training Autogène. (Méthode de relaxation par autodécontraction concentrative).* Adaptation française par R. Durand de Bousingen et P. Geissmann. Presses Universitaires de France, Paris.

SKINNER, B.F. (1953). *Science and Human Behavior.* New York: McMillan Co.

SALOMONS, G. (1973). Drug therapy: initiation and follow-up. In F. De la Crux, B. Fox and R. Roberts, eds., *Minimal Brain Dysfunction.* Annals of the New York Academy of Sciences, 205: 335-344.

THORNDIKE, Edward, Lee (1913). Educational psychology. Tome I, The original nature of man. N.Y., Columbia University.

WEISS, G., WERRY, J.S., MINDE, K., DOUGLAS, V. et SYKES, D. (1968). Studies on the hyperactive child. V: The effects of destroamphetamine and chlorpromazine on behavior and intellectual functioning. *J. Child Psychol. Psychiat.* 9: 145-156.

WENDER, P.H. (1971). Minimal Brain Dysfunction in Children. New York: John Wiley and Sons, Inc.

WERRY, J., WEISS, G. et PETER, R. (1970). Some clinical and laboratory studies of psychotherapy drugs on children. An overview in W.L. Smith, ed., Drugs and Cerebral Function. Springfield, Illinois. Charles E. Thomas.

WILLERMAN, L. et PLOURIN, R. (1973). Activity level in children and their parents. *Child Development*, 44: 854-858.

Conclusion

Le *syndrome hyperactif* est maintenant une entité clinique reconnue sur le plan international. Les enquêtes statistiques provenant de plusieurs pays nous révèlent des pourcentages allant de 5 à 20% de la population scolaire active. Cela en fait un des plus grands problèmes psychiatriques de l'enfance, puisqu'il constitue une partie importante du nombre des consultations dans les cliniques et qu'il joue habituellement le rôle de précurseur dans le développement de pathologies sociales et psychiatriques sérieuses dans la vie adulte.

Heureusement pour ces enfants, la recherche scientifique dans ce domaine est efficace et nous apporte des données de plus en plus utilisables. C'est ainsi qu'il ne fait aucun doute aujourd'hui que la population d'enfants hyperactifs est hétérogène et qu'on peut même la répartir en deux groupes clairement différenciables dans de nombreux aspects de la personnalité.

Le vieux mythe du traitement unique au moyen de stimulants et de tranquillisants est depuis quelques années lourdement ébranlé. Des enquêtes systématisées sur l'efficacité de ce type d'intervention thérapeutique indiquent que non seulement il n'atteint qu'une portion de la population concernée, mais qu'il ne touche pas du tout les nombreux effets secondaires d'une longue période d'hyperactivité. En effet, les médicaments n'atteignent pas les troubles d'apprentissage ni les désordres socio-affectifs causés infailliblement par les différents symptômes du syndrome d'hyperactivité. Les quelques enfants dont l'agitation et la capacité d'attention sont modifiées par la prescription d'un traitement biochimique demeurent toujours handicapés sur le plan de l'apprentissage et des relations socio-affectives. Il faut donc se rendre à l'évidence que ce type d'aide doit être sérieusement remis en cause, de sorte qu'à l'avenir on accepte de considérer des moyens thérapeutiques moins expéditifs et plus exigeants en termes d'investissement humain.

Ce traitement suggère des techniques diagnostiques élaborées permettant de différencier deux types d'hyperactivité de plus en plus acceptés sur le plan international. Mais il offre en plus des interventions thérapeutiques adaptées à chacun d'eux. Le type d'aide basé en même temps sur des techniques de modification de comportement, de relaxation systématique, et de psychothérapie, n'exclut pas, dans certains cas, un traitement biochimique d'appoint. Mais il est beaucoup plus exigeant en ce qui concerne l'investissement humain puisqu'il commande la participation active des parents et des éducateurs reliés à l'enfant traité. Son efficacité a été démontrée depuis quelques années dans la pratique privée et à l'occasion de certaines vérifications collectives en milieu scolaire, mais il attend toujours l'approbation consécutive à des recherches plus systématisées, réalisées sur un plus grand nombre de sujets. Toutefois, il apparaît actuellement comme la voie thérapeutique la plus certaine, surtout à cause de la faiblesse et même du danger des autres tentatives déjà mentionnées.

Une grande partie de la recherche scientifique sur l'hyperactivité a été consacrée jusqu'ici à l'étude de l'efficacité des traitements chimiques. Un grand nombre d'avenues d'investigation plus intéressantes s'offrent présentement à nous. Il faudrait par exemple savoir avec plus de certitude par rapport à quel type d'enfants hyperactifs les traitements biochimiques peuvent être considérés comme une aide efficace. Des informations plus approfondies sur l'étiologie des deux types d'hyperactivité seraient aussi fort appréciées pour l'élaboration de traitements encore plus appropriés. Il serait de même très utile de connaître les effets à long terme des diverses options thérapeutiques à notre disposition.

On ne pourra obtenir des réponses à ces questions que par des études minutieuses et prolongées sur des populations importantes d'enfants hyperactifs. Ces efforts sont indispensables pour le bien-être de ces enfants, de leur famille et de la société.

Il faut espérer que la tentative d'approfondissement et d'aide exposée dans ce traité pourra servir de stimulation à de telles études.

Appendice

Cet appendice n'est pas un manuel psychométrique complet de l'épreuve de mesure de la motricité d'Ozeretsky. Il s'agit d'un guide visuel devant servir surtout à préciser par des graphiques clairs et authentiques les diverses positions à prendre lors de l'exécution des tâches motrices suggérées dans le texte original du test.

D'ailleurs la raison d'être de cet appendice vient justement du fait que les consignes d'administration verbales portent trop souvent à confusion et risquent ainsi de nuire à la validité de la mesure. Notons de plus que le test Ozeretsky appliqué en France par Abramson et Koff et révisé et réétalonné par Guilmain en 1948 était à l'origine une échelle psychométrique de la motricité globale corporelle et manuelle. Pour faciliter un meilleur diagnostic différentiel dans le cadre de la recherche, l'épreuve fut allégée de tous ses item concernant l'habileté manuelle. Cette modification approuvée par les responsables de la dernière révision Ozeretsky — Guilmain, nous permet de considérer l'épreuve actuelle comme une mesure de motricité corporelle. L'habileté manuelle ou fine peut d'ailleurs être appréciée par de nombreuses autres batteries plus récentes.

Enfin, nous tenons à préciser qu'à tous les niveaux d'âge, les premiers item mesurent l'équilibre statique, les deuxièmes, l'équilibre dynamique, tandis que les troisièmes s'adressent à la dissociation motrice et au rythme. Cette régularité dans l'ordre des tâches proposées aux enfants permet un meilleur diagnostic différentiel de la motricité corporelle et facilite l'expérimentation en recherche tout en aidant l'enseignement.

Ce guide n'est pas suffisant pour permettre l'administration et l'interprétation du test Ozeretsky dans son intégralité. Il constitue cependant un document visuel indispensable et complémentaire à des directives sérieuses acquises dans le manuel original de l'épreuve.

Jacques THIFFAULT

Formule abrégée pour l'appréciation de la motricité globale

4 ans

1.   Les yeux ouverts, les pieds joints et les mains derrière le dos, l'enfant fléchit le tronc à angle droit et doit conserver cette position pendant 10", sans fléchir les jambes au niveau des genoux, ni se déplacer. Deux essais sont permis.

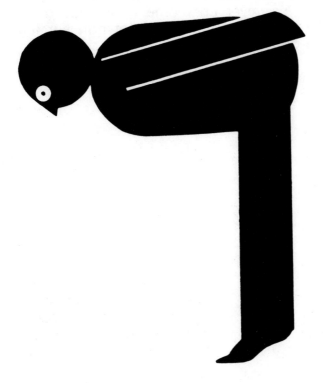

2. Sautiller sur place. Les deux jambes légèrement fléchies au niveau du genou quittent le sol
simultanément. Il ne faut pas tenir compte de la
hauteur du saut. Durée du test 5". Sept à huit sauts
au moins. Le test n'est pas réussi si l'enfant est
incapable de soulever en même temps les deux
pieds, s'il retombe sur les talons et non sur les
pointes. **Un deuxième essai** est permis.

3. L'enfant étant assis près d'une table, les deux coudes appuyés à cette table, les avant-bras fléchis, frappe alternativement de la main droite et de la main gauche sur la table (mouvement de battre la mesure à 2 temps avec chaque bras). Durée du test 10". Le rythme choisi par l'enfant doit être régulier. **Trois essais** sont permis.

5 ans

1. Se tenir 10" sur la pointe des pieds, les yeux ouverts, les mains à la couture du pantalon, les jambes serrées, pieds réunis (les talons et les pointes doivent se toucher).

Le test n'est pas réussi si le sujet quitte sa place ou s'il touche le sol avec les talons. Le fléchissement des genoux, le balancement du corps, l'élévation ou l'abaissement sur la pointe des pieds ne comptent pas comme un échec, mais il faut les noter dans le procès-verbal.

Trois essais sont permis.

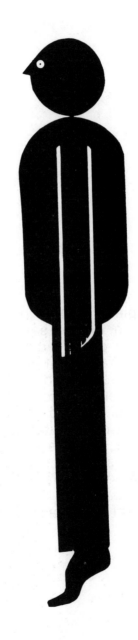

2. Sauter pieds joints, par dessus une corde tendue à 20 cm. du sol, sans prendre de l'élan, les jambes fléchies au niveau du genou. Un bout de la corde est fixé, l'autre est retenu par un poids pour que la corde puisse tomber facilement si l'enfant la touche. Indiquer dans le procès-verbal si l'enfant est retombé sur les talons ou sur les pointes des pieds. L'enfant doit **sauter trois fois.**
Le test n'est pas réussi si l'enfant a sauté deux fois sur trois par dessus la corde. Il n'est pas réussi si (l'enfant), même sans avoir touché la corde, il est tombé ou s'il a touché le sol avec les mains. Un deuxième essai n'est pas permis.

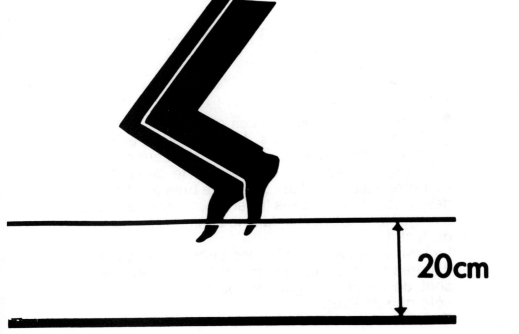

20cm

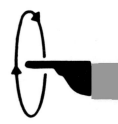

3. Décrire dans l'espace des circonférences avec les index des deux mains, les bras étant étendus horizontalement sur les côtés. La grandeur des circonférences peut être choisie par le sujet, mais doit être égale des deux côtés. Le bras droit décrit des circonférences dans le sens des aiguilles d'une montre, le bras gauche dans le sens inverse. Durée du test 10".

Le test n'est pas réussi si les circonférences sont décrites dans le même sens, si les circonférences sont de formes irrégulières ou plus petites d'un côté que de l'autre.

Trois essais sont permis.

6 ans

1. Les yeux ouverts se tenir sur la jambe droite, la jambe gauche fléchie à l'angle droit au niveau du genou, la cuisse parallèle à la droite, légèrement en abduction, les mains à la couture du pantalon. Lorsque la jambe gauche s'abaisse, faire reprendre la position initiale. Après un repos de 30", recommencer le même exercice avec l'autre jambe. Durée du test 10".

Le test n'est pas réussi si le sujet abaisse plus de trois fois la jambe relevée; s'il touche une seule fois le sol avec la jambe relevée; s'il a quitté sa place; s'il a sauté; s'il s'est levé sur la pointe du pied ou s'il s'est balancé. Le test est côté + s'il est réussi par les deux jambes, ½ + pour une jambe. (Noter dans le procès-verbal laquelle). **Un deuxiè-me essai** est permis pour chaque jambe.

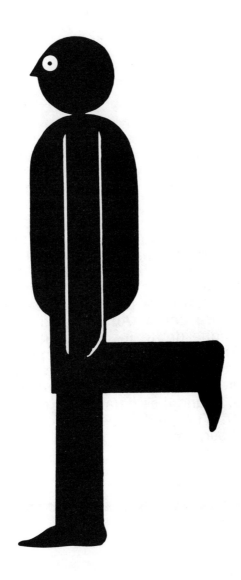

2. Les yeux ouverts, parcourir en ligne droite une distance de 2 mètres. Au départ, l'enfant doit placer la jambe gauche devant la jambe droite, le talon gauche contre la pointe du pied droit, les bras le long du corps. Au signal donné, il doit avancer en ligne droite jusqu'au but désigné, en posant alternativement le talon d'un pied contre la pointe de l'autre. Durée du test : illimitée.

Le test n'est pas réussi, quand l'enfant quitte la ligne droite, quand il se balance ou ne touche pas avec le talon d'un pied la pointe de l'autre. **Trois essais** sont permis.

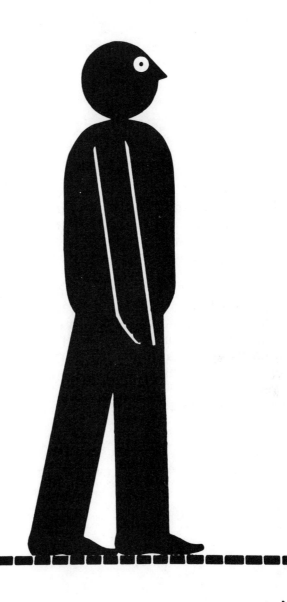

2m

3. Tout en marchant à l'allure qui lui plaît, l'enfant tient dans la main gauche une bobine dont il déroule un fil, pour l'enrouler sur l'index de la main droite. Après un repos de 5 à 10", recommencer l'expérience avec la main gauche.

Durée du test : 15".

Le test n'est pas réussi lorsque, pendant qu'il exécute les mouvements avec les mains, l'enfant change plus de trois fois le rythme de la marche ou s'il s'arrête pour dérouler le fil, ou si l'épreuve n'est pas exécutée avec les deux mains. Si le test est réussi avec une main, l'indiquer dans le procès-verbal.

Un deuxième essai est permis pour chaque main.

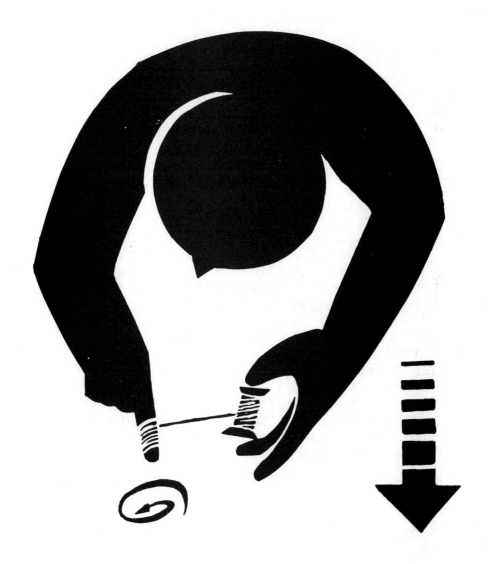

7 ans

1. Rester dans la station accroupie, les bras étendus latéralement et les yeux fermés. L'enfant s'accroupit, les pointes des pieds écartées à une distance d'un pied, les talons joints, les bras étendus latéralement et horizontalement. Au signal, l'enfant ferme les yeux et reste dans cette position. Si l'enfant abaisse les bras, le prier de les remettre dans la position horizontale.
Durée du test: 10".
Le test n'est pas réussi quand l'enfant tombe, s'il s'assied sur les talons, s'il touche le sol des mains, s'il quitte sa place initiale, s'il abaisse les bras trois fois. Noter dans le procès-verbal s'il existe des mouvements de balancement.
Trois essais sont permis.

2. Les yeux ouverts, sauter sur une distance de 5 mètres sur la jambe gauche, ensuite sur la jambe droite. L'enfant fléchit la jambe au genou à l'angle droit, les mains le long du pantalon. Au signal donné, il se met à sauter; arrivé au bout de 5 mètres, il pose la jambe par terre. Après un repos de 30", l'exercice est repris pour l'autre jambe. Il ne faut pas tenir compte du temps.

Le test n'est pas réussi si l'enfant dévie de la ligne droite de plus de 50 cm., s'il touche le sol avec l'autre jambe, s'il fait des mouvements de balancement avec les bras. Le test est coté + s'il a été réussi avec les deux jambes, ½ + pour une jambe (il faut noter laquelle).

Un deuxième essai est permis pour chaque jambe.

5m ◀▮▮▮|||

3. L'enfant assis, frappe alternativement du pied droit et du pied gauche, suivant le rythme choisi par lui. En même temps, il décrit dans l'espace avec l'index droit, des circonférences dans le sens des aiguilles d'une montre, le bras étant étendu horizontalement.
Durée du test : 15''.
Le test n'est pas réussi lorsque l'enfant perd le rythme, si les mouvements ne sont pas simultanés ou s'il décrit une figure qui n'est pas une circonférence.
Trois essais sont permis.

8 ans

1. Les yeux ouverts et les mains derrière le dos, l'enfant se met sur la pointe des pieds joints et fléchit le tronc à l'angle droit. Il ne doit pas fléchir les jambes au niveau des genoux.
Durée du test: 10''.
Le test n'est pas réussi si l'enfant fléchit plus de deux fois les jambes, s'il quitte sa place ou touche le sol avec les talons.
Deux essais sont permis.

2. Saut, sans élan, par dessus une corde placée à 40 cm. du sol, les jambes fléchies au niveau du genou. Un bout de la corde est fixé, l'autre est retenu par un poids pour que la corde puisse tomber facilement si l'enfant la touche. Indiquer si l'enfant est tombé sur les talons ou sur les pointes des pieds. L'enfant doit sauter trois fois. Le test n'est pas réussi si l'enfant a sauté **2 fois sur 3** au dessus de la corde. Il n'est pas réussi si, même sans avoir touché la corde, il est tombé ou s'il a touché le sol avec les mains.
Un deuxième essai **n'est pas permis.**

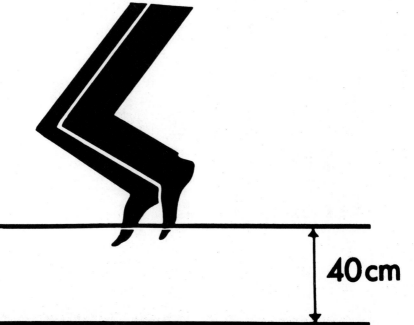

40 cm

3. L'enfant assis, frappe le sol alternativement avec le pied droit et gauche. suivant le rythme choisi par lui. Chaque fois qu'il frappe avec le pied droit, il doit frapper avec l'index droit sur la table. Durée du test : 20''.

Le test n'est pas réussi quand l'enfant perd la mesure, s'il frappe le doigt en même temps que le pied gauche.

Trois essais sont permis.

9 ans

1. Inviter l'enfant à se tenir sur la jambe gauche et à mettre la plante du pied droit sur la face interne du genou gauche, les bras reposant sur les cuisses, les yeux ouverts. Après un repos de 30", même position avec l'autre jambe.
Durée du test : 15".
Le test n'est pas réussi quand l'enfant laisse retomber la jambe trop tôt, quand il perd l'équilibre, quand il s'élève sur la pointe des pieds. Le test est coté + quand il est réussi avec les deux jambes. ½ + pour une jambe. (noter quelle jambe) **Un deuxième essai** est permis pour chaque jambe.

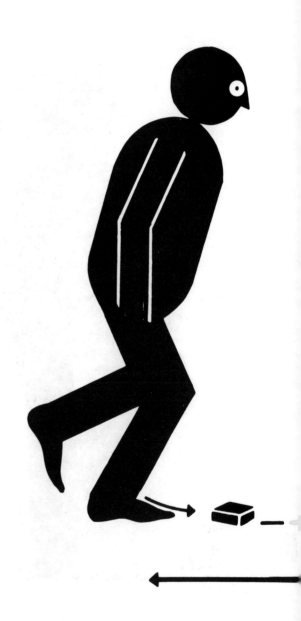

2. Le sujet fléchit la jambe à l'angle droit, au niveau du genou, les bras à la couture du pantalon. A 25 cm. du pied qui repose sur le sol, on met une boîte à allumettes vide. Au signal donné, en sautant, l'enfant chasse la boîte sur une distance de 5 mètres. Après une minute de repos, répéter l'exercice avec l'autre jambe.

Le test n'est pas réussi lorsque l'enfant touche une seule fois le sol avec la jambe relevée; quand il gesticule avec les mains ou quand la boîte arrive à 50 cm. en dehors du but indiqué; si l'enfant manque la boîte. Le test est coté + quand il est réussi avec les deux jambes, ½ + pour une jambe. (Indiquer quelle jambe).

Trois essais sont permis pour chaque jambe.

3. Inviter l'enfant à étendre les bras horizontalement devant lui (les bras non fléchis au niveau du
coude), la paume dirigée vers le bas, ensuite lui
demander de faire le poing avec la main gauche,
tout en étendant les doigts de la main droite et
ainsi de suite, sans attendre un nouveau comman-
dement. Cet exercice doit être fait avec le
maximum de vitesse.
Durée du test : 10''.
Le test n'est pas réussi si l'enfant ouvre et ferme
les deux mains en même temps, s'il fléchit les bras
au niveau du coude ou les remue au coude, s'il
exécute moins de 15 mouvements de chaque main
(chaque ouverture ou fermeture de la main est
comptée pour un mouvement).

10 ans

1. Se tenir sur la pointe des pieds, les yeux fermés, les mains à la couture du pantalon, les jambes serrées, pieds réunis (les talons et les pointes doivent se toucher). Durée du test: 15"
Le test n'est pas réussi lorsque l'enfant a quitté sa place, s'il a touché le sol avec les talons, s'il s'est balancé. Une légère oscillation n'est pas un échec ainsi qu'une légère élévation sur les pointes, mais on les notera dans le procès-verbal.
Trois essais sont permis.

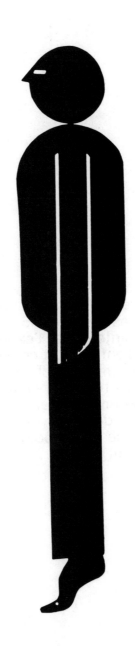

2. Sauter, avec un élan de 1 mètre sur une chaise dont le siège est situé à 45 - 50 cm., et dont le dossier est maintenu par l'expérimentateur. Arrivé sur la chaise, l'enfant doit conserver son équilibre, et ne doit pas quitter la chaise sans autorisation. Le test n'est pas réussi si l'enfant perd son équilibre et descend immédiatement de la chaise ou se cramponne au dossier, lorsqu'il arrive sur les talons plutôt que sur la pointe des pieds.
Trois essais sont permis.

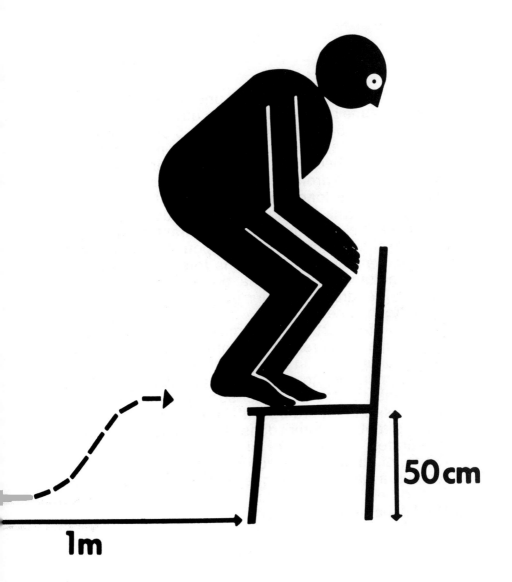

50 cm

1m

3. Le sujet s'assied devant une table. On place devant lui une boîte d'allumettes ouverte et vide de 7 cm. x 4 cm.5 de base et de 2 cm.5 de hauteur, à une distance telle qu'il puisse aisément l'atteindre avec le bras fléchi au niveau du coude. Aligner verticalement à droite et à gauche de la boîte, à une distance d'une longueur d'une allumette, 10 allumettes de 5 cm. de longueur de chaque côté, l'une contre l'autre. Au signal donné, l'enfant est invité à prendre simultanément entre le pouce et l'index de chaque main une allumette à la fois et à les déposer simultanément dans la boîte, avec les deux mains. Prendre en premier lieu les allumettes les plus proches de la paroi.

Durée du test : 21'' au maximum.

Le test n'est pas réussi si l'enfant n'a pas déposé les dix allumettes en 21'' avec chaque main (même si le nombre est égal pour chaque main) ou si les mouvements des bras ne sont pas simultanés (même si un nombre égal d'allumettes est pris de chaque côté). Noter dans le procès-verbal au numérateur le nombre d'allumettes restées à droite, et au dénominateur le nombre d'allumettes restées à gauche. Lorsque le test est réussi, la fraction est égale à l'unité.

Un deuxième essai est permis.

11 ans

1.   Les yeux fermés se tenir sur la jambe droite, la jambe gauche fléchie à l'angle droit au niveau du genou, la cuisse gauche parallèle à la droite, légèrement en abduction, les mains à la couture du pantalon. Lorsque la jambe gauche s'abaisse, faire reprendre la position initiale. Après 30" de repos, recommencer le même exercice avec l'autre jambe. Durée du test : 10".
Le test n'est pas réussi quand le sujet abaisse plus de trois fois la jambe, s'il touche une seule fois le sol avec la jambe relevée, s'il a quitté sa place, s'il a sauté. L'élévation sur la pointe des pieds n'est pas comptée comme un échec, mais doit être notée dans le procès-verbal ainsi que les balancements et les oscillations. Le test est coté + s'il est réussi avec les deux jambes, ½ + pour une jambe (noter quelle jambe).
Un deuxième essai est permis pour chaque jambe.

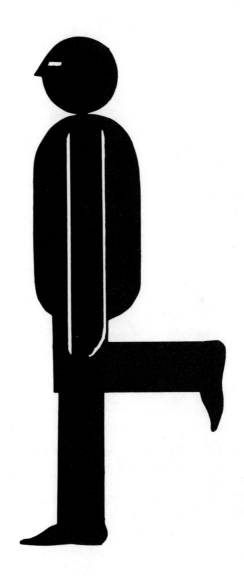

2. Inviter l'enfant à sauter en l'air, en jetant les jambes en arrière, et à toucher les talons avec les mains pendant le saut.

Le test n'est pas réussi quand l'enfant n'a pas touché les deux talons.

Trois essais sont permis.

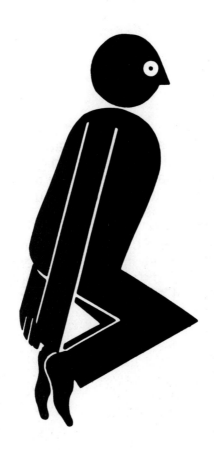

3. L'enfant assis bat alternativement la mesure avec le pied droit et avec le pied gauche, suivant un rythme choisi par lui. En même temps qu'il frappe sur la table avec les index des deux mains, il frappe le pied droit sur le sol.

Durée du test: 20".

Le test n'est pas réussi lorsque l'enfant change de rythme, lorsque les index ne frappent pas en même temps que le pied droit, ou si l'enfant ne frappe pas simultanément avec les deux index.

Trois essais sont permis.

12 ans

1. Se tenir debout, les yeux fermés, les mains à la couture du pantalon, les pieds en ligne droite, l'un devant l'autre, de façon à ce que le talon du pied droit touche la pointe du pied gauche (posture de Téléma).
Durée du test: 5".
Le test n'est pas réussi quand il y a balancement ou déplacement du corps.
Un deuxième essai est permis.

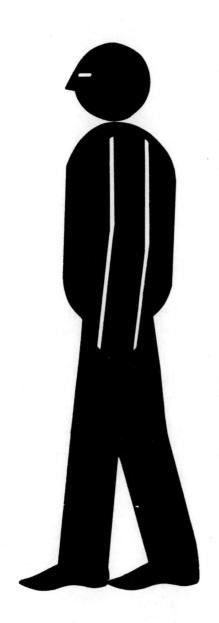

2. L'enfant sans prendre de l'élan doit sauter sur place aussi haut que possible et, en même temps, frapper au moins trois fois dans les mains; il doit retomber sur la pointe des pieds.
Le test n'est pas réussi lorsque l'enfant a frappé moins de trois fois dans les mains ou s'il est retombé sur les talons.
Trois essais sont permis. (Sur trois essais, un doit être positif).

3. L'enfant est assis à une table. On place devant lui, l'un en-dessus de l'autre, un morceau de feutre, une demi-feuille de papier blanc non réglé et un demi-morceau de carton suédois percé de 100 cercles. Dans chaque main, librement posée sur la table, l'enfant tient un poinçon. La main droite est dirigée vers le trou supérieur de la partie droite du dessin, la main gauche vers le trou supérieur de la partie gauche. Au signal donné, l'enfant doit percer les trous l'un après l'autre, simultanément avec les deux mains.

Durée du test : 15".

Le test n'est pas réussi si la différence entre le nombre de trous percés avec chaque main est supérieure à 2 (2 trous dans un même cercle comptent pour deux), si le nombre de trous percés avec une main est inférieur à 15, si les trous ne se trouvent pas sur les parties symétriques de la partie droite et de la partie gauche du dessin.

Un deuxième essai est permis pour chaque main.

Achevé d'imprimer
en août mil neuf cent quatre-vingt-trois
sur les presses de l'Imprimerie Gagné Ltée
Louiseville - Montréal.
Imprimé au Canada